Gehrmann / Kranz / Pelzmann / Reinartz

Formation und Transformation der Lehrerbildung

D1640083

Axel Gehrmann
Barbara Kranz
Sascha Pelzmann
Andrea Reinartz
(Hrsg.)

Formation und Transformation der Lehrerbildung

Entwicklungstrends und Forschungsbefunde

VERLAG JULIUS KLINKHARDT
BAD HEILBRUNN 2013

k

Dieser Titel wurde in das Programm des Verlages mittels eines Peer-Review-Verfahrens aufgenommen. Für weitere Informationen siehe www.klinkhardt.de.

Bibliografische Information der Deutschen Nationalbibliothek
Die Deutsche Nationalbibliothek verzeichnet diese Publikation
in der Deutschen Nationalbibliografie; detaillierte bibliografische Daten
sind im Internet abrufbar über http://dnb.d-nb.de.

Fotos Umschlag: © Dominique Matthes.
Druck und Bindung: AZ Druck und Datentechnik GmbH, Kempten.
Printed in Germany 2013.
Gedruckt auf chlorfrei gebleichtem alterungsbeständigem Papier.

ISBN 978-3-7815-1929-9

Inhalt

Christin Laschke, Sigrid Blömeke

6   Zum kulturspezifischen Verständnis affektiver
    Einflussfaktoren im Bildungsbereich –
    Mathematiklehrerausbildung in Deutschland und Taiwan............104

III Lerngelegenheiten in der Lehrerbildung.......................................117

Alexander Gröschner, Katharina Müller

7   Bewertung praktischer Lerngelegenheiten durch
    Lehramtsstudierende – Betrachtungen zur Abbildbarkeit
    unterschiedlich dauernder Praxisphasen in
    Kompetenzselbsteinschätzungen..119

Ewald Terhart, Franziska Schulze-Stocker,
Doris Holzberger, Olga Kunina-Habenicht

Vorwort

Historisch betrachtet steht die Schule als pädagogisches Handlungsfeld immer wieder öffentlich stark in der Diskussion. In Form von Schulzeit nimmt sie großen Raum in der Lebensspanne der Menschen ein, wird von allen Gesellschaftsmitgliedern durchlaufen und personifiziert sich als staatliche Einrichtung in ihren Lehrerinnen und Lehrern. Der Lehrerbildung wird dabei als wissenschaftlicher Ausbildung für dieses pädagogische Handlungsfeld vermeintlich eine wichtige Interventionsmacht im öffentlichen Bewusstsein zur Bewältigung gesellschaftlicher Krisenerfahrungen zugeschrieben. Gelingt diese Zuschreibung im Verständnis der älteren Generation, kommt es zu weniger Kritik. Gelingt dies nicht, wird die Kritik zeitweise zum permanenten Rauschen im bildungspolitischen Raum bzw. wird die bildungspolitische 'Partitur' (Fend 2008) umgeschrieben. Dies macht die Konjunkturen plausibel, denen die Lehrerbildung unterliegt. Gestritten wird so immer wieder über die Position und Standorte der Lehrerbildung in der Universität, ihre Ziele, Funktionen und Standards sowie über ihre Wirkungen als Voraussetzungen dafür, dass das Handlungsfeld Schule gestaltet werden kann.

Die Diskussion um die Lehrerbildung in Deutschland wird sowohl öffentlich-parlamentarisch im politischen Raum wie empirisch-wissenschaftlich in Universitäten und Forschungseinrichtungen im Moment wieder heftig geführt. Sie hat dabei in beiden Welten Geschichte. Induzieren insbesondere demographische und arbeitsmarktbezogene Bedarfe öffentliche Debatten, so folgen die wissenschaftlichen Entwicklungen teilweise eigenen Regeln und Logiken. In den letzten Jahren scheinen sich jedoch die getrennten Debatten miteinander zu verschränken, zeigt sich doch, dass sowohl das öffentliche Interesse an der Lehrerbildung merklich angestiegen ist und in regierungsamtliche Verlautbarungen mündet, als auch gleichzeitig die Professionsforschung zum Lehrerberuf und zur Lehrerbildung insgesamt breiteren Raum in der empirischen Bildungsforschung einnimmt. Von einem „Nicht-Ereignis" (Terhart, 1995, S. 234) kann jedenfalls nicht mehr gesprochen werden, sondern eine „Perspektivverschiebung [...] hin zum Lehrerberuf" hat sich vollzogen (Terhart, Bennewitz & Rothland 2011, S. 9).

Mit der Neujustierung der Ziel- und Funktionsbestimmung der Lehrerbildung in den letzten zehn Jahren, unter anderem durch die neuen *Standards in der Lehrerbildung* der Kultusministerkonferenz der Länder (vgl. Terhart, 2002; KMK, 2004) und die sogenannten *Quedlinburger Beschlüsse* (vgl. KMK, 2005, 2007), beginnt sukzessive in Deutschland auch wieder ein Diskurs über die Wirkungen der Lehrerbildung, der bis heute nicht abgeschlossen ist, sondern sich erwartbar auch weiter in die Fächer und Fachdidaktiken ausdifferenzieren wird (vgl. KMK, 2008). Die empirische Prüfung hat in Folge aus dem Nicht-Ereignis Lehrerbildungsforschung einen eigenständigen Forschungsgegenstand gemacht, der bis heute tatsächlich die erste, die zweite und die dritte Phase der Lehrerbildung umspannt und damit potenziell Aufklärung darüber zu geben versucht, welche Ergebnisse Studium und Praktika, Referendariat und Berufseinstiegsphase bzw. Fort- wie Weiterbildung erzielen.

Offenkundig zeigt sich weitgehende Übereinstimmung dahingehend, dass Wirkungen der Lehrerbildung wie berufliche Orientierungen von tätigen Lehrern insgesamt aus einem Amalgam personenbezogener Einstellungen und professioneller Orientierungen wie fachlicher und überfachlicher Kompetenzen modelliert werden müssen – dies in Kenntnis dessen, dass Stabilität ihrer selbst vor dem Hintergrund situativer Anforderungsprofile erwartbar scheinen, aber nicht selbstverständlich sind.

Ziel des vorliegenden Herausgeberbandes *Formation und Transformation der Lehrerbildung – Entwicklungstrends und Forschungsbefunde* ist es, Bilanz zu ziehen und eine kritische Diskussion der Entwicklungen in der Lehrerbildung der letzten Dekade angesichts ihrer Reform bzw. ihrer schon begonnenen Re-Reform im Zuge des Bologna-Prozesses anzuregen und damit öffentliche Auseinandersetzung wie wissenschaftliche Expertise aufeinander zu beziehen. Hervorgegangen sind die Beiträge aus der gleichnamigen Tagung an der TU Dresden vom 19. bis 21. September 2012, die von der *Kommission Professionsforschung und Lehrerbildung* der Deutschen Gesellschaft für Erziehungswissenschaft (DGfE) ausgerichtet wurde und sich auf zwei Leitfragen bezog: *Was leisten die veränderten Studienstrukturen in der Lehrerbildung?* und *Welche Ergebnisse zeitigt die Professions- wie Kompetenzforschung in der Lehrerbildung?*

Der hier vorgelegte Herausgeberband vereinigt Beiträge von Autorinnen und Autoren miteinander, die aus laufenden Forschungs- und Entwicklungsprojekten zur Lehrerbildung berichten, dabei quantitative wie qualitative Herangehensweisen prononcieren und zum gegebenen Zeitpunkt auf das Repertoire und zentrale Ergebnisse der Lehrerbildungsforschung verweisen. Offensichtlich werden dabei die Verstetigung von zentralen Ergebnissen zu Eingangsbedingungen und zum Durchlaufen des Studiums (*Formation*) wie Veränderungen im Zeitverlauf zu struktureller Vielfalt vor Ort und Diversifikation des Forschungsinteresses (*Transformation*).

Der erste Hauptteil des Bandes besteht aus zwei Beiträgen, die sich mit *Strukturen in der Lehrerbildung* beschäftigen, dies vor dem Hintergrund ihrer

Gewachsenheit in den letzten 30 Jahren in Deutschland und ihrer gegenwärtigen exemplarischen Ausprägung im nationalen Vergleich:
Peter Drewek führt in die diskursive wissenschaftliche Breite, die heute um die Lehrerbildung in Deutschland entstanden ist, ein und er erinnert daran, dass sich signifikante Strukturveränderungen und inhaltliche Ausgestaltungen vollzogen haben, die vor drei Dekaden noch undenkbar gewesen wären. Im Rückgriff auf die Historie kann er aufzeigen, wie die Grundfigur der Lehrerbildung im Zuge ihrer universitären Etablierung vermeintlich im Laufe der der 1980er Jahre an ein Ende gelangt war. Fachliche Gefügtheit, fachdidaktische Praxis und bildungswissenschaftliches Begleitstudium waren verstetigt und die professionstheoretische Verortung der Lehrerbildung an Universitäten gleichsam finalisiert. Freilich fehlte die systematisch forschende Durchdringung dieses Prozesses, die in den letzten Jahren stetig nachgeholt wurde. Die Steigerung von Projekten, Publikationen, Konferenzen und Fachgesellschaften, die sich der Lehrerbildung annehmen, verweisen darauf, und auch die politischen Akteure werden neuerlich tätig, wobei personenspezifische Standards der Lehrerbildung etabliert wurden, Institutionen bezogene bis dato aber fehlen.
Melanie Rischke, Christin Bönsch, Ulrich Müller berichten als Projektverantwortliche des *Monitor Lehrerbildung* über Entstehung, Gliederung und inhaltliche Ausgestaltung dieser gemeinsamen Online-Plattform der Bertelsmann Stiftung, des CHE (Centrum für Hochschulentwicklung), der Deutschen Telekom Stiftung und des Stifterverbands für die Deutsche Wissenschaft. Sie wurde Ende 2012 im Internet zugänglich gemacht, um einen methodisch angeleiteten Überblick über die organisatorischen wie strukturellen Entwicklungen der Lehrerbildung in den 16 deutschen Bundesländern zu geben (*www.monitor-lehrerbildung.de*). Aufbereitet in neun Themen bietet der *Monitor Lehrerbildung* dabei Daten auf Landes-, Hochschul- und Lehramtstypenebene ab und kann aufzeigen, dass die Lehrerbildung vor Ort zwar prinzipiell in einem vergleichbaren Gefüge zu anderen erwächst, sich aber freilich auch gegen eine normierte Ähnlichkeit zwischen Standorten und Ländern sperrig zeigt.

Der zweite Hauptteil des Bandes thematisiert *Studienvoraussetzungen und Studienmotivation* von Lehramtsstudierenden zum Beginn ihrer Studienwahlentscheidung und innerhalb ihres Studiums. Dabei wird auch ein besonderes Augenmerk auf die Kompetenzentwicklung in den Anfangssemestern gelegt: *Stefanie Gottschlich* und *Rolf Puderbach* zeigen mit ihrer Untersuchung bei über 400 Schülern an Dresdner Gymnasien der 11. und 12. Jahrgangsstufe auf, dass die Entscheidung für ein Lehramtsstudium mit bestimmten Studienfächern zwei relativ unabhängige Teilentscheidungen enthält: zum einen die Wahl des Lehrerberufs und zum anderen die Wahl bestimmter Studienfächer.

Für diese beiden Entscheidungen sind offenbar unterschiedliche Aspekte relevant: Die Fächerwahl hängt eng mit dem Interesse an bestimmten Gegenständen und Themen und den in der Schulzeit entwickelten Fächervorlieben zusammen. Die Berufswahl hingegen wird, den vorliegenden Daten zufolge, stark vom Interesse an bestimmten Tätigkeiten und von bestimmten Vorstellungen von einem guten Berufsleben bestimmt. Die Autoren schlussfolgern vor diesem Hintergrund, dass es insbesondere für die zukünftige Gewinnung von Studierenden für die MINT-Fächer nötig ist, den Schülern schon während der Schulzeit beide Teilentscheidungen vor Augen zu führen.

Die Autoren *Sabine Weiß, Thomas Lerche und Ewald Kiel* gehen der Frage nach, ob sich aus der Sicherheit bzw. Unsicherheit der Entscheidung für das Lehramtstudium unterschiedliche Profile der Studien- und Berufswahlmotivation ergeben. Es wurden Studierende in Passau und München am Beginn ihres Studiums zu den Motiven ihrer Entscheidung für das Lehramt und zur Sicherheit der Entscheidung befragt, ferner deren Selbstwirksamkeitserwartung ermittelt. Für ein Fünftel aller Lehramtsstudierenden ist danach das Motivprofil problematisch, weil die berufliche Entscheidung unsicher ist, sich nicht genau zum Lehrerberuf informiert und beraten wird, nur eine geringe pädagogische Motivation vorliegt, das fachbezogene Interesse geringer ist und das Studium eher eine Notlösung ist.

Johannes König und *Martin Rothland* untersuchen Zusammenhänge zwischen der Berufswahlmotivation von Lehramtsstudierenden als nicht kognitiver Kompetenzfacette und der Ausprägung des pädagogischen Wissens der Lehramtsstudierenden als kognitiver in der ersten Phase der Lehrerbildung bzw. verfolgen diese auch perspektivisch im weiteren Verlauf. Grundlage hierfür bildet die Studie *Entwicklung von berufsspezifischer Motivation und pädagogischem Wissen in der Lehrerbildung* (EMW). Die Ergebnisse zeigen u.a. positive Korrelate zwischen intrinsischen berufswahlrelevanten Faktoren und der für die Kompetenzentwicklung hoch relevanten Lernzielorientierung. Die angenommene Bedeutung der Berufswahlmotivation von Lehramtsstudierenden für ihre Lern- und Leistungsmotivation im Studium als eine der bedeutendsten erklärenden Variablen für die Leistung und Kompetenzentwicklung kann insgesamt bestätigt werden.

Christin Laschke und *Sigrid Blömeke* erörtern in ihrem Beitrag, inwieweit der Wissensstand von angehenden Mathematiklehrkräften in Deutschland und Taiwan mit affektiven Aspekten, speziell intrinsischen und extrinsischen Berufswahlmotiven, assoziiert ist. Als Datengrundlage dient die internationale Lehrervergleichsstudie *Teacher Education and Development Study: Learning to Teach Mathematics* (TEDS-M), in der neben dem professionellen Wissen von angehenden Mathematiklehrkräften am Ende ihrer Ausbildung auch in-

stitutionelle Studienbedingungen und individuelle Merkmale der Studierenden erfasst wurden.

Lerngelegenheiten in der Lehrerbildung stehen im Mittelpunkt des dritten
Hauptteiles dieses Bandes. Dabei geht es vor allem darum, zu prüfen, wie
Studiums- und Praxisphasen von den Studierenden wahrgenommen und in
Selbstbeschreibungen wie Selbstinszenierungen durch Textdokumente und
Interviews thematisch werden:

Alexander Gröschner und *Katharina Müller* erörtern in ihrem Beitrag die
Aussagekraft von Studien, in denen die Kompetenzentwicklung von Lehramtsstudierenden anhand von Selbsteinschätzungen gemessen wird. In diesem Kontext stellen sie zwei eigene, getrennt voneinander durchgeführte Studien vor. Darin wurde u.a. untersucht, inwieweit die Länge von Praxisphasen
den von den Studierenden selbst erlebten Kompetenzzuwachs in Bezug auf
bildungswissenschaftliche Standards der Lehrerbildung beeinflusst. In beiden
Studien zu Praxisphasen innerhalb der Lehrerausbildung ließen sich keine
messbaren Einflüsse der Dauer von Praxisphasen auf die subjektiv wahrgenommenen Kompetenzen der Studierenden nachweisen.

Michaela Artmann, Petra Herzmann, Markus Hoffmann und *Matthias Proske*
geht es in ihrem Beitrag darum, Reflexionskompetenz als Indikator für die
pädagogische Professionalität angehender Lehrerinnen und Lehrer zu operationalisieren. Nach Darlegung und Problematisierung verschiedener theoretischer Ansätze zur Modellierung von Reflexionskompetenz stellt das Autorenteam eine explorative Studie an der Universität zu Köln vor, innerhalb derer die Reflexionskompetenz von Lehramtsstudierenden zum Themenbereich
Unterrichten und Lehrerhandeln anhand von Portfoliotexten zu zwei verschiedenen Zeitpunkten fallanalytisch untersucht wurde. Es zeigt sich dabei,
dass Seminarwissen und Praxiserfahrungen vor allem zur Stabilisierung der
vorhandenen subjektiven Theorien über das Unterrichten genutzt werden.
Widersprüche und konkurrierende Deutungen werden dagegen kaum zugelassen.

Andrea Reinartz bezieht in ihrem Artikel ein Konstrukt aus der empirischen
Lehr-Lern-Forschung (Unterrichtsskripts) auf einen Themenschwerpunkt der
Lehrerbildungsforschung (Wirksamkeit schulpraktischer Studien). Sie untersucht mittels einer sowohl deduktiv als auch induktiv angelegten Inhaltsanalyse von 62 verschriftlichten Stundenplanungen aus dem erziehungswissenschaftlichen Blockpraktikum an der TU Dresden, welche Inszenierungsmuster in den von Lehramtsstudierenden durchgeführten Unterrichtsstunden in
verschiedenen Fächern dominieren. Die Studierenden stellen vor allem solche Stundenplanungen dar, in denen sie hauptsächlich „vor der Klasse" mit
den Schülern interagieren und einen neuen thematischen Aspekt, beispielsweise in Form einer Tafelbilderarbeitung, fragend-entwickelnd einführen.

Unterrichtsstunden mit einem Fokus auf Anwendung, Übung oder Auswertung kommen selten vor. Ihnen liegt zudem ein eher problematisches Unterrichtsskript zugrunde.

Jean-Marie Weber untersucht aus psychoanalytischer Perspektive die Beziehung zwischen Ausbildungslehrer und Referendar im Rahmen der schulpraktischen Lehrerausbildung in Luxemburg. Bei der Auswertung halboffener Interviews mit Vertretern beider Gruppen zu verschiedenen Zeitpunkten orientiert sich Weber an Lacans Konstrukt der menschlichen Psyche. Dabei fällt der Blick vor allem auf die Krisen und Dysfunktionen innerhalb des Ausbildungsverhältnisses, die durch Überbetonung eines psychischen Registers entstehen, etwa wenn der Erhalt eines positiven Selbstbildes oder die Verkennung der Andersheit des Anderen die Beziehung belasten.

Im vierten Hauptteil stehen noch einmal explizit die *Bildungswissenschaften auf dem Prüfstand*, um sich abschließend systematisch mit dem bildungswissenschaftlichen Studienangebot näher vertraut zu machen. Die Autoren dieses Teils beschreiben hier die institutionelle Vielfalt der Lehrfigur der Lehrerbildung im nicht fachlichen wie fachdidaktischen Studium an Hochschulen in Deutschland und der Schweiz:

Manuela Keller-Schneider rekonstruiert in ihrem Beitrag, welche Faktoren das Lernen der Studierenden unterstützen, d.h. welche Merkmale zur Erklärung des Lernertrags einer Lehrveranstaltung beitragen. Die Ergebnisse der Untersuchung zeigen, dass nicht nur die Qualität der Lehrveranstaltung bedeutend ist – insbesondere, wenn diese variiert –, sondern dass weitere Merkmale wie Nutzung und individuelle Ressourcen der Studierenden den Lernertrag stärken.

Colin Cramer, Thorsten Bohl und *Manuela du Bois-Reymond* erörtern in ihrem Beitrag anhand von Dokumentenanalysen und Experteninterviews in drei Bundesländern, in welchem Ausmaß angehende Lehrer in der Lehrerbildung potenziell auf den Umgang mit sozialer Benachteiligung ihrer Schülerinnen- und Schülerklientel vorbereitet werden. Zentraler Befund ist, dass die Bereiche Diagnose, Unterstützung und Beratung sowie Individualisierung, Umgang mit Heterogenität und Differenzierung (zunehmend) thematisiert, Aspekte wie Theorien sozialer Ungleichheit oder Schullaufbahnberatung hingegen eher marginalisiert werden.

Ewald Terhart, Franziska Schulze-Stocker, Doris Förster und *Olga Kunina-Habenicht* stellen in ihrem Beitrag die Studie *Bildungswissenschaftliches Wissen und der Erwerb professioneller Kompetenz in der Lehramtsausbildung* (BilWiss) aus Nordrhein-Westfalen vor. In ihr wird der Frage nachgegangen, ob berufliches Handeln in der Schulpraxis durch bildungswissenschaftliches Wissen, welches insbesondere während des Studiums erworben wurde, beeinflusst ist. Der Schwerpunkt gilt dabei dem Vergleich zwischen gestuften modularisierte Studiengängen (BA-MA-Struktur) und nichtmodularisierten Staatsexamensstudiengängen. Während sich die BilWiss-Testergebnisse der Referendare am Beginn der zweiten Phase der Ausbildung nicht signifikant unterscheiden, egal welcher Abschluss erworben wurde, beurteilen BA/MA-Studenten die Ausbildungssituation in den Bildungswissenschaften signifikant besser.

Als Herausgeber bedanken wir uns recht herzlich bei allen Autorinnen und Autoren, die gewissenhaft die Manuskripte erstellten, zügig auf Rückfragen reagierten und pünktlich mit in die Zielgerade der Endredaktion einmündeten. So können wir ohne zeitlichen Verzug innerhalb eines Jahres nach einer wissenschaftlichen Tagung auch verschriftlicht Bilanz ziehen, in dem Wissen, dass die Grammatik der Lehrerbildung aus Formation und Transformation fortbesteht.

Unser Dank gilt Andreas Klinkhardt, der zur Publikation nachdrücklich aufgefordert hat und sie verlegerisch unterstützte und abschließend besonders Anne Ohndorf und Séverine Friedrich, die mit Präzision und Verve das Manuskript erstellten, prüften, nachhakten und immer die Termine im Auge hatten.

Dresden, im Juli 2013
Axel Gehrmann, Barbara Kranz, Sascha Pelzmann und Andrea Reinartz

Literatur

Fend, H. (2008). *Schule gestalten. Systemsteuerung, Schulentwicklung und Unterrichtsqualität.* Wiesbaden: VS Verlag.

Sekretariat der Ständigen Konferenz der Kultusminister der Länder in der Bundesrepublik Deutschland (2004). *Standards für die Lehrerbildung: Bildungswissenschaften.* Bericht der Arbeitsgruppe. Bonn.

Terhart, E. (1995). Lehrerprofessionalität. In H.-G. Rolff (Hrsg.), *Zukunftsfelder von Schulforschung.* Weinheim: Deutscher Studien Verlag, S. 225-266.

Terhart, E. (2002). *Standards für die Lehrerbildung. Eine Expertise für die Kultusministerkonferenz.* Münster.

Terhart, E., Bennewitz, H. & Rothland, M. (Hrsg.) (2011). *Handbuch der Forschung zum Lehrerberuf.* Münster: Waxmann.

I Strukturen der Lehrerbildung

Peter Drewek

1 Lehrerbildung als universitäre Daueraufgabe – Zwischenbilanz und Perspektiven im Kontext aktueller politischer Reformen und Fortschritte der Professionalisierungsforschung

1.1 Reform der Lehrerbildung am Beginn des 21. Jahrhunderts

Als Achim Leschinsky und Jürgen Oelkers 1987 in den Themenschwerpunkt „Lehrerbildung" des Novemberheftes der „Zeitschrift für Pädagogik" einführten, überschrieben sie ihren Beitrag mit dem Titel „Lehrerbildung – à nouveau", um einen Wendepunkt der Lehrerbildungsreform mit noch offener Weiterentwicklung zu markieren. Adressiert wurde als Erstes „das Problem des Verhältnisses von Theorie und Praxis in der Lehrerbildung", das sich „wie ein roter Faden" durch die Entwicklung der Lehrerbildung zöge. Durch die „fortschreitende Verwissenschaftlichung der Lehrerbildung", die „traditionell gerade zugunsten einer besseren Abstimmung sowie wechselseitiger Durchdringung von Theorie und Praxis gefordert worden" sei, hätte sich jedoch die „Kluft zwischen Theorie und Praxis in der Ausbildung der Lehrer" in den zurückliegenden Jahren paradoxerweise „noch vergrößert". Damit gingen „vielfach grundsätzliche Zweifel an der Leistungsfähigkeit und dem Stellenwert der Wissenschaft in der Lehrerbildung" einher, „die beides zu leisten versprach: die Vermittlung praktisch nutzbarer Kompetenzen sowie eines engagierten fortschrittsbezogenen Berufsverständnisses." Leschinsky und Oelkers übersahen zwar nicht die Folgeprobleme der damals krisenhaft „zunehmende[n] Lehrerarbeitslosigkeit" im Sinne der zur „Arbeitsmarktentlastung" angestrebten „flexible[n] Einsetzbarkeit der Absolventen" als Gefahr der De-Professionalisierung. Im längerfristigen Rückblick auf die Entwicklungskrisen der Lehrerbildung schien darüber hinausgehend aber ein tieferer, geradezu historischer Einschnitt erreicht. Mündeten vorherige Krisen grundsätzlich in einer „Verbesserung" der Lehrerbildung, spräche vieles dafür, dass die „neuerliche Krise seit Ende der siebziger Jahre nicht in gleicher Weise mit einer Erfolgsgeschichte enden wird." Die Lehrerbildung befände sich am Ende einer langfristigen Entwicklung, „über die in den Parametern ihrer bisherigen Logik nicht hinauszuführen ist." Die „Verstaatlichung", nach früheren Krisen jeweils stets weiter intensiviert, sei „an ihrem Endpunkt angelangt", auch die „akademische Aufstiegsaspiration des Lehrerstandes hat ihren Endpunkt erreicht: Mehr als eine universitäre Ausbildung ist nicht möglich." Und schließlich sei die „pädagogische Fortschrittserwartung der Gesellschaft selbst krisenhaft geworden": „mehr Schule" verspräche in der Erwartung der Öffentlichkeit „nicht unbedingt bessere Ausbildung" (Leschinsky & Oelkers, 1987, S. 740-741).

Werden die darauf folgenden Entwicklungen bis zur Gegenwart resümiert, scheint sich die Diagnose einer tiefgehenden Entwicklungszäsur der Lehrerbildung im ausgehenden 20. Jahrhundert im Rückblick zu bestätigen. So wurde die Verstaatlichung der Lehrerbildung im Kontext zunehmender gesetzlich ermöglichter Autonomie der Hochschulen vielfach zurückgenommen und das Lehramtsstudium den Hochschulen bzw. den beteiligten Fakultäten auf Basis von Akkreditierungen überantwortet. Nachdem sich die universitäre Ausbildung in der ersten Phase bundesweit durchgesetzt hatte, liegen heute neue, wiederum weiterführende Vorschläge zur Reform der Lehrerbildung durch für alle Lehrämter gleichlange Ausbildungszeiten vor, mit denen bisherige Differenzierungen der Lehrämter radikal überwunden und die Professionalisierung der Grund- und Sekundarschullehrer/-innen, in spezifischen Dimensionen aber auch des Lehrpersonals an Gymnasien weiter vorangetrieben werden sollen. Schließlich scheint sich auch der öffentliche Diskurs nicht länger vorwiegend quantitativ an „mehr Schule" als der Leitlinie der Bildungsreform und -expansion der 1960er und 1970er Jahre zu orientieren, sondern, nicht zuletzt initiiert durch die vergleichenden Schulleistungsstudien, primär an einer qualitativ besseren Schule.

Neben diesen allgemeinen Trends ist die jüngere Entwicklung der Lehrerbildung aber in erster Linie durch einen historisch beispiellosen Schub der Professionalisierungsforschung gekennzeichnet, mit dem zugleich neue Organisationsformen der Lehrerbildung, beispielsweise (Professional) Schools of Education, einhergehen. In kaum einer anderen Periode der erziehungswissenschaftlichen Forschung dürften Untersuchungen zur Professionalisierung des Lehrerberufs in vergleichbarer Dichte durch methodisch anspruchsvolle Verbundprojekte mit zunehmender internationaler Anschlussfähigkeit durchgeführt worden sein.

Dieser Dynamik gegenüber scheinen die institutionellen Bedingungen der Lehrerbildung an den Universitäten noch vielfach zurückzubleiben. Nicht selten auf vorwiegend organisatorische Koordinierungsaufgaben (z.B. bei Schulpraktika) reduziert, fehlt den traditionellen Lehrerbildungszentren häufig eine formelle, fachlich ausgewiesene wissenschaftliche Leitung durch Professoren/-innen. Zudem sind aufgrund fehlender eigener Ressourcen stra-

tegische Gestaltungsmöglichkeiten für die Lehrerbildung erheblich einge-
schränkt. Dies gilt aufgrund der ausschließlichen Zuständigkeit der an der
Lehrerbildung beteiligten Fakultäten für die Lehre in den Lehramtsstudiengängen, ebenso aber auch für die Professionalisierungsforschung, deren je
spezifische Stellung weitgehend von zufälligen lokalen Konstellationen der
erziehungswissenschaftlichen Professuren abhängt. Schließlich dürften die
Fortschritte in der Professionalisierungsforschung erst dann strukturell
durchzuschlagen beginnen, wenn bei Berufungen des einschlägigen fachdidaktischen und erziehungswissenschaftlichen Personals verstärkt Professi-
onskriterien zur Geltung gebracht werden können und die Lehrerbildung
auch auf den zentralen Steuerungsebenen der Universitäten formal angemessen repräsentiert ist.
Die gerade in den Fortschritten der Professionalisierungsforschung zum Ausdruck gekommene Dynamik droht mitsamt ihren Möglichkeiten zu praktischen Verbesserungen der Lehrerbildung ins Leere zu laufen, sofern diese
Dynamik nicht von vergleichbaren institutionellen Fortschritten, von der
Entwicklung *institutioneller Standards der Lehrerbildung* flankiert und forciert wird.

1.2 Kritik und Desiderate in den 1990er Jahren

Vergegenwärtigt man sich noch einmal Kritik und Desiderate der Lehrerbildung in den 1990er Jahren und kontrastiert sie mit den um 2000 einsetzenden
Initiativen und Trends, lässt sich der Entwicklungssprung der letzten Jahre
leicht konkretisieren. Zu Recht wurden in den 1990er Jahren die Diffusität
und Beliebigkeit des Lehramts-Curriculums, besonders in den sogenannten
Bildungswissenschaften, beklagt, ebenso die Schwäche der Fachdidaktik sowohl institutionell in Bezug auf ihre Stellung und Akzeptanz in den Fakultäten als auch wissenschaftlich wegen der von den Standards moderner Bildungsforschung methodisch nicht selten weit entfernten Forschungsqualität.
Mit der praxisfernen Universitätsausbildung ging die stereotyp beklagte fehlende Abstimmung zwischen den verschiedenen Ausbildungsorten und Ausbildungsphasen über die jeweiligen spezifischen Beiträge beim Aufbau professioneller Kompetenzen einher. Darüber hinaus waren die Heterogenität
der Organisationsformen der Lehrerbildung im Ländervergleich und die damit verbundenen Mobilitätsschranken nicht zu übersehen. Zu den länderübergreifenden Desideraten zählten dann besonders inhaltliche Ausbildungs-
standards, die Stärkung der Professionalisierungsforschung und nicht zuletzt
die Sicherung bzw. Stärkung der personellen Ressourcen im Rahmen einer
bedarfsorientierten Ausbildungsstrategie. Schließlich war die meist marginale

Position der Lehrerbildung in den Universtäten Grund, eine entschiedene institutionelle Stärkung der Lehrerbildung generell zu fordern.

1.3 Initiativen und Trends seit 2000

Demgegenüber setzte Ende der 1990er Jahre eine neue, von unterschiedlichen Akteuren getragene Dynamik ein, die vielfache positive Trends einleitete. Schon eine kurze Auswahl der entsprechenden Empfehlungen und Maßnahmen dokumentiert die immer intensiveren Bemühungen um neue Entwicklungsperspektiven für die Lehrerbildung und professionelle Standards. Beginnend mit den Empfehlungen der Hochschulrektorenkonferenz zur Lehrerbildung (vgl. Hochschulrektorenkonferenz, 1998) über die weitreichenden „Perspektiven der Lehrerbildung in Deutschland" der „Terhart-Kommission" (vgl. Terhart, 2000) bereitete die gleichsinnig angelegte „Gemeinsame Erklärung des Präsidenten der Kultusministerkonferenz und der Vorsitzenden der Bildungs- und Lehrerverbände" über „Aufgaben von Lehrerinnen und Lehrern heute – Fachleute für das Lernen" (vgl. KMK, 2000), flankiert von den Empfehlungen des Wissenschaftsrates zur künftigen Struktur der Lehrerbildung (vgl. Wissenschaftsrat, 2001), konkrete Maßnahmen zur Verbesserung und Angleichung der Lehrerbildung zwischen den Bundesländern vor. Sie sind in einem ersten Schritt bisher zusammengefasst in den „Standards für die Lehrerbildung: Bildungswissenschaften" (vgl. KMK, 2004) und in den „Ländergemeinsame(n) inhaltliche(n) Anforderungen für die Fachwissenschaften und Fachdidaktiken der Lehrerbildung" (vgl. KMK, 2008).

Die Entwicklung der Lehrerbildung in Nordrhein-Westfalen zeigt exemplarisch, wie die Reform – über die Grenzen parteipolitischer Lager hinweg – in enger Zusammenarbeit von Politik, Wissenschaft und Praxis substanziell vorangetrieben werden kann. Die unter dem nüchtern-deskriptiven Titel „Ausbildung von Lehrerinnen und Lehrern in Nordrhein-Westfalen" 2007 veröffentlichten wegweisenden „Empfehlungen der Expertenkommission zur Ersten Phase", der „Baumert-Kommission" (vgl. Ministerium für Innovation, Wissenschaft, Forschung und Technologie des Landes Nordrhein-Westfalen, 2007), gingen in wichtigen Aspekten wie der Forderung nach gleichlangen Ausbildungszeiten für alle Lehrämter in das im Mai 2009 verabschiedete neue „Gesetz über die Ausbildung für Lehrämter an öffentlichen Schulen" ein – flankiert von einer wichtigen Änderung des Hochschulgesetzes und ergänzt um die „Verordnung über den Zugang zum nordrhein-westfälischen Vorbereitungsdienst für Lehrämter an Schulen und Voraussetzungen bundesweiter Mobilität" vom Juni 2009 (vgl. Ministerium für Inneres und Kommunales NRW, 2009a, 2009b).

Die Änderung des Hochschulgesetzes (HG) betrifft die gem. § 30 neu einzu-
richtenden „Zentren für Lehrerbildung". Sie werden „als eigenständige Orga-
nisationseinheiten mit Entscheidungs-, Steuerungs- und Ressourcenkompe-
tenz" gefasst, „die diese in enger Abstimmung mit den in der Lehrerbildung
tätigen Fachbereichen wahrnehmen". „Das Zentrum erfüllt unbeschadet der
Gesamtverantwortlichkeit der Hochschule und der Zuständigkeiten der zentralen Hochschulorgane und Gremien für sein Gebiet die Aufgaben der Hochschule." Es „trägt dazu bei, die Qualität der Lehrerbildung zu sichern ..., initiiert, koordiniert und fördert die Lehrerbildungsforschung sowie die schul-
und unterrichtsbezogene Forschung und betreut insoweit den wissenschaftlichen Nachwuchs ...". Das Zentrum für Lehrerbildung „arbeitet eng mit den
Zentren für schulpraktische Lehrerausbildung (den vorherigen Seminaren,
P.D.) zusammen" (vgl. Ministerium für Inneres und Kommunales NRW,
2006).

Darüber hinaus kennzeichnet die nordrhein-westfälische Lehrerbildung nach
dem neuen Lehrerausbildungsgesetz (LABG) von 2009 das gestufte Studium
(Bachelor/Master) mit dem akademischem Abschlussziel „Master of Education" und anschließendem 18-monatigen staatlichen Vorbereitungsdienst mit
2. Staatsexamen, die Akkreditierung/Reakkreditierung des „Master of Education" zur Qualitätssicherung und das bereits erwähnte gleichlange Studium
für alle Lehrämter (Grund-, Haupt-, Real-, Gesamtschulen, Gymnasien, Berufskollegs und der Lehrämter für sonderpädagogische Förderung). Der gesetzlich geforderte Berufsfeldbezug im Studium vermittelt sich in dessen
Kompetenzorientierung gemäß der KMK-Standards für die Lehrerbildung
bzw. die Fachwissenschaften und die Fachdidaktiken. Die Themen „Deutsch
für Schülerinnen und Schüler mit Zuwanderungsgeschichte (DfSSZ)" sowie
„Diagnose und Förderung" sind obligatorische Bestandteile des Studiums
(vgl. Ministerium für Inneres und Kommunales NRW, 2009).

Die neuen „Praxiselemente in den lehramtsbezogenen Studiengängen" beginnen vor dem Studium mit einem Eignungspraktikum (20 Tage), in der Ba-
chelor-Phase, gefolgt von dem traditionellen Orientierungspraktikum (4 Wochen) und einem neuen Berufsfeldpraktikum (4 Wochen). Die eigentliche Innovation in der Master-Phase stellt schließlich das „Praxissemester" (5 Monate) dar, das landesweit ab 2014/2015 eingeführt wird, gefolgt von dem
Vorbereitungsdienst (18 Monate) (vgl. Ministerium für Schule und Weiterbildung des Landes Nordrhein-Westfalen, 2010b). Die „Rahmenkonzeption
zur strukturellen und inhaltlichen Ausgestaltung des Praxissemesters im lehramtsbezogenen Master-Studium" vom April 2010 sieht 70 Stunden Unterricht vor, in denen zwei Unterrichtsvorhaben pro Fach durchgeführt werden
sollen und das forschende Lernen im Mittelpunkt steht. Die curriculare und
kompetenzbezogene Abstimmung zwischen universitärer Fachdidaktik, Zen-

tren für schulpraktische Lehrerausbildung (ZfsL) und Schulen betrifft weit über organisatorische Neuerungen hinaus inhaltliche Kooperationen, die in rechtswirksamen Kooperationsverträgen zwischen Universitäten und den für die Zweite Phase zuständigen Zentren für schulpraktische Lehrerausbildung (ZfsL) fest geregelt sind (vgl. Ministerium für Schule und Weiterbildung des Landes Nordrhein-Westfalen, 2010a).

1.4 Ausbau der Professionalisierungsforschung

Parallel zu den skizzierten Reformen auf Bundes- bzw. Länderebene ist die jüngere Entwicklung von einer enormen Stärkung der Professionalisierungsforschung bestimmt. Schon eine grobe, sicher unvollständige Auswahl von *Programmen und Projekten* der letzten Jahre dokumentiert dies eindrucksvoll.

Unter den Rahmenprogrammen kommt dem BMBF-Programm „Förderung der Empirischen Bildungsforschung" und dem DFG-Schwerpunktprogramm „Bildungsqualität von Schulen" eine herausragende Bedeutung zu.

Als größere Verbundprojekte sind zu nennen:

* „Bildungswissenschaftliches Wissen und der Erwerb professioneller Kompetenz in der Lehramtsausbildung" (Baumert et al.);
* „Deutsches Zentrum Lehrerbildung Mathematik (DZLM)" (Kramer et al.), „Mathematics Teaching in the 21st Century (MT21) (Blömeke in Kooperation mit der National Science Foundation (NSF) (USA) / Alexander von Humboldt-Stiftung und nationalen Partnern)";
* „OECD Teaching and Learning International Survey (TALIS)"
* „Professionelle Kompetenz von Lehrkräften, kognitiv aktivierender Unterricht und die mathematische Kompetenz von Schülerinnen und Schülern (COACTIV)" (Baumert et al.);
* „Teacher Education and Development Study: Learning to Teach Mathematics (TEDS-M)";
* „Teacher Education and Development Study: Learning to Teach (TEDS-LT) (Blömeke in Kooperation mit der International Association for the Evaluation of Educational Achievement (IEA) und nationalen Partnern).

Eine beachtliche Reihe weiterer Projekte und Verbünde an den Schools of Education bzw. äquivalenten Forschungseinrichtungen u.a. in Berlin, Duisburg/Essen, Erfurt, Frankfurt/Main, Köln, München und Wuppertal können hier nicht aufgeführt werden.

Die intensivierte Forschung findet ihren Niederschlag und ihre Verbreitung in bzw. durch eine stetig, auch im Handbuchbereich anwachsende Zahl von *Publikationen*. Eine unvollständige Auswahl von Handbüchern bzw. prominenten Publikationen vorwiegend aus der empirisch-quantitativen Professionalisierungsforschung (ohne internationale Beiträge) ergibt für die letzten Jahre den nachfolgend dokumentierten Anstieg:

2004
Blömeke, S., Peter, R., Tulodziecki, G. & Wildt, J. (Hrsg.) (2004). *Handbuch Lehrerbildung.* Bad Heilbrunn: Klinkhardt.

2006
Baumert, J. & Kunter, M. (2006). Stichwort: Professionelle Kompetenz von Lehrkräften. *Zeitschrift für Erziehungswissenschaft 9*(4), S. 469-520.

2008
Blömeke, S., Kaiser, G. & Lehmann, R. (Hrsg.) (2008). *Professionelle Kompetenz angehender Lehrerinnen und Lehrer. Wissen, Überzeugungen und Lerngelegenheiten deutscher Mathematikstudierender und -referendare – Erste Ergebnisse zur Wirksamkeit der Lehrerausbildung.* Münster: Waxmann.

2009
Zlatkin-Troitschanskaia, O., Beck, K., Sembill, D., Nickolaus, R. & Mulder, R. (Hrsg.) (2009). *Lehrprofessionalität. Bedingungen, Genese, Wirkungen und ihre Messung.* Weinheim und Basel: Beltz.

2010
Blömeke, S., Kaiser, G. & Lehmann, R. (Hrsg.) (2010a). *TEDS-M 2008 – Professionelle Kompetenz und Lerngelegenheiten angehender Primarstufenlehrkräfte im internationalen Vergleich.* Münster: Waxmann.
Blömeke, S., Kaiser, G. & Lehmann, R. (Hrsg.) (2010b). *TEDS-M 2008. Professionelle Kompetenz und Lerngelegenheiten angehender Mathematiklehrkräfte für die Sekundarstufe I im internationalen Vergleich.* Münster: Waxmann.
Müller, F., Eichenberger, A., Lüders, M. & Mayr, J. (Hrsg.) (2010). *Lehrerinnen und Lehrer lernen. Konzepte und Befunde zur Lehrerfortbildung.* Münster: Waxmann.

2011
Arnold, K.-H., Hascher, T., Messner, R., Nigli, A., Patry, J.-L. & Rahm, S. (2011). *Empowerment durch Schulpraktika.* Bad Heilbrunn: Klinkhardt.
Bayrhuber, H., Harms, U., Muszynski, B., Ralle, B., Rothgangel, M., Schön, L.-H., Vollmer, H. J. & Weigand, H.-G. (Hrsg.) (2011). *Empirische Fundierung in den Fachdidaktiken.* Münster: Waxmann.
Blömeke, S., Bremerich-Vos, A., Haudeck, H., Kaiser, G., Nold, G., Schwippert, K. & Willenberg, H. (Hrsg.) (2011). *Kompetenzen von Lehramtsstudien in gering strukturierten Domänen. Erste Ergebnisse aus TEDS-LT.* Münster: Waxmann.
Helsper, W. & Tippelt, R. (Hrsg.) (2011). Pädagogische Professionalität. *Zeitschrift für Pädagogik, 57*(Beiheft). Weinheim: Beltz.
Kunter, M., Baumert, J., Blum, W., Klusmann, U., Kraus, S. & Neubrand, M. (Hrsg.) (2011). *Professionelle Kompetenz von Lehrkräften. Ergebnisse des Forschungsprogramms COACTIV.* Münster: Waxmann.
Terhart, E., Bennewitz, H. & Rothland, M. (Hrsg.) (2011). *Handbuch der Forschung zum Lehrerberuf.* Münster: Waxmann.
Zeitschrift für Pädagogik 57(5) (2011). Thementeil: Eignungsabklärung angehender Lehrerinnen und Lehrer. (zusammengestellt von M. Rothland & E. Terhart).

2012
Zeitschrift für Pädagogik 58(4) (2012). Thementeil: Überzeugungen von Lehrpersonen. (zusammengestellt von F. Oser & S. Blömeke).

Analog dazu hat die Zahl *überregionaler Konferenzen* (ohne Fachdidaktiken) zugenommen. Allein 2011 und 2012 wurden sieben große Veranstaltungen durchgeführt:

2011

„Baustelle Lehrerbildung" (76. AEPF-Jahrestagung, Universität Klagenfurt, 05.-07.09.2011);

„Unterricht gestalten und entwickeln – zwischen pädagogischem Alltag und anspruchsvollen Innovationen" (4. Tübinger Tagung der Forschungsstelle Schulpädagogik, Universität Tübingen, 30.09.2011);

2012

„Bildungsforschung 2020 – Herausforderungen und Perspektiven" (BMBF, Berlin 29./30.03.2012);

„Vielfalt empirischer Forschung in Erziehung, Bildung und Sozialisation (77. Tagung der AEPF in Bielefeld, 10.-12.09.2012);

„Entwicklungsverläufe zukünftiger Lehrkräfte im Kontext der Reform der Lehramtsausbildung" (PALEA Abschlusssymposion 2012, Berlin 13./14.09.2012);

„Formation und Transformation der Lehrerbildung – Entwicklungstrends und Forschungsbefunde" (Kommission Professionsforschung und Lehrerbildung der DGfE, Dresden, 19.-21.09.2012);

„Neue Impulse für die Lehrerfort- und Weiterbildung" (1. Jahrestagung des Deutschen Zentrums für Lehrerbildung Mathematik, Berlin, 21.09.2012).

Träger dieser Konferenzen sind *wissenschaftliche Fachgesellschaften bzw. Kommissionen* mit Bezug zur Professionalisierungsforschung, deren Zahl sich ebenfalls vermehrt hat:

- Sektion Empirische Bildungsforschung der DGfE, Kommission Arbeitsgemeinschaft Empirische Pädagogische Forschung (AEPF, gegr. 1965, 1969 angegliedert an die Sektion Empirische Bildungsforschung der DGfE)
- Sektion Empirische Bildungsforschung der DGfE, Kommission Bildungsorganisation, Bildungsplanung und Bildungsrecht
- Sektion Schulpädagogik, Kommission Professionsforschung und Lehrerbildung der DGfE
- Gesellschaft für Empirische Bildungsforschung (GEBF, gegr. Februar 2012).

1.5 Rahmenbedingungen

1.5.1 Ressourcen der Universitäten

Im Zuge des stark schwankenden Bedarfs an Lehramtsstudierenden und besonders des Bedarfseinbruchs in der ersten Hälfte der 1980er Jahre entwickelten sich die personellen Ressourcen für das an der Lehrerbildung beteiligte wissenschaftliche Personal lange Zeit kritisch und instabil. In der Erziehungswissenschaft kam hinzu, dass auf die Ausbauperiode des Faches in der

Expansionsperiode der 1970er Jahre ein dramatischer Rückgang der Professuren zwischen 1995 (1.091) und 2006 (843) im Umfang von 25% folgte. Dieser Trend ist jedoch seitdem gestoppt; bis 2010 war ein Anstieg auf 934 Professuren zu verzeichnen. Auch die Zahl der Mitarbeiter je Professor hat von 2.00 (1995) auf 3.73 (2010) auf eine in sozialwissenschaftlichen Fächern übliche Größe zugenommen. Zugleich scheinen die Karriereperspektiven günstig: Bis 2019/2020 werden voraussichtlich 40% der erziehungswissenschaftlichen Professuren neu zu besetzen sein. Dieser positiven Prognose steht allerdings der fehlende Ausbau der Mitarbeiterstellen für Promovierte als „Engpassfaktor für die Nachwuchsrekrutierung" entgegen. Im Unterschied zu anderen Disziplinen sind akademische Karrieren über den Weg der Juniorprofessuren in der Erziehungswissenschaft eher die Ausnahme (vgl. Krüger, Krücker & Weishaupt, 2012).

Während die Ressourcenentwicklung in der Erziehungswissenschaft durch die von der Deutschen Gesellschaft für Erziehungswissenschaft (DGfE) herausgegebenen Datenreports ausgezeichnet dokumentiert ist, sind Stellenbestand und Stellenentwicklung in den Fachdidaktiken und Fachwissenschaften (in Bezug auf das in der Lehramtsausbildung beschäftigte Personal) leider weniger genau bekannt.

1.5.2   Beschäftigungsprognosen für Lehrerinnen und Lehrer

Prognosen zum Lehrereinstellungsangebot bzw. -bedarf bis 2020 führen zwar rein rechnerisch auf gesamtstaatlicher Ebene zu einer weitgehend ausgeglichenen Entwicklung, verdecken indessen die enorme Varianz zwischen west- und ostdeutschen Ländern sowie nach Lehrämtern. Hier steht der Unterdeckung des Bedarfs in den neuen Ländern, insbesondere in der Grundschule/Primarstufe ein Überangebot in den alten Ländern, besonders in den allgemein bildenden Fächern und in der Sekundarstufe II gegenüber (vgl. KMK, 2011b, Züchner et al., 2012). Das Volumen des Einstellungsbedarfs insgesamt ist jedoch sehr groß. So sind in Nordrhein-Westfalen bis 2030 100.000 Stellen neu zu besetzen, das sind etwa zwei Drittel der im Schuljahr 2009/10 besetzten Stellen (vgl. Ministerium für Schule und Weiterbildung des Landes Nordrhein-Westfalen, 2011, alternativ dazu Ministerium für Kultus, Jugend und Sport des Landes Baden-Württemberg, 2011). In Sachsen sind bis 2020 10.330 Stellen neu zu besetzen (vgl. Sächsisches Staatsministerium für Kultus und Sport, 2009). Unter Bedingungen des akuten Bedarfs in Mangelfächern sind bereits wachsende Zahlen von „Seiteneinsteigern" zu beobachten (vgl. Reintjes et al., 2012).

1.6 Zwischenbilanz

Wird eine Zwischenbilanz der Reformanstrengungen des vergangenen Jahrzehnts versucht, müssen zuerst fraglos ihre wegweisenden Erfolge genannt werden: Die Universität bringt sich erstmals über die Lehre hinausgehend in breitem Maßstab durch Forschung als ihrem genuinen Aufgabenbereich in die Lehrerbildung ein. Der dadurch initiierte, historisch beispiellose Entwicklungsschub der Professionalisierungsforschung in Deutschland vermittelt sich im Auf- und Ausbau spezifisch fokussierter Verbundprojekte. Damit geht eine hohe Publikationsdichte zur Diffusion von Forschungsergebnissen einher, die ihrerseits durch entwickelte Infrastrukturen der Fachkommunikation in verschiedenen, sich teils thematisch überlappenden und insoweit auch miteinander konkurrierenden wissenschaftlichen Fachgesellschaften im Kontext einschlägiger Konferenzen forciert wird. Der Forschungsschub ist vielerorts eingebettet in neue Reformgesetzgebungen der Länder zur Lehrerbildung, in eine Restabilisierung des akademischen Karriereraums zumindest in der Erziehungswissenschaft sowie insgesamt günstigen Beschäftigungsprognosen für Lehrerinnen und Lehrer.

Eine Zwischenbilanz wird aber auch Ambivalenzen und Desiderate ansprechen. Korrespondierend zur Schul- und Unterrichtsforschung besteht auch in der Professionalisierungsforschung die Gefahr, den Perspektivenreichtum empirischer Bildungsforschung durch vorwiegend pädagogisch-psychologische Forschung zu verengen. Bildungssoziologie, -ökonomie und -recht, ebenso die historische Bildungsforschung scheinen in der jüngeren Professionalisierungsforschung noch deutlich unterrepräsentiert. Wird Paradigmenvielfalt als wichtiger Motor der Forschungs- und Wissenschaftsentwicklung gesehen, ist der Stellenwert nicht-empirischer Ansätze, besonders der Erziehungsphilosophie, in der bzw. für die Professionalisierungsforschung noch weitgehend ungeklärt.

Als eines der wichtigsten Desiderate erscheint jedoch die Diffusion der Forschungs-/Reformerfolge „in der Fläche". Dazu zählt die signifikante institutionelle Stärkung der Lehrerbildung einschließlich der Bildungs- und Professionsforschung an den Einzelstandorten der Universitäten sowie ein dynamischer Ausbau der Fachdidaktik, in dessen Verlauf die empirische fachdidaktische Forschung zu forcieren ist. Zu den Desideraten gehört aber auch, die Professionalisierungsforschung stärker aus etatisierten Grundmitteln statt aus Drittmitteln zu finanzieren sowie Programme der Nachwuchsförderung zu entwickeln, schließlich Wirkungsanalysen zu den neuen Organisationsformen der Lehrerbildung, z.B. in Professional Schools of Education, durchzuführen.

1.7 Neue Vielfalt im Zuge des Bologna-Prozesses als Problem

Zur Einführung gestufter Ausbildungsstrukturen hat die KMK 2005 den kontrovers diskutierten „Quedlinburger Beschluss" gefasst (KMK, 2005). Hier werden ein integratives Studium an Universitäten/gleichgestellten Hochschulen von zwei Fachwissenschaften und von Bildungswissenschaften in der Bachelor- und Masterphase sowie schulpraktische Studien während des Bachelor-Studiums vorgesehen. Die bisherigen Regelstudienzeiten (ohne Praxisanteile) dürfen nicht verlängert werden. Die Differenzierung des Studiums und der Abschlüsse nach Lehrämtern bleiben gewahrt. Die Beibehaltung der bisherigen Studienstruktur mit dem Abschluss Staatsexamen ist Länderangelegenheit.

Die Kritik sieht in der Folge dieses KMK-Beschlusses die drohende Gefahr eines unstrukturierten Wildwuchses statt der Ermöglichung produktiver Vielfalt. So gilt die KMK-Politik als „worst-practice" Beispiel mit dem Ergebnis eines „bunten Flickenteppich(s) unterschiedlicher Varianten der Einführung von Bachelor- und Masterstudiengängen" (Keller, 2009, S. 4; vgl. Bauer et al., 2012a, 2012b; Bellenberg, 2009; Gewerkschaft Erziehung und Wissenschaft, 2009). Systematisierungsversuche bestätigen diese Sicht. Wigger & Ruberg (2012) versuchen eine Typenbildung der verschiedenen „Varianten der Struktur der Lehrerbildung" und kommen durch Kombination der Merkmale „konsekutiv", „grundständig", „Parallelität beider Formen" und „Abschlussart" zu sechs verschiedenen Typen. Im Vergleich fachwissenschaftlicher, fachdidaktischer, bildungswissenschaftlicher und praktischer Anteile im Studienverlauf anhand studiengangrelevanter Dokumente zu zwölf Lehramtsstudiengängen diagnostizieren Bauer et al. (2012b) „hohe Heterogenität" sowie „große Spannweiten fachdidaktischer (6-25 Credit Points) ... und praktischer Studienanteile (6-38 CP)" der Lehrerbildung (illustrierend: Bauer et al., 2012a). Aktuell dokumentiert die KMK die Anteile der Studienbereiche in den einzelnen Lehrämtern in den Fachwissenschaften, Fachdidaktiken, Erziehungswissenschaften sowie die Praktika und Praxissemester nach Bundesländern in einem Sachstandsbericht (vgl. KMK, 2012; KMK, 2011a).

1.8 Perspektiven der Lehrerbildung

Trotz aller Reformerfolge seit 2000 besteht – wie eingangs bereits angesprochen – die Gefahr einer zunehmenden Diskrepanz zwischen attraktiver überregionaler Professionalisierungsforschung bzw. empirischer Schul- und Unterrichtsforschung auf der einen und traditionell kleinteiligen inneruniversitären Organisationsformen standortspezifisch geprägter Lehrerbildung auf der anderen Seite zu Lasten der Potenziale zur Rezeption und Umsetzung von Forschung im einzelinstitutionellen Kontext (vgl. Weyand & Schnabel-Schüle, 2010). Vor diesem Hintergrund sind komplementär zu den „Standards für die Lehrerbildung" *institutionelle Standards* einer forschungsorientierten Lehrerbildung zu entwickeln, in deren Rahmen Zentren für Lehrerbildung/Professional Schools of Education als wissenschaftliche Einrichtungen mit zentraler fakultätsübergreifender Kompetenz für die Lehrerbildung eine herausragende Rolle einzunehmen hätten. Insofern die KMK-Standards der Lehrerbildung sowie (Re-)Akkreditierungsverfahren den gestärkten Forschungsbezug in der Lehrerbildung nur unzureichend abbilden, sollte die kontinuierliche Qualitätssicherung der Zentren bzw. Schools von wissenschaftlichen Beiräten wahrgenommen werden. Eigene Forschung und der Aufbau von Forschungsnetzwerken setzt dazu eine angemessene, etatisierte Ressourcenausstattung voraus.

Die strukturelle Stärkung der Fachdidaktiken durch standortspezifische oder auch standortübergreifende Strategien sollte langfristige Qualifikationsangebote für Fachdidaktiker/-innen besonders im Bereich der Methoden der empirischen Bildungsforschung sowie Nachwuchsstrategien in den Bildungswissenschaften und Fachdidaktiken unter Einbezug entsprechend qualifizierter Lehrer/-innen einschließen. Im Zuge der Einführung von Praxissemestern ist schließlich die forschungsnahe Lehre auch in der Fort- und Weiterbildung weiter auszubauen.

Robuste Formen der Qualitätssicherung in der Lehre können durch institutionalisierte Kooperationen und Zielvereinbarungen der Zentren für Lehrerbildung mit den an der Lehrerbildung beteiligten Fakultäten gesichert werden. Angesichts zunehmender Zahlen von Seiteneinsteiger/-innen sind verstärkt entsprechende (Nach-)Qualifizierungsprogramme aufzulegen.

Um die gerade im Lehramtsstudium bereits gegebene regionale Einbettung der Universitäten weiter zu optimieren, sind regionale Kooperationen mit Schulen, Zentren für schulpraktische Lehrerausbildung/Seminaren und Verbänden besonders im Kontext der Praxisphasen des Studiums und der Studierendenrekrutierung für Lehramtsstudiengänge auf- bzw. weiter auszubauen.

Schließlich liegen die Vorteile anspruchsvoller Lehrerbildung für die Universitäten selbst in der Ausschärfung der Lehrerbildung als attraktiver Komponente ihrer institutionellen Profilbildung und in den Chancen, die Professionalisierung der Lehrerbildung modellartig auf weitere akademische Ausbildungswege zu übertragen und dabei auch neue Formen der Balance interdisziplinärer Grundlagen- und Anwendungsforschung zu erproben.

Literatur

Arnold, K.-H., Hascher, T., Messner, R., Nigli, A, Patry, J.-L. & Rahm, S. (2011). *Empowerment durch Schulpraktika*. Bad Heilbrunn: Klinkhardt.

Bauer, J., Diercks, U., Rösler, L., Möller, J. & Prenzel, M. (2012a). *Ergänzendes Online-Material zum Artikel J. Bauer et al. 2012. Studienstrukturgrafiken zu 12 Studiengängen für das Gymnasiallehramt bzw. mit entsprechender Lehramtsoption zum Wintersemester 2009/10*.

Bauer, J., Diercks, U., Rösler, L., Möller, J. & Prenzel, M. (2012b). Lehramtsstudium in Deutschland: Wie groß ist die strukturelle Vielfalt? *Unterrichtswissenschaft, 40*(2), S. 101-120.

Baumert, J. & Kunter, M. (2006). Stichwort: Professionelle Kompetenz von Lehrkräften. *Zeitschrift für Erziehungswissenschaft, 9*(4), S. 469-520.

Bayrhuber, H., Harms, U., Muszynski, B., Ralle, B., Rothgangel, M., Schön, L.-H., Vollmer, H.J. & Weigand, H.-G. (Hrsg.) (2011). *Empirische Fundierung in den Fachdidaktiken*. Münster: Waxmann.

Bellenberg, G. (2009). Bachelor- und Masterstudiengänge in der LehrerInnenbildung im Jahr 2008. Ein Vergleich der Ausbildungskonzepte in den Bundesländern. In Gewerkschaft Erziehung und Wissenschaft (Hrsg.), *Endstation Bologna? Die Reformdebatte zur LehrerInnenbildung in den Ländern, im Bund und in Europa* (S. 15-29). o.O.

Blömeke, S., Bremerich-Vos, A., Haudeck, H., Kaiser, G., Nold, G., Schwippert, K. & Willenberg, H. (Hrsg.) (2011). *Kompetenzen von Lehramtsstudierenden in gering strukturierten Domänen. Erste Ergebnisse aus TEDS-LT*. Münster: Waxmann.

Blömeke, S., Kaiser, G. & Lehmann, R. (Hrsg.) (2008). *Professionelle Kompetenz angehender Lehrerinnen und Lehrer. Wissen, Überzeugungen und Lerngelegenheiten deutscher Mathematikstudierender und -referendare – Erste Ergebnisse zur Wirksamkeit der Lehrerausbildung*. Münster: Waxmann.

Blömeke, S., Kaiser, G. & Lehmann, R. (Hrsg.) (2010a). *TEDS-M 2008 – Professionelle Kompetenz und Lerngelegenheiten angehender Primarstufenlehrkräfte im internationalen Vergleich*. Münster: Waxmann.

Blömeke, S., Kaiser, G. & Lehmann, R. (Hrsg.) (2010b). *TEDS-M 2008. Professionelle Kompetenz und Lerngelegenheiten angehender Mathematiklehrkräfte für die Sekundarstufe I im internationalen Vergleich*. Münster: Waxmann.

Blömeke, S., Peter, R., Tulodziecki, G. & Wildt, J. (Hrsg.) (2004). *Handbuch Lehrerbildung*. Bad Heilbrunn & Braunschweig: Klinkhardt & Westermann.

Gewerkschaft Erziehung und Wissenschaft (Hrsg.) (2009). *Endstation Bologna? Die Reformdebatte zur LehrerInnenbildung in den Ländern, im Bund und in Europa*. o.O.

Helsper, W. & Tippelt, R. (Hrsg.) (2011). *Pädagogische Professionalität*. Weinheim und Basel: Beltz. (= Zeitschrift für Pädagogik, 57. Beiheft).

Hochschulrektorenkonferenz (1998). *Empfehlungen zur Lehrerbildung*. Entschließung des 186. Plenums vom 2. November 1998.

Keller, A. (2009). Für einen Kurswechsel in der Reform der LehrerInnenbildung. In Gewerkschaft Erziehung und Wissenschaft (Hrsg.), *Endstation Bologna? Die Reformdebatte zur LehrerInnenbildung in den Ländern, im Bund und in Europa* (S. 4-11). o.O.

KMK (2000). *Gemeinsame Erklärung des Präsidenten der Kultusministerkonferenz und der Vorsitzenden der Bildungs- und Lehrerverbände. „Aufgaben von Lehrerinnen und Lehrern heute – Fachleute für das Lernen"*. Beschluss der Kultusministerkonferenz vom 05.10.2000. Bonn.

KMK (2004). *Standards für die Lehrerbildung: Bildungswissenschaften*. Beschluss der Kultusministerkonferenz vom 16.12.2004. Bonn.

KMK (2005). *Eckpunkte für die gegenseitige Anerkennung von Bachelor- und Masterabschlüssen in Studiengängen, mit denen Bildungsvoraussetzungen für ein Lehramt vermittelt werden.* Beschluss der Kultusministerkonferenz vom 02.06.2005. Bonn.

KMK (2008). *Ländergemeinsame inhaltliche Anforderungen für die Fachwissenschaften und Fachdidaktiken der Lehrerbildung.* Beschluss der Kultusministerkonferenz vom 16.10.2008. Bonn.

KMK (2011a). *Bestandsaufnahme und Perspektiven der Umsetzung des Bologna-Prozesses.* Beschluss der Kultusministerkonferenz vom 10.03.2011. Bonn.

KMK (2011b). *Lehrereinstellungsbedarf und Lehrereinstellungsangebot in der Bundesrepublik Deutschland 2010-2020.* Bonn.

KMK (2012). *Sachstand in der Lehrerbildung* (Stand: 04.04.2012). Bonn.

Krüger, H.-H., Kücker, C., Weishaupt, H. (2012). 4 Personal. In W. Thole, H. Faulstich-Wieland, K.-P. Horn, H. Weishaupt & I. Züchner (Hrsg.), *Datenreport Erziehungswissenschaft 2012* (S. 137-159). Opladen, Berlin & Toronto: Budrich.

Kunter, M., Baumert, J., Blum, W., Klusmann, U., Kraus, S., Neubrand, M. (Hrsg.) (2011). *Professionelle Kompetenz von Lehrkräften. Ergebnisse des Forschungsprogramms COACTIV.* Münster: Waxmann.

Leschinsky, A. & Oelkers, J. (1987). Lehrerbildung – à nouveau. Zur Einführung in den Themenschwerpunkt. *Zeitschrift für Pädagogik 33*(6), S. 739-741.

Ministerium für Inneres und Kommunales NRW (2006). *Gesetz über die Hochschulen des Landes Nordrhein-Westfalen (Hochschulgesetz – HG). Vom 30.10.2006* (GV.NRW. S. 474), zuletzt geändert durch Art. 2 des Gesetzes 28.10.2009 (*GV.NRW 2009*, S. 516). Düsseldorf.

Ministerium für Inneres und Kommunales NRW (2009a). *Gesetz über die Ausbildung für Lehrämter an öffentlichen Schulen (Lehrerausbildungsgesetz – LABG). Vom 12. Mai 2009* (*GV.NRW*, S. 308). Düsseldorf.

Ministerium für Inneres und Kommunales NRW (2009b). *Verordnung über den Zugang zum nordrhein-westfälischen Vorbereitungsdienst für Lehrämter an Schulen und Voraussetzungen bundesweiter Mobilität (Lehramtszugangsverordnung – LZV). Vom 18. Juni 2009 (GV. NRW, S. 344).* o.O.

Ministerium für Innovation, Wissenschaft, Forschung und Technologie (Hrsg.) (2007). *Ausbildung von Lehrerinnen und Lehrern in Nordrhein-Westfalen. Empfehlungen der Expertenkommission zur Ersten Phase.* o.O.

Ministerium für Kultus, Jugend und Sport des Landes Baden-Württemberg (2011). *Berufsziel Lehrerin/Lehrer. Einstellungschancen für den öffentlichen Schuldienst in Baden-Württemberg* (Stand: Juni 2011). o.O.

Ministerium für Schule und Weiterbildung des Landes Nordrhein-Westfalen (2010a). *Rahmenkonzeption zur strukturellen und inhaltlichen Ausgestaltung des Praxissemesters im lehramtsbezogenen Master-Studium vom 14. April 2010.* o.O.

Ministerium für Schule und Weiterbildung des Landes Nordrhein-Westfalen (2010b). *Praxiselemente in den lehramtsbezogenen Studiengängen. Runderlass des Ministeriums für Schule und Weiterbildung. Vom 28. Juni 2012 (ABl NRW 8/12).* o.O.

Ministerium für Schule und Weiterbildung des Landes Nordrhein-Westfalen (2011). *Prognosen zum Lehrerarbeitsmarkt in Nordrhein-Westfalen für Lehrkräfte bis 2030* (Stand: 03/2011). o.O.

Müller, F., Eichenberger, A., Lüders, M. & Mayr, J. (Hrsg.) (2010). *Lehrerinnen und Lehrer lernen. Konzepte und Befunde zur Lehrerfortbildung.* Münster: Waxmann.

Reintjes, C., Bellenberg, G., Greling, E.-M. & Weegen, M. (2012). Landesspezifische Ausbildungskonzepte für Seiteneinsteiger in den Lehrerberuf: Eine Bestandsaufnahme. In D. Bosse, K. Moegling & J. Reitinger (Hrsg.), *Reform der Lehrerbildung in Deutschland, Österreich und der Schweiz. Teil 2: Praxismodell und Diskussion* (S. 161-183). Kassel: Prolog-Verlag.

Sächsisches Staatsministerium für Kultus und Sport. (2009). *Der Staatsminister: Stellungnahme zum Antrag der SPD-Fraktion. Drs-Nr.:5/145. Thema: Mittel- und langfristige Bedarfsanalyse und konkretes Personalkonzept für Lehrpersonal an sächsischen Schulen (02.12.2009).*

Terhart, E. (Hrsg.) (2000). *Perspektiven der Lehrerbildung in Deutschland. Abschlussbericht der von der Kultusministerkonferenz eingesetzten Kommission.* Beltz: Weinheim & Basel.

Terhart, E., Bennewitz, H. & Rothland, M. (Hrsg.) (2011). *Handbuch der Forschung zum Lehrerberuf.* Münster: Waxmann.

Weyand, B. & Schnabel-Schüle, H. (2010). *Erhebung von Grunddaten zu Zentren für Lehrerbildung in Deutschland. Januar 2010. Projektbericht.* o.O.

Wigger, L. & Ruberg, C. (2012). 1.3 Lehramtsstudiengänge. In W. Thole, H. Faulstich-Wieland, K.-P. Horn, H. Weishaupt & I. Züchner (Hrsg.), *Datenreport Erziehungswissenschaft 2012* (S. 54-66). Opladen, Berlin & Toronto: Budrich.

Wissenschaftsrat (2001). *Empfehlungen zur künftigen Struktur der Lehrerbildung* (Drs. 5065/01). Bonn.

Zeitschrift für Pädagogik (2011) 57(5). Thementeil: Eignungsabklärung angehender Lehrerinnen und Lehrer.

Zeitschrift für Pädagogik (2012) 58(4). Thementeil: Überzeugungen von Lehrpersonen.

Zlatkin-Troitschanskaia, O., Beck, K., Sembill, D., Nickolaus, R. & Mulder, R. (Hrsg.) (2009). *Lehrprofessionalität. Bedingungen, Genese, Wirkungen und ihre Messung.* Weinheim & Basel: Beltz.

Züchner, I., Weishaupt, H. & Rauschenbach, T. (2012). 3.2 Lehramtsabschlüsse und Lehrerarbeitsmarkt. In W. Thole, H. Faulstich-Wieland, K.-P. Horn, H. Weishaupt & I. Züchner (Hrsg.), *Datenreport Erziehungswissenschaft 2012* (S. 54-66). Opladen, Berlin & Toronto: Budrich.

Melanie Rischke, Christin Bönsch, Ulrich Müller

2 Monitor Lehrerbildung – Ein Instrument zur Herstellung von Transparenz

2.1 Einführung

Der Lehrberuf in Deutschland stellt hohe Anforderungen an die Lehrerinnen und Lehrer: Schulzeitverkürzungen, Aufarbeitung des „Pisa-Schocks", Wandel von Schulformen, Inklusion, Bildungsstandards, individuelle Förderung – diese einfache Aufzählung ganz unterschiedlicher Aspekte verdeutlicht die Herausforderungen, vor denen Lehrkräfte in den Schulen stehen (vgl. Rothland, 2013). Es dürfte weithin Konsens darüber bestehen, dass diese Ansprüche in ihrer Zahl und Vielfalt durch unterschiedliche globale und gesellschaftliche Rahmenbedingungen in den letzten Jahren zugenommen haben und somit „die Anforderungen an Lehrkräfte und ihre Ausbildung gestiegen sind und weiter steigen werden" (Prenzel, Reiss & Seidel, 2011, S. 48).
Der Ausbildung und der sich berufsbiografisch fortsetzenden Fort- und Weiterbildung in der Lehrerbildung können daher für einen adäquaten Kompetenzerwerb eine hohe Relevanz zugesprochen werden. Natürlich kommt dabei der ersten Phase der Lehrerbildung, dem Lehramtsstudium, eine besondere Bedeutung zu, da sie zusammen mit der zweiten Phase der Lehrerbildung, dem Vorbereitungsdienst, den Lehramtsanwärtern zum Berufsstart das nötige Rüstzeug bieten soll.
Aufgrund der föderalen Strukturen wird die Lehrerbildung in Deutschland als „Großbaustelle, an der viele Personen an vielen Stellen zimmern, feilen und mauern" (Kunter, 2011, S. 107) beschrieben. Diese Komplexität hat sich seit der Etablierung des „Baukastenprinzip[s] der Bologna-Studiengänge nochmals erhöht und die Durchschaubarkeit [hat sich] nicht verbessert" (Oelkers, 2009, S. 22). In den 16 Ländern gibt es zahlreiche Konzepte des Lehramtsstudiums, so dass es selbst Experten schwer fällt, den Überblick zu behalten. Eine vertiefte Beschäftigung mit der Lehrerbildung wurde bislang dadurch noch weiter erschwert, dass eine Plattform fehlte, die entsprechende Grundinformationen aktuell und strukturiert aufbereitete – auch bisherige Publikationen beleuchteten eher einzelne Aspekte, konzentrierten sich auf die Landesebene oder bargen durch die Veröffentlichung in Printform die Gefahr eines

Aktualitätsverlustes (vgl. Keuffer, 2010; Sekretariat der ständigen Konferenz der Kultusminister der Länder in der Bundesrepublik Deutschland, 2012; Terhart, Bennewitz & Rothland, 2011; Weyland, 2012; Walm & Wittek, 2013).

Ein neues Instrument für einen aktuellen Überblick über die erste Phase der Lehrerbildung wurde Ende 2012 mit dem *Monitor Lehrerbildung* bereitgestellt (*www.monitor-lehrerbildung.de*). Der *Monitor Lehrerbildung* ist ein gemeinsames Projekt der Bertelsmann Stiftung, des CHE (Centrum für Hochschulentwicklung), der Deutschen Telekom Stiftung und des Stifterverbands für die Deutsche Wissenschaft. Aufbereitet in neun Themen bietet er Daten auf Landes-, Hochschul- und Lehramtstypenebene, um faktenbasierte Diskussionen zu erleichtern und Transparenz zu schaffen. Im Fokus der Betrachtung stehen organisatorische resp. strukturelle Fragen, nicht Fragen der Kompetenzforschung. Er richtet sich an alle Akteure der Lehrerbildung, an politische Entscheidungsträger, aber auch an alle Personen, die sich für die erste Phase der Lehrerbildung interessieren. Im Folgenden werden sowohl die Methodik des *Monitors Lehrerbildung*, das Konzept der dazugehörigen Website als auch Ergebnisse der Befragungen auf Ebene der landesweiten Regelungen und Strukturen, gegliedert nach den neun im *Monitor Lehrerbildung* abgebildeten Themen, aufgezeigt.

2.2 Methodik

In einer Machbarkeitsstudie wurde zunächst ermittelt, welche Themen und Handlungsfelder für den *Monitor Lehrerbildung* relevant sind und wie diese operationalisiert werden können. Die einzelnen zu erhebenden Indikatoren wurden identifiziert und durch eine Sekundäranalyse des bestehenden Forschungsstandes, durch leitfadengestützte Experteninterviews und einen Workshop mit Experten aus allen Phasen der Lehrerbildung der Länder- und Hochschulebene sowie aus unterschiedlichen Aufgabenbereichen (z.B. Ministerien, Zentren für Lehrerbildung, Hochschulcontrolling) strukturiert.

Im Blickpunkt stand bei der Konzeption des Forschungsdesigns, dass einerseits der Aufwand für die Befragten so gering wie möglich zu halten ist und dass andererseits die Daten valide, reliabel und objektiv sind – die erste Phase der Lehrerbildung in Deutschland also adäquat abgebildet wird. Bereits bestehende Datensammlungen aus Studien (vgl. Deutsche Telekom Stiftung 2013) und Statistiken (vgl. Sekretariat der Ständigen Konferenz der Kultusminister der Länder in der Bundesrepublik Deutschland, 2012; Statistisches Bundesamt, 2011) wurden daher bei entsprechender Eignung in den *Monitor Lehrerbildung* integriert, da eine Mehrfacherhebung von Daten verhindert werden sollte.

Um die Lehrerbildung in Deutschland strukturiert abbilden zu können, wurden mit Hilfe des skizzierten Prozesses (Sekundäranalyse, Experteninterviews und -workshop) neun relevante Themen identifiziert, die derzeit wesentliche Anforderungen an die Gestaltung von Lehrerbildung beschreiben und die die Informationen in der Darstellung des Monitors Lehrerbildung strukturieren:

1. Werden Ein- und Umstiegsmöglichkeiten im Verlauf des Studiums adäquat gestaltet?
2. Wie ist der Studienverlauf in den Lehramtsstudiengängen konzipiert?
3. Sind die Studieninhalte der Lehrerbildung ausgewogen und an externen Anforderungen orientiert gestaltet?
4. Welche Elemente des Praxisbezugs sind im Lehramtsstudium enthalten?
5. Wird Mobilität der Lehramtsstudierenden bzw. -absolventen ermöglicht?
6. Ist die erste Phase der Lehrerbildung mit den folgenden (vor allem mit dem Vorbereitungsdienst) kohärent verzahnt?
7. Ist die Lehrerbildung im Hochschul-/Landesprofil prominent verankert?
8. Gibt es in den Hochschulen klare Verantwortungsstrukturen für die Lehrerbildung?
9. Werden die Forschung und der wissenschaftliche Nachwuchs der Lehrerbildung gefördert?

Diese neun Anforderungen liegen als normative Prämissen der Themengliederung zugrunde. Sie beschreiben in Form einer transparenten Setzung recht abstrakt Idealanforderungen an die Gestaltung von Lehrerbildung (im Folgenden werden die einzelnen zu betrachtenden Themen daher mit einer normativen Aussage eingeführt, dass z.B. die unterschiedlichen Phasen der Lehrerbildung verzahnt sein sollen, um eine gute Ausbildung aus einem Guss zu ermöglichen). Die Darstellung und Auswertung der den Themen jeweils zugeordneten Indikatoren verzichtet dagegen bewusst auf Wertungen. Ob etwa die unterschiedlichen Phasen der Lehrerbildung kohärent verzahnt sind oder ob es noch Nachholbedarf gibt, diese abschließende Bewertung ist nicht Aufgabe des Monitors Lehrerbildung – bei der Online-Plattform wurde vielmehr der Fokus auf die Herstellung von Transparenz gelegt.

Für die Primärerhebung wurden Länderministerien und Hochschulen mittels standardisierter Fragebögen befragt; die Datenerhebung erfolgte mit Hilfe einer Online-Befragung. In Pretests wurden zunächst die Erhebungsinstrumente überprüft und modifiziert. Die Zerfaserung der Lehrerbildung in Deutschland bedingte eine komplexe Filterstruktur des Fragebogens, so dass die vielfältigen Strukturen angemessen berücksichtigt werden konnten. Da der Fragebogen Daten erfasste, die in den befragten Organisationen teilweise von unterschiedlichen Personen zur Verfügung gestellt werden konnten, hatten die Ansprechpartner die Möglichkeit, einzelne Fragen an eben jene Personen weiterzuleiten und deren Antworten zu übernehmen.

2.2.1 Befragung der Länder

Um landesweite Strukturen und Regelungen zu erfassen, wurden Daten auf der Ebene der Bundesländer erhoben. Angeschrieben wurden die Wissenschaftsminister, die gebeten wurden, für die Befragung Ansprechpartner aus Wissenschafts- und teilweise auch Kultusministerien zu benennen. Alle Länder beteiligten sich an der Befragung in dem Erhebungszeitraum von März bis Juni 2012.

2.2.2 Befragung der Hochschulen

In der Grundgesamtheit befanden sich 70 deutsche Hochschulen, die Lehramtsstudiengänge anbieten; nicht angesprochen wurden Kunst-, Musik-, und Sporthochschulen oder theologische Hochschulen. Nicht befragt wurden des Weiteren diejenigen Hochschulen, die Lehramtsstudiengänge nur in Kooperation mit einer weiteren Hochschule anbieten und dabei selbst den geringeren Anteil des Curriculums stellen. Jene Hochschulen wurden jedoch durch eine Frage nach bestehenden Kooperationen mit erfasst. Dadurch wurde gewährleistet, dass alle Lehramtsstudiengänge als Untersuchungseinheit erfasst wurden, aber wiederum auch keine Doppelansprachen/-abfragen erfolgten. Somit waren insgesamt 70 Hochschulen für die Untersuchung relevant, davon haben 63 Hochschulen an der Befragung teilgenommen, der Rücklauf lag somit bei 90%. Die Erhebung umfasste den Zeitraum von Mai bis August 2012.

Befragt wurden jeweils die Geschäftsführer bzw. wissenschaftlichen Leiter der Lehrerbildungszentren. In den Fällen, in denen eine Hochschule kein Zentrum für Lehrerbildung, keine School of Education oder eine entsprechende Struktur besaß, wurden die Rektoren angeschrieben und um die Nennung einer Person gebeten, welche im Namen der Hochschule Angaben zur Lehrerbildung an der Hochschule machen konnte bzw. die in der Position war, die hochschulinterne Informationssammlung zu koordinieren.

2.3 Die Website des Monitors Lehrerbildung

Die Daten der beiden Befragungen wurden bereinigt und für die Veröffentlichung aufbereitet: Im Online-Angebot *www.monitor-lehrerbildung.de* finden sich kostenfrei und öffentlich frei verfügbar mehr als 8.000 Daten zu den einzelnen Themen, Ländern, Hochschulen und Lehramtstypen.

Um unterschiedlichen Informationsbedürfnissen entgegen zu kommen, wurden vier Zugänge geschaffen:

- *Themen*: Für die neun Themen werden Merkmale über alle Länder und Hochschulen eines Landes hinweg dargestellt.
- *Länder*: Für jedes der 16 Länder sind bis zu 36 landeseinheitlich geltende Merkmale zu allen neun Themen aufgeführt.
- *Hochschulen*: Für jede der 63 Hochschulen, die an der Befragung teilgenommen haben, findet sich eine Zusammenstellung von bis zu 49 Merkmalen zu den neun Themen.
- *Lehramtstypen*: Für einen schnellen Überblick über die grundlegenden Unterschiede zwischen den Lehramtstypen findet sich eine Auswahl grundlegender Indikatoren.

2.4 Ergebnisse auf Länderebene

Die hier vorgestellten Erkenntnisse stellen den Stand vom Dezember 2012 dar[1]. Sie liefern erste Anhaltspunkte, um den Status quo zu beschreiben. Die Feststellung von Kausalitäten oder eine hypothesenüberprüfende Herangehensweise sind dagegen nicht das immanente Ziel des deskriptiv angelegten *Monitors Lehrerbildung*. Für die einzelnen Themen gab es eine unterschiedliche Aufteilung der Fragen auf die Befragungsebenen Länder und Hochschulen: Manche wurden angemessen auf der Ebene der landesweiten Strukturen und Vorgaben erfasst – andere dagegen wurden auf der Ebene der Hochschulen verortet, da hier eine hohe Spezifik in Bezug auf einzelne Studiengänge bzw. Lehramtstypen vorlag. Daher variiert die Anzahl der im Folgenden vorgestellten Indikatoren pro Thema.

2.4.1 Ein- und Umstiegsmöglichkeiten
Studierende sollten, so eine der mit Experten erarbeitete und der Gliederung der Webseite zugrundelegte Anforderung an die Gestaltung von Lehrerbildung, einen adäquaten Zugang zum Lehramtsstudium erhalten – sei es nun bei einer Erstimmatrikulation oder einem Wechsel des Studiengangs. Es geht

---

[1] Bei der Interpretation der Ergebnisse ist zu beachten, dass die Befragten auch außerhalb der Vollerhebungen kontinuierlich die Möglichkeit haben, veränderte Daten zu melden und diese in den *Monitor Lehrerbildung* eingepflegt werden. Somit kann einerseits die Aktualität der Daten auf der Webseite gewährleistet werden, aber andererseits beziehen sich die ausgewerteten Ergebnisse immer auf einen bestimmten Zeitpunkt.

dabei aber nicht nur um die Frage des Zugangs von genügend künftigen Lehrern, sondern auch darum, möglichst geeignete Kandidaten für das Lehramtsstudium zu begeistern – Aspekte sind u.a. die Übereinstimmung von objektiver und subjektiver Passung für den Lehrerberuf. Viele Studierende weisen etwa ein problematisches Belastungsprofil auf, sodass fraglich ist, ob sie den Anforderungen des Lehrerberufs dauerhaft standhalten können (vgl. Lehr, Schmitz & Hillert, 2008; Weiß, Lerche & Kiel, 2011). Der Rekrutierung von geeigneten Lehramtsanwärtern wird daher eine angemessen große Rolle zugesprochen und „Ausbildungsinhalte und -strukturen können nur wirksam werden, wenn die von den dazu passenden Studierenden genutzt werden" (Czerwenka & Nölle, 2011, S. 370).

Alle Bundesländer gaben an, welche landesweiten Vorgaben zu Eignungsvoraussetzungen bestanden und ob das Land Maßnahmen zur Werbung für das Lehramtsstudium einsetzte. In zehn Ländern gab es zu dem Zeitpunkt der Datenauswertung keine gesetzlichen Vorgaben zu den Eignungsvoraussetzungen vor Studienbeginn (Berlin, Brandenburg, Bremen, Hessen, Niedersachsen, Saarland, Sachsen, Sachsen-Anhalt, Schleswig-Holstein, Thüringen)[2]. In fünf Ländern gab es verpflichtende Maßnahmen zur Eignungsabklärung (Hamburg, Mecklenburg-Vorpommern, Baden-Württemberg, Bayern). In einem Land gab es zu dem Zeitpunkt freiwillige Maßnahmen zur Eignungsabklärung (Rheinland-Pfalz).

Generell versuchten in Deutschland seit 2008 alle Länder mit Ausnahme von Bayern und Berlin, Studienberechtigte durch gezieltes landesweites Marketing für ein Lehramtsstudium zu rekrutieren. Vier Länder betrieben landesweit allgemein Werbung für ein Lehramtsstudium, neun Länder hatten zusätzlich zu einer allgemeinen Werbung für das Lehramtsstudium auch Maßnahmen für das Studium der MINT-Fächer in der Lehrerausbildung initiiert. Das Land Thüringen warb nur für diese Lehramtsfächer.

In Bezug auf den Einstieg in den Lehrerberuf ist der Lehrereinstellungsbedarf eine wichtige Größe: Die Ministerien wurden gebeten, die drei Fächer zu benennen, für die 2010/2011 der größte Lehrereinstellungsbedarf (inkl. Ersatzbedarf) bestand. Die Länder wurden gebeten, den Bedarf für die einzelnen Lehramtstypen aufzuzeigen. Eine Auswertung über alle Lehramtstypen hinweg offenbarte jedoch: Mathematik, Physik, sonderpädagogische Fachrichtungen, Deutsch sowie Englisch waren die am meist genannten Fächer. Zwei Länder machten zu diesem Aspekt keine Angaben. Natürlich ist zu beachten,

---

[2] Sofern keine anderen Angaben gemacht werden, haben alle Länder die vorgestellten Fragen beantwortet (n = 16).

dass die genannten Fächer nicht in allen Lehramtstypen studiert werden können.

Um die Intensität von Umstiegsaktivitäten einzuschätzen, kann das Ausmaß, in dem Seiteneinsteiger bei Bewerbungen berücksichtigt wurden, ein erster Anhaltspunkt sein. Im Gegensatz zu den so genannten Quereinsteigern, welche ohne vorangegangenes Lehramtsstudium den Vorbereitungsdienst beginnen, handelt es sich bei den Seiteneinsteigern um Personen, die auch den Vorbereitungsdienst „überspringen" und direkt mit der Berufstätigkeit beginnen und parallel zu dieser berufsbegleitend ausgebildet werden (vgl. Reintjes et al., 2012): Für 14 Länder konnte der Anteil, den die Seiteneinsteiger an den insgesamt eingestellten Bewerbern in den öffentlichen Schuldienst im Jahr 2011 ausmachten, ermittelt werden: Dieser variierte stark zwischen den Ländern; in Bayern lag er z.B. bei 1,6%, in Berlin bei 5,8% und in Nordrhein-Westfalen bei 10,5%.

2.4.2 Studienverlauf

Begründet durch die föderale Struktur Deutschlands gibt es eine Vielzahl von Schulformen und eine Vielzahl hochschulischer Konzepte der Lehrerbildung, einen so genannten „Flickenteppich divergenter Modelle und Reformversuche" (Keuffer, 2010, S. 51). So sind zum Beispiel nicht alle Studienprogramme vollständig auf Strukturen umgestellt, welche die Ziele des Bologna-Prozesses unterstützen. Des Weiteren werden Studierende mit individuellen Ansprüchen an das Studium häufiger; damit diese zum Studienerfolg geführt werden können, müssen – so die Prämisse – die Bedürfnisse verschiedener Zielgruppen (Studierende mit Kind, Teilzeitstudierende etc.) etwa durch eine Flexibilisierung des Studienverlaufs berücksichtigt werden.

Da in den Ländern unterschiedliche Schulformen existieren, werden angehende Lehrer an den Hochschulen passend dazu in sechs verschiedenen Lehramtstypen ausgebildet, auf welche sich die Kultusministerkonferenz (KMK) verständigt hat. Das Saarland war zu dem Zeitpunkt der Vollerhebung das einzige Land, in dem keine Grundschullehrer ausgebildet wurden. Seit dem Wintersemester 2012/2013 bildet die Universität des Saarlandes jedoch auch angehende Grundschullehrer aus. Der Lehramtstyp 2 (Übergreifende Lehrämter der Primarstufe und aller oder einzelner Schularten der Sekundarstufe I) wurde am seltensten an deutschen Hochschulen angeboten, nämlich nur in fünf Ländern; dafür boten diese Länder aber meistens den Lehramtstyp 3 (Lehrämter für alle oder einzelne Schularten der Sekundarstufe I) an. Die Lehramtstypen 4 (vor allem Lehramt am Gymnasium) und 5 (vor allem Lehramt an berufsbildenden Schulen) konnten in allen Ländern studiert werden, der Lehramtstyp 6 (sonderpädagogische Lehrämter) in allen Ländern außer dem Saarland.

Die Länder unterschieden sich nicht nur hinsichtlich der angebotenen Lehramtstypen, sondern auch hinsichtlich der Studienstruktur. So boten neun Länder ein gestuftes Bachelor-/Masterstudium an, in vier Bundesländern (Baden-Württemberg, Bayern, Hessen, Saarland) konnte mit Ausnahme des Lehramtstyps 5 (berufliche Schulen) nur mit dem Abschluss des ersten Staatsexamens studiert werden, in Mecklenburg-Vorpommern wurden alle Lehramtsstudiengänge mit dem ersten Staatsexamen abgeschlossen und in zwei Ländern (Sachsen-Anhalt, Thüringen) existierte keine gesetzlich vorgeschriebene Struktur, dort wurden je nach Hochschule sowohl gestufte als auch grundständige Studienstrukturen angeboten. Sachsen kehrte von einer gestuften Studienstruktur mit den Abschlüssen Bachelor/Master zum WS 2012/13 wieder zu einem Lehramtsstudium mit dem Abschluss des ersten Staatsexamens zurück.

2.4.3 Studieninhalte

Betrachtet man die Inhalte des Lehramtsstudiums, so wird in der öffentlichen Debatte bzw. in der Fachdiskussion häufig die Gewichtung der Fachwissenschaft diskutiert. Die Lehrerbildung sollte – so eine weitere im Vorfeld der Erhebung gesetzte Prämisse an die Gestaltung von Lehrerbildung – durch ausgewogene und an externen Anforderungen orientierte Studieninhalte dafür sorgen, dass die Studierenden auf den Vorbereitungsdienst, und vor allem auf das spätere Berufsfeld vorbereitet sind. Wichtig ist also die Ausgewogenheit curricularer Bausteine.

In 14 Ländern gibt es landesweite Vorgaben über die Verteilung der Pflichtanteile der verschiedenen Studieninhalte (Fachanteile, Fachdidaktik, Praxisphasen etc.)[3].

Bei der Anzahl der Unterrichtsfächer, die belegt werden müssen, zeigt sich eine große Varianz zwischen den Lehramtstypen und innerhalb eines Lehramtstyps auch zwischen den Vorgaben der einzelnen Länder.

2.4.4 Praxisbezug

Auch in Bezug auf die schulpraktischen Elemente gibt es zwischen den Ländern und den Hochschulen große Unterschiede (vgl. Bosse, 2012). In der öffentlichen Diskussion dominiert dabei die Auffassung, dass in Bezug auf den Praxisbezug der Lehrerbildung Defizite herrschen. In einer repräsentativen

---

[3] Im Rahmen der Befragung der Hochschulen wurden für jede Hochschule die Pflichtanteile der einzelnen Bestandteile des Studiums abgefragt.

Umfrage, die von dem Institut für Demoskopie Allensbach im März 2012 unter Lehrern an allgemeinbildenden Schulen in Deutschland durchgeführt wurde, gaben 20% der Befragten an, dass diese den Einstieg ins Berufsleben als Praxisschock empfanden. Insgesamt fühlte sich jeder zweite Lehrer nur unzureichend auf die Berufspraxis vorbereitet (vgl. Vodafone Stiftung, 2012). Viele aktuelle Reformen und Bestrebungen der Hochschulen und Länder sind daher explizit auf die Stärkung des Praxisbezugs ausgerichtet. Ein Lehramtsstudium sollte – diese Prämisse dürfte unumstritten sein – die Studierenden angemessen auf das Berufsleben vorbereiten. Dieser bedarfsorientierte Praxisbezug erfolgt in den Ländern auf unterschiedliche Art und Weise und kann auch je nach Lehramtstyp variieren.

Auf der Ebene der Länder wurden folgende Aspekte beleuchtet: Die curriculare Verankerung der Praxisphasen war in allen Ländern vorgesehen, fünf Länder sahen ein Praxissemester vor. Der Vorbereitungsdienst in den Ländern dauerte von 12 bis 24 Monaten.

2.4.5 Mobilität

Seien es nun Studierende, die an eine andere Hochschule (ggf. in einem anderen Bundesland) wechseln möchten; Absolventen, die ihren Vorbereitungsdienst in einem anderen Bundesland als das ihrer Hochschulausbildung beginnen möchten oder Studierende, die sich im Laufe des Studiums dazu entscheiden, an einer anderen Schulform zu unterrichten – diese drei Beispiele illustrieren mögliche Formen der Mobilität. Durch die unterschiedlichen Landesvorgaben und deren Realisierung an den Hochschulen ist die Mobilität ein Bereich, der von vielen an der Lehrerbildung beteiligten Akteuren als problematisch angesehen wird: Dabei kann nicht nur z.B. die Aufnahme eines Studiums in einem anderen Bundesland problematisch sein, bereits ein Wechsel innerhalb des Bachelorstudiums in der Nachbarstadt kann sich schwierig gestalten. Obwohl die Einrichtung eines europäischen Hochschulraums die internationale Vergleichbarkeit und Mobilität fördern sollte, scheint dies bisher nicht erreicht worden zu sein (vgl. Keuffer, 2010). Die Lehrerbildung sollte allerdings – so eine grundlegende Prämisse des Monitors – durch ihre Strukturen und Prozesse Mobilität der Studierenden ermöglichen.

Wenn Studierende ihr Studium in einem anderen Land fortsetzen möchten, als das, in dem ihre bisherige Hochschule angesiedelt ist, stellen sich viele Fragen bezüglich der Anerkennung der bisherigen Leistungen und der Kompatibilität der Studiengänge. Vier mögliche Zielländer (Hamburg, Rheinland-Pfalz, Saarland und Thüringen) boten wechselwilligen Studierenden landesweit konzipierte Informationen zu Mobilitätsmöglichkeiten für „wechselwillige" Lehramtsstudierende aus anderen Ländern, die einen lehramtsbefähigenden Studiengang in Ihrem Land absolvieren möchten (n = 15).

Die Länder wurden gebeten, die Länder, aus denen die Lehramtsabsolventen für den Vorbereitungsdienst am häufigsten wechselten, anzugeben. Jedes Land konnte bis zu drei andere Länder nennen, elf Länder machten hierzu Angaben. Insgesamt gab es 29 Nennungen, also 29 Paarungen zwischen einem Land, aus dem die Wechsler stammen und dem Zielland: Nur bei sechs dieser Paarungen handelt es sich nicht um Nachbarländer. Betrachtet man den Anteil der Lehramtsabsolventen, die für den Vorbereitungsdienst in ein anderes Land gewechselt sind, so gab es große Unterschiede zwischen den Zielländern: Auffallend ist, dass in Sachsen-Anhalt (49,1%) fast die Hälfte der Referendariatsanwärter aus einem anderen Bundesland kam und auch in Schleswig-Holstein (38,9%), Hamburg (38,2%) und Niedersachsen (35%) der Anteil der Wechsler recht hoch ist. Baden-Württemberg (9,2%) und Brandenburg (1,1%) weisen dagegen einen eher geringen Anteil an Wechslern auf. Im Saarland wurden 2010/11 keine Grundschullehrer ausgebildet; es kann davon ausgegangen werden, dass ein großer Teil der 34,5% Wechsler angehende Grundschullehrer waren. Wenige Länder, etwa Niedersachsen und Hessen, weisen eine hohe Mobilität in beide Richtungen auf.

2.4.6 Kohärenz und Verzahnung der Phasen

Die Lehrerbildung in Deutschland setzt sich aus drei Phasen zusammen: Dem Hochschulstudium, dem Vorbereitungsdienst sowie der Fort- und Weiterbildung während der Tätigkeit als Lehrerin oder Lehrer. Die Vielzahl und vielseitige organisatorische Verortung der an der Lehrerbildung beteiligten Akteure bilden für die Gestaltung der mehrphasigen Lehrerbildung in Deutschland schwierige Rahmenbedingungen. Die Kohärenz und Verzahnung der Phasen der Lehrerbildung sollten – so eine weitere Prämisse, die der Themengliederung des Monitors zugrunde liegt – sichergestellt werden. Im Fokus des *Monitors Lehrerbildung* stehen dabei die erste Phase, also das Lehramtsstudium sowie ihre Verzahnung mit der zweiten Phase, dem Vorbereitungsdienst. Kooperationen zwischen der ersten und zweiten Phase der Lehrerbildung sind notwendig und können auch gelingen, wenn die Inhalte aufeinander abgestimmt sind (vgl. Arnold, 2010).

Fünf Länder gaben an, dass in ihrem Fall kein formalisierter, regelmäßiger Austausch der Beteiligten zur Koordination der ersten zwei Phasen der Lehrerbildung auf Länderebene stattfindet. In zehn Ländern gab es keine schriftlich fixierten Kooperationsvereinbarungen mit anderen Akteuren zur Koordination der ersten zwei Phasen der Lehrerbildung.

Gefragt wurde, an welchen Stellen sich Lehramtsabsolventen über die Zulassungsvoraussetzungen zum Vorbereitungsdienst beraten lassen können. In neun Ländern wurden nach Auskunft der Ministerien die Hochschulen in der Beratung tätig, in 13 Ländern das Landesministerium, in vier Ländern die jeweilige Bezirksregierung und in fünf Ländern weitere Stellen.

2.4.7 Lehrerbildung als ein Element im Hochschul-/Landesprofil

Vielfach wird vermutet, angesichts der Fokussierung auf Ziele, wie zum Beispiel die Forschungsexzellenz, würde der Lehrerbildung in der politischen Agenda, gemessen an ihrer eigentlichen Relevanz, zu wenig Bedeutung zugemessen. Die Lehrerbildung sollte – so die der Befragung zugrunde gelegte Anforderung an die Gestaltung von Lehrerbildung – als ein Element des Hochschul- und Landesprofils verstanden werden und somit einen angemessenen Stellenwert in der strategischen Ausrichtung von Hochschulen und Ländern erhalten (beispielhaft vgl. Prenzel, 2012).

In vielen Ländern schließen Staat und Hochschulen Zielvereinbarungen, um Entwicklungsschritte und Schwerpunkte festzulegen sowie finanziell zu unterfüttern. In elf Ländern stellte das Thema Lehrerbildung einen verpflichtenden Bestandteil in den Zielvereinbarungen dar. In Bayern, Brandenburg, Bremen und Hamburg war die Lehrerbildung dagegen kein vorgegebenes Themenfeld, zu dem von Hochschulen, die in der Lehrerbildung aktiv sind, Aussagen und Vereinbarungen getroffen werden mussten. Baden-Württemberg gab an, keine Zielvereinbarungen zu nutzen.

2.4.8 Klare Verantwortungsstrukturen

Die Lehrerbildung an den Hochschulen stand in der Vergangenheit wegen fehlender klarer Verantwortungsstrukturen in der Diskussion:

> „Mit Bezug auf die Kritik der Unstudierbarkeit und Randständigkeit des Lehramtsstudiums sowie der heimlichen Verachtung, die den Lehramtsstudierenden als ungeliebten Studierenden zweiter Wahl entgegenschlägt, bieten neue Organisationsformen, wie Schools of Education, Lehrerbildungsfakultäten oder Lehrerbildungszentren, neue Möglichkeiten" (Helsper, 2011, S. 77).

Eine Vielzahl von Akteuren ist innerhalb eines Landes sowie innerhalb einer Hochschule an der Lehrerbildung beteiligt, dies bedingt für involvierte Akteure, aber auch für Außenstehende eine hohe Komplexität. Klar formulierte und transparente Verantwortungsstrukturen können eine Unterstützung aller Beteiligten – auch der Lehramtsstudierenden – bedeuten. Die Studierenden hätten so zum Beispiel eine klar verortete organisatorische und emotionale „Heimat" an den Hochschulen. Die Verantwortungsstrukturen der Lehrerbildung sollten – so die Prämisse – klar formuliert und umgesetzt werden.

In 11 Ländern gibt es zentrale Einrichtungen/Gremien auf Landesebene, die die Lehrerbildung analysieren, begleiten und beratend tätig sind. In neun Ländern ist die Einführung einer zentralisierten hochschulinternen Einrichtung für Lehrerbildung (z.b. eines Lehrerbildungszentrums) gesetzlich vorgeschrieben.

2.4.9 Förderung der Forschung und des wissenschaftlichen Nachwuchses

Studienangebote in der Lehrerbildung sollten auch durch entsprechende Forschungsaktivität untermauert werden: „Bei Lichte gesehen, wissen wir empirisch sehr wenig über das Objekt ‚Lehrerbildung'" (Oelkers, 2009, S. 45). Die erfolgreiche Nachwuchsförderung ist darüber hinaus auch entscheidend für die Aufrechterhaltung der Ausbildungsqualität an den Hochschulen. Lehrkräfte, die aus dem Schuldienst heraus promovieren, sicherten die „Heranbildung des wissenschaftlichen Nachwuchses in Schulpädagogik, Sonderpädagogik, Grundschulpädagogik, aber oft auch in den Fachdidaktiken" (Nieke, 2009, S. 144). Die Lehrerbildung sollte – so die letzte der mit Experten erarbeite Anforderung an die Gestaltung von Lehrerbildung – darüber hinaus auch die Lehrkräfte

> „darauf vorbereiten, auch im Verlauf ihrer Berufstätigkeit relevante Forschung zu verfolgen. Lehrerbildung sollte Lehrkräfte befähigen, nicht nur nach Gefühl, sondern nach bestem Wissen zu entscheiden" (Prenzel, 2011, S. 81).

Neben der Vorbereitung auf die Lehrertätigkeit sind die Forschung zur Lehrerbildung und die Förderung des wissenschaftlichen Nachwuchses der Lehrerbildung auch Perspektiven, die die Lehrerbildung in den Blick nehmen sollte.

In fast allen Ländern gab es die Möglichkeit für Lehrkräfte aus dem Schuldienst, eine Tätigkeit in der Lehrerbildung an den Hochschulen auszuüben: In 14 Fällen in Voll- und Teilzeit, in Niedersachsen nur in Teilzeit, in Sachsen-Anhalt gar nicht. Lehrkräfte aus dem Schuldienst, die in Hochschulen in der Lehrerbildung eine Qualifizierungsstelle zur Promotion haben (Teilzeit oder komplette Freistellung), waren nicht in allen Ländern zu finden: Für das Schuljahr 2010/11 gaben nur sechs Länder an, dass diese Möglichkeit realisiert wurde. Die Spannweite reichte dabei von drei bis zu 50 Lehrkräften.

2.5 Zusammenfassung und Ausblick

Mit der Publikation des ersten *Monitors Lehrerbildung* im November 2012 wurde der Versuch realisiert, eine Informationsplattform zu dem aktuellen

Status quo der ersten Phase der Lehrerbildung in Deutschland zu initiieren. Der *Monitor Lehrerbildung* stellt Daten und Fakten zu unterschiedlichen Aspekten und aus verschiedenen Blickwinkeln bereit: Er zeigt Basisinformationen auf, die die Kerninformationen der Lehramtsstudiengänge beschreiben, aber auch thematische Schwerpunkte, welche sich speziell mit aktuellen Themen der Lehrerbildung beschäftigen. Die Nutzer des *Monitors Lehrerbildung* erhalten Daten auf der Ebene der Länder, der Hochschulen und der Lehramtstypen.

Nur wenn Diskussionen auf aktuellen Informationen basieren, können sie sachlich geführt werden. Dies gilt sowohl für politische Entscheidungsträger, für die in die Lehrerbildung eingebundenen Akteure, als auch für alle Personen, die sich für die erste Phase der Lehrerbildung interessieren – ob sie z.B. aus der Wirtschaft, den Medien oder aus den Hochschulen stammen. Das Ziel des *Monitors Lehrerbildung* bleibt daher bedeutsam.

Bei einer Verstetigung des Projekts wäre in der längerfristigen Perspektive neben der Betrachtung allgemeiner Dynamiken die Möglichkeit gegeben, Entwicklungen im Zeitverlauf aufzuzeigen: Ein interessanter Aspekt könnte dabei mittelfristig sein, ob die *Qualitätsoffensive Lehrerbildung*, sofern sie realisiert wird, Auswirkungen auf die Struktur der Lehrerbildung in Deutschland hat und welcher Gestalt diese sein könnten. Insbesondere die Änderungen der Länderregelungen in Bezug auf Anerkennungsfragen, die die Voraussetzung für die Etablierung Qualitätsoffensive darstellen, könnten sogar schon kurzfristig zu messbaren Mobilitätseffekten führen.

Literatur

Arnold, E. (2010). Kooperationen zwischen der ersten und zweiten Phase der Lehrerbildung. *Erziehungswissenschaft, 40*, S. 69-77.

Bosse, D. (2012). Zur Situation der Lehrerbildung in Deutschland. *Schulpädagogik heute, 5*, S. 1-16.

Czerwenka, K. & Nölle, K. (2011). Forschung zur ersten Phase der Lehrerbildung. In E. Terhart, H. Bennewitz & M. Rothland (Hrsg.), *Handbuch der Forschung zum Lehrerberuf* (S. 362-380). Münster: Waxmann.

Deutsche Telekom Stiftung (2013). *Für den Lehrerberuf geeignet? Eine Bestandsaufnahme zu Eignungsabklärung, Beratung und Bewerberauswahl für das Lehramtsstudium.* http:// www. telekom-stiftung.de/dtag/cms/contentblob/Telekom-Stiftung/de/1960480/blobBinary/ F%25C3%25BCr+den+Lehrerberuf+geeignet%253F.pdf [07.05.2013].

Helsper, W. (2011). Neue Organisationsstrukturen als neue Lehrerbildungskultur? *Erziehungswissenschaft, 43*, S. 77-83.

Keuffer, J. (2010). Reform der Lehrerbildung und kein Ende? Eine Standortbestimmung. *Erziehungswissenschaft, 40*, S. 51-67.

Kunter, M. (2011). Theorie meets Praxis in der Lehrerbildung – Kommentar. *Erziehungswissenschaft, 43*, S. 107-112.

Lehr, D., Schmitz, E. & Hillert, A. (2008). Bewältigungsmuster und psychische Gesundheit. Eine clusteranalytische Untersuchung zu Bewältigungsmustern im Lehrerberuf. *Zeitschrift für Arbeits- und Organisationspsychologie, 52*(1), S. 3-16.

Nieke, W. (2009). Promovieren – aus Sicht der Universitäten. *Erziehungswissenschaft, 39*, S. 141-148.

Oelkers, J. (2009). „*I wanted to be a good teacher...*" *Zur Ausbildung von Lehrkräften in Deutschland*. http://library.fes.de/pdf-files/studienfoerderung/06832.pdf [10.12.2012].

Prenzel, M. (2011). Statements zum Thema: Lehrerbildung an Hochschulen. In W. Herrmann & M. Prenzel (Hrsg.), *Talente entdecken – Talente fördern. Bildung und Ausbildung an den Hochschulen in Deutschland* (S. 81). Köln: Hanns-Martin-Schleyer-Stiftung.

Prenzel, M (2012). *Stellungnahme. Öffentliches Fachgespräch zum Thema „Weiterentwicklung der Lehrerausbildung in Deutschland – Stärkung der Exzellenz in der Lehrerausbildung" am 25. Juni 2012*. http://www.bundestag.de/bundestag/ausschuesse17/a18/anhoerungen/Weiterentwicklung_der_Lehrerausbildung/ADrs_17-282_b.pdf [05.03.2013].

Prenzel, M., Reiss, K. & Seidel, T. (2011). Lehrerbildung an der TUM School of Education. *Erziehungswissenschaft, 43*, S. 47-56.

Reintjes, C., Bellenberg, G., Greling, E.-M. & Weegen, M. (2012). Ausbildungskonzepte für Seiteneinsteiger in den Lehrerberuf: Eine Bestandsaufnahme. *Schulpädagogik heute, 5*.

Rothland, M. (2013). Beruf Lehrer/Lehrerin – Arbeitsplatz Schule. Charakteristika der Arbeitstätigkeit und Bedingungen der Berufssituation. In M. Rothland (Hrsg.), *Belastung und Beanspruchung im Lehrerberuf. Modelle, Befunde, Interventionen* (S. 21-39). Wiesbaden: Springer VS.

Sekretariat der Ständigen Konferenz der Kultusminister der Länder in der Bundesrepublik Deutschland (2012). *Einstellung von Lehrkräften 2011. Tabellenauszug: Einstellungen in den öffentlichen Schuldienst*. http://www.kmk.org/fileadmin/pdf/Statistik/Tabellenauszug_EvL_2011.pdf [07.05.2013].

Sekretariat der Ständigen Konferenz der Kultusminister der Länder in der Bundesrepublik Deutschland (2012). *Sachstand in der Lehrerbildung*. http://www.kmk.org/fileadmin/veroeffentlichungen_beschluesse/2012/2012-12-10-Sachstand_in_der_Lehrerbildung_Endfsg.pdf [03.05.2013].

Statistisches Bundesamt (2011). *Bildung und Kultur. Allgemeinbildende Schulen. Schuljahr 2010/2011*. Wiesbaden.

Terhart, E., Bennewitz, H. & Rothland, M. (Hrsg.) (2011). *Handbuch der Forschung zum Lehrerberuf*. Münster: Waxmann.

Vodafone Stiftung Deutschland (2012). *Lehre(r) in Zeiten der Bildungspanik. Eine Studie zum Prestige des Lehrerberufs und zur Situation an den Schulen in Deutschland*. http://www.vodafone-stiftung.de/publikationmodul/detail/40.html [10.12.2012].

Walm, M. & Wittek, D. (2013). *Dokumentation zur Lehrer_innenbildung in Deutschland – eine phasenübergreifende Analyse der Regelungen in den Bundesländern*. http://www.gew.de/Binaries/Binary98423/LehrerInnenbildung_A4_web.pdf [04.07.2013].

Weiß, S., Lerche, T. & Kiel, E. (2011). Der Lehrberuf: Attraktiv für die Falschen? *Lehrerbildung auf dem Prüfstand, 4*(2), S. 349-367.

Weyland, U. (2012). *Expertise zu den Praxisphasen in der Lehrerbildung in den Bundesländern*. http://li.hamburg.de/contentblob/3305538/data/pdf-studie-praxisphasen-in-der-lehrerbildung.pdf [03.05.2013].

II Studienvoraussetzungen und Studienmotivation

Stefanie Gottschlich, Rolf Puderbach

3 Berufswahl und Fächerwahl – Zwei Teilentscheidungen bei der Aufnahme eines Lehramtsstudiums

3.1 Einleitung

Den Studien- und Berufswahlmotiven von Lehramtsstudierenden widmeten sich in den vergangenen Jahrzehnten zahlreiche Studien (z.b. Denzler & Wolter, 2008; Havers, 1986; Kiel, Geider & Jünger, 2004; Oesterreich, 1987; Ortenburger, 2010; Ulich, 2000, 2004). Über die wichtigsten Berufswahlmotive besteht trotz uneinheitlicher Befunde in Einzelfragen weitgehend Konsens (vgl. Rothland & Terhart, 2010). Als dominierendes Motiv für die Wahl des Lehrerberufs wird immer wieder das Interesse an der Arbeit mit Kindern und Jugendlichen identifiziert (z.b. König et al., 2013; Ulich 2000, 2004). Insgesamt stehen intrinsische, pädagogische Motive im Vordergrund. Extrinsische Motive, wie Beschäftigungsaussichten, Einkommen oder die erwartete Vereinbarkeit von Familie und Beruf, werden vergleichsweise selten genannt, wobei die Frage des Einflusses sozialer Erwünschtheit auf diese Befragungsergebnisse im Raum steht (vgl. Rothland & Terhart, 2010). Weniger eindeutig ist die Befundlage beispielsweise zu der Frage, ob sich Lehramtsstudierende von anderen Studierenden systematisch durch ungünstigere Leistungsvoraus-setzungen unterscheiden (vgl. ebd.).

Einige Studien (z.B. Giesen & Gold, 1994; Kiel, Geider & Jünger, 2004) nehmen Unterschiede in der Studienwahlmotivation je nach angestrebter Schulart (Grundschule, Mittelschule/Realschule, Gymnasium) in den Blick. Untersuchungen zur Studienwahl angehender Lehrer, die zwischen verschiedenen Studienfächern im Lehramtsstudium differenzieren, liegen dagegen nach unserem Kenntnisstand nicht vor.

Untersuchungen zur Studienwahl, die sich nicht auf das Lehramtsstudium konzentrieren, vergleichen die Studienwahlmotive in verschiedenen Studienrichtungen, um typische Wahlmotive von Studierenden in Naturwissenschaften, Wirtschaftswissenschaften oder Sprach- und Literaturwissenschaften zu identifizieren (z.B. Asmussen, 2006; Zwick & Renn, 2000). Dabei wird das Lehramtsstudium gelegentlich als eine Studienrichtung neben verschiedenen fachwissenschaftlichen Studienrichtungen betrachtet (z.B. Lörz,

Quast & Woisch, 2011; Willich et al., 2011). Diesen Untersuchungen zufolge ähneln Lehramtsstudierende in ihren Studienwahlmotiven den Studierenden geistes- und sozialwissenschaftlicher Studiengänge und unterscheiden sich deutlich von Studierenden der Natur- und Ingenieurwissenschaften (sogenannte MINT-Fächer[1]) (vgl. Briedis et al., 2008; Lörz et al., 2011). Lehramtsinteressierte haben demnach ein geringeres wissenschaftliches Interesse und ein stärkeres Interesse an sozialer Interaktion als Studieninteressierte, die zu fachwissenschaftlichen Studiengängen, insbesondere in MINT-Fächern, neigen.

Lehramtsstudierende ähneln zwar den genannten Studien zufolge im Durchschnitt in ihren Orientierungen den Studierenden geistes- und sozialwissenschaftlicher Studiengänge. Dieser Umstand ist jedoch möglicherweise in erster Linie in der Tatsache begründet, dass sprachliche, sozialwissenschaftliche oder künstlerische Studienfächer in den Lehramtsstudiengängen besonders häufig gewählt werden. Die geistes- und sozialwissenschaftliche Fächer studierende Mehrheit der Lehramtsstudierenden prägt folglich bei Gruppenvergleichen die relevanten Parameter. Studierende mathematisch-naturwissenschaftlicher Studienfächer, deren Orientierungen sich möglicherweise systematisch von denen der anderen Lehramtsstudierenden unterscheiden, werden auf diese Weise leicht übersehen. Dies kann in der Folge dazu führen, dass Lehramtsstudierenden im Allgemeinen bestimmte Interessen und Orientierungen zugeschrieben werden, obwohl diese möglicherweise nur bei der Mehrheit der Studierenden mit geistes- und sozialwissenschaftlichen Fächern, nicht aber bei der Minderheit der MINT-Studierenden vorhanden sind.

In einer Studie der HIS GmbH (vgl. Heine et al., 2008) bescheinigen sich zum Beispiel Interessenten am Lehramt im Durchschnitt vergleichsweise geringe Kompetenzen in den Bereichen Computerkenntnisse, Mathematik und Naturwissenschaften. Dies trifft vermutlich in erster Linie auf die Lehramtsstudierenden mit geistes- und sozialwissenschaftlichen Studienfächern zu, während die angehenden MINT-Lehrer sich vermutlich keine ausgeprägten Defizite in Mathematik und Naturwissenschaften attestieren. Da in den genannten Studien jedoch nicht systematisch zwischen Lehramtsstudierenden verschiedener Studienfächer unterschieden wird, ist nicht erkenntlich, inwiefern sich die Selbsteinschätzungen und Studienwahlmotive von Lehramtsstudierenden je nach Studienfach tatsächlich unterscheiden.

Solange die vorliegenden Befunde es nicht ermöglichen, Lehramtsstudierende mit unterschiedlichen Studienfächern separat zu beschreiben, wird die Forschung zur Studienwahlmotivation von Lehramtsstudierenden der fachli-

---

[1]   MINT steht für: Mathematik, Informatik, Naturwissenschaften und Technik.

chen Vielfalt innerhalb des Lehramtsstudiums nicht gerecht. Vor dem Hintergrund der Tatsache, dass die Fächerwahl im Lehramtsstudium nicht dem Einstellungsbedarf an den Schulen entspricht (vgl. KMK, 2011; für Sachsen SMK, 2011), sind diese fächerspezifischen Unterschiede in der Studienwahlmotivation der Lehramtsstudierenden von besonderer Bedeutung, etwa wenn es um die Rekrutierung von Lehramtsstudierenden in Mangelfächern beispielsweise im MINT-Bereich geht. Um gezielt potentielle Studieninteressierte für ein Lehramtsstudium in MINT-Fächern anzusprechen, sind detaillierte Kenntnisse über die typischen Motivkonstellationen dieser Studierendengruppe wünschenswert.

Die Daten aus einer Studie am Zentrum für Lehrerbildung, Schul- und Berufsbildungsforschung (ZLSB) der Technischen Universität Dresden zur Fächer- und Schulartwahl im Lehramtsstudium widmen sich dieser Fragestellung und ermöglichen eine differenzierte Betrachtung von Lehramtsinteressierten und Lehramtsstudierenden unterschiedlicher Studienfächer.

3.2 Fragestellung

Wenn man auf die wissenschaftstheoretisch umstrittene, wenn auch im gesellschaftlichen Bewusstsein verankerte Zweiteilung der Wissenschaft in eine literarische und eine naturwissenschaftliche Kultur zurückgreift, wie sie C. P. Snow (1987) postuliert, ist das Lehramtsstudium in Bezug auf seine erziehungswissenschaftlichen und didaktischen Inhalte der literarischen bzw. geisteswissenschaftlichen Welt zuzuordnen. Eine pauschale Zuordnung der Studieninhalte des Lehramtsstudiums zur geisteswissenschaftlichen Kultur der Erkenntnisgewinnung ist allerdings nur für ein Lehramtsstudium mit geistes- und sozialwissenschaftlichen Studienfächern plausibel. Solche Studienkonstellationen kann man in diesem Zusammenhang als *homogen* bezeichnen. Lehramtsstudierende mit MINT-Fächern kombinieren dagegen erziehungswissenschaftliche und didaktische Studienelemente, die der Snow-These zufolge der geisteswissenschaftlichen Kultur zuzuordnen sind, mit fachwissenschaftlichen Inhalten aus der naturwissenschaftlichen Welt (*heterogene* Studienkonstellation), müssen in ihrem Studium also Wissensformen verbinden, die als grundlegend verschieden gelten (vgl. Blömeke, 2009).

Aus dieser Perspektive erscheint die Wahl von geistes- und sozialwissenschaftlichen Fächern im Lehramtsstudium naheliegend. Auf der anderen Seite erscheint die Verbindung von MINT-Interesse mit einem fachwissenschaftlichen Studium naheliegend, da Studien zur Berufswahl zufolge mathematisch-naturwissenschaftliches Interesse häufig mit ausgeprägtem Interesse an wissenschaftlicher Tätigkeit verbunden ist (z.B. Briedis et al., 2008). Die Kombination von mathematisch-naturwissenschaftlichem und pädagogisch-bildungswissenschaftlichem Interesse muss aus diesem Blickwinkel als eher unwahrscheinlich gelten. Um die Fächerwahl innerhalb des Lehramtsstudiums, und hier insbesondere die Wahlmotive der Studierenden mit MINT-Fächern, besser zu verstehen, ist also eine Differenzierung der Lehramtsstudierenden nötig. Dies leistet eine vom Sächsischen Staatsministerium für Kultus geförderte Schülerbefragung des ZLSB zur Fächer- und Schulartwahl im Lehramtsstudium. Anhand der Befragungsdaten können Schüler verglichen werden, die sich für ein Lehramtsstudium mit unterschiedlichen Unterrichtsfächern interessieren. Zudem bieten die Daten die Möglichkeit, Lehramtsinteressierte mit bestimmten Fächervorlieben mit Schülern zu vergleichen, die ein fachwissenschaftliches Studium in derselben Fachrichtung anstreben. Auf diese Weise werden zwei enthaltene Teilentscheidungen in der Studienwahl von Lehramtsstudierenden differenziert: *Die Entscheidung für den Lehrerberuf einerseits und die Entscheidung für bestimmte Studien- und Unterrichtsfächer andererseits.*

Häufig geht mit der Studienwahl noch keine konkrete Festlegung auf einen bestimmten Beruf einher. Das Lehramtsstudium gehört dagegen zu der Gruppe der Studiengänge, die konkret auf einen Beruf hin ausgerichtet sind. Der Werdegang vom Studienbeginn bis zum Berufseinstieg ist weitgehend normiert. Die Studienanfänger im Lehramtsstudium treffen daher zum einen eine Entscheidung über das berufliche Umfeld, in dem sie tätig sein werden, zum anderen entscheiden sie darüber, mit welchen fachlichen Inhalten sie sich in Zukunft auseinandersetzen werden.

Es kann davon ausgegangen werden, dass für die Berufswahl andere Aspekte wichtig sind als für die Studienfachwahl innerhalb des Lehramtsstudiums: Wir vermuten, dass fachliche Interessen, die sich meist bereits in der Leistungskurswahl im Gymnasium niederschlagen, die Studienfachwahl prägen, während bestimmte berufsbezogene Orientierungen zur Wahl des Lehrerberufs führen.

3.3 Befunde

Die Studie des ZLSB zur Fächer- und Schulartwahl im Lehramtsstudium (*Perspektiven für eine bedarfsgerechte Schulart- und Fächerwahl im Lehramtsstudium*) wurde zwischen Oktober 2011 und März 2012 durchgeführt. Unter anderem wurden Schüler der elften und zwölften Jahrgangsstufe an allgemeinbildenden Gymnasien zu ihren Studienabsichten befragt[2]. Aus forschungsökonomischen Gründen wurden für die Studie Gymnasien in öffentlicher Trägerschaft in Dresden ausgewählt. Sechs der 16 Dresdener Gymnasien unterstützten die Befragung. Von insgesamt 721 Schülern nahmen 418 (58%) an der Befragung teil[3]. Der Fragebogen greift in weiten Teilen auf die Operationalisierungen der HIS GmbH zurück (vgl. Lörz et al., 2011; Willich et al., 2011).

66 der befragten Schüler (16%) erwägen, ein Lehramtsstudium aufzunehmen. Die Fallzahlen, die den folgenden Analysen zugrunde liegen, sind also gering, besonders wenn Lehramtsinteressierte mit unterschiedlichen Fächerpräferenzen verglichen werden sollen. Ob es sich bei den Befunden um überzufällige Ergebnisse handelt, lässt sich aufgrund der Datenlage nicht zuverlässig feststellen. Die Ergebnisse können daher nur als erste Hinweise auf eine fächerspezifische Differenzierung der Lehramtsstudierenden dienen.

Die am Lehramt interessierten Schüler nannten neben zwei – zwingend anzugebenden – bevorzugten Fächern durchschnittlich weitere vier Unterrichtsfächer, die für sie ebenfalls als Studienfach in Frage kommen. Es gibt für die Studieninteressierten also offenbar einen gewissen Spielraum bei der Fächerwahl, den man zum Beispiel im Sinne einer bedarfsorientierten Fächerwahl nutzen könnte.

Betrachtet man die Kombinationen möglicher Studienfächer, fällt auf, dass einige Fächer besonders häufig zusammen als bevorzugte oder alternative Studienfächer genannt wurden, während andere Fächerkombinationen besonders selten auftreten. Die stärksten positiven und negativen Korrelationen zwischen der Wahlneigung bestimmter Fächer sind in den Abbildungen 1 und 2 dargestellt[4]. Die Wahlneigungen zu Fächern derselben Fächergruppe

---

[2] Neben den Schülern der Sekundarstufe II wurden 198 von 351 Studienanfängern des Lehramtsbezogenen Bachelor-Studiengangs Allgemeinbildende Schulen der TU Dresden zu ihrer Studienfach- und Schulartwahl befragt. Da diese Population jedoch keine Vergleiche von Lehramtsstudierenden mit Studierenden eines rein fachwissenschaftlich orientierten Studiengangs erlaubt, werden im Folgenden ausschließlich die Befunde der Schülerbefragung berichtet. Die Befunde zu den Lehramtsinteressierten werden allerdings – bei deutlich höheren Fallzahlen – von den Befunden der Studienanfängerbefragung weitgehend bestätigt.

[3] Die Befragung erfolgte außerhalb der Unterrichtszeit.

[4] Variablenausprägungen: *bevorzugtes Fach, alternatives Fach, Fach kommt nicht in Frage*; Koeffizient Kendalls Tau-b > 0,2 bzw. -0,2; n = 62 bis 66 (je nach Fach).
Die Fächer Sport, Geographie und Latein weisen mit keinem anderen Fach einen Zusammenhang >0,2 bzw. -0,2 auf.
Die Fächer Russisch, Polnisch, Tschechisch, Spanisch, Italienisch und Griechisch wurden nur von maximal drei Befragten als bevorzugtes oder alternatives Fach genannt und daher nicht berücksichtigt.

(MINT-Fächer oder Nicht-MINT-Fächer) korrelieren oft positiv miteinander. Die Wahlneigungen zu MINT-Fächern auf der einen Seite und geistes- und sozialwissenschaftlichen Fächern auf der anderen Seite korrelieren dagegen häufig negativ. *Heterogene* Interessenkonstellationen sind folglich deutlich seltener als *homogene* Interessenlagen. Die Korrelationen legen eine Zweiteilung des Fächerkanons nahe, die der Unterteilung in Snows (1987) Zwei-Kulturen-These entspricht: Den MINT-Fächern gegenüber steht die große Gruppe der Nicht-MINT-Fächer. Innerhalb dieser großen Fächergruppe verteilen sich die Vorlieben breit über Sprachen, sozialwissenschaftliche Fächer und künstlerische Fächer.

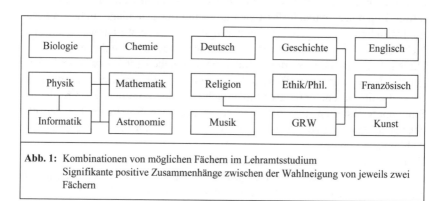

Abb. 1: Kombinationen von möglichen Fächern im Lehramtsstudium
Signifikante positive Zusammenhänge zwischen der Wahlneigung von jeweils zwei Fächern

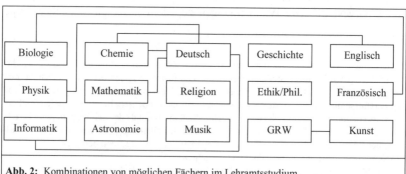

Abb. 2: Kombinationen von möglichen Fächern im Lehramtsstudium
Signifikante negative Zusammenhänge zwischen der Wahlneigung von jeweils zwei Fächern

Es verwundert nicht, dass Schüler sich vor allem jene Fächer als Studienfächer vorstellen können, mit denen sie bereits in der Schule positive Erfahrungen gemacht haben. Die Studienfachpräferenzen der Lehramtsinteressierten hängen eng mit den schulischen Lieblingsfächern, der Leistungskurswahl in der Sekundarstufe II und der Einschätzung persönlicher Stärken und Schwächen zusammen.

Ein Blick auf die Verteilung der schulischen Lieblingsfächer[5] in der Stichprobe, unterschieden nach dem angestrebten Studium, zeigt beispielsweise deutliche Unterschiede zwischen Lehramtsinteressierten ohne MINT-Fach einerseits und Interessierten an einem fachwissenschaftlichen MINT-Studium andererseits. Zwischen Lehramtsinteressierten mit MINT-Fach und Interessierten an einem MINT-Fachstudium bestehen dagegen nur geringe Unterschiede (Abb. 3). Bei MINT-Interessierten mit Lehramtsambitionen ist die Fokussierung auf die MINT-Fächer allerdings nicht ganz so stark ausgeprägt wie bei fachwissenschaftlich orientierten MINT-Interessierten.

Ähnliche Befunde zeigen sich, wenn man zusätzlich zu den Fächervorlieben das Sachinteresse der Schüler an diversen Wissensgebieten erhebt.

---

[5]   Offene Abfrage von bis zu vier Unterrichtsfächern.

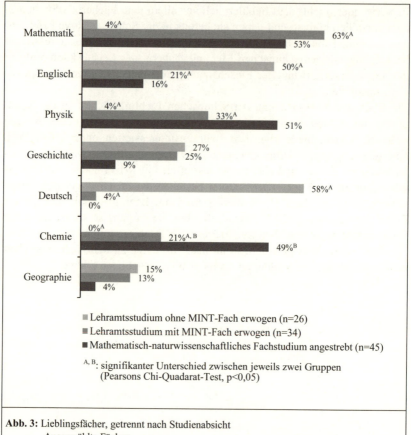

Abb. 3: Lieblingsfächer, getrennt nach Studienabsicht
Ausgewählte Fächer

Die geschilderten Interessenverteilungen spiegeln sich auch in der Selbstein-schätzung persönlicher Fähigkeiten wider (vgl. Abb. 4). MINT-Interessierte mit Lehramtsinteresse unterscheiden sich im naturwissenschaftlichen Bereich und im kommunikativen Bereich signifikant von den anderen MINT-Interessierten. Im naturwissenschaftlichen Bereich schätzen sie ihre persönlichen Fähigkeiten im Durchschnitt etwas schwächer ein. Ihre kommunikativen Fähigkeiten bewerten sie dagegen besser als die anderen MINT-Interessierten und ähnlich gut wie die anderen Lehramtsinteressierten.

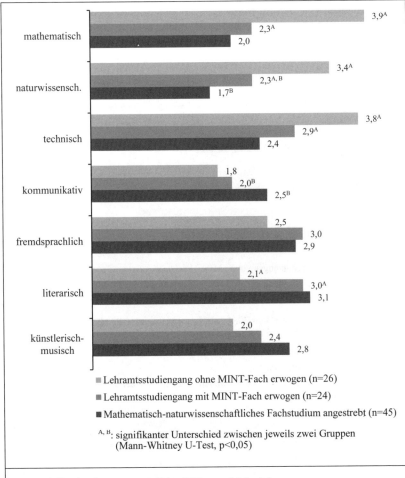

Abb. 4: Selbsteinschätzung persönlicher Stärken und Schwächen
„Ganz allgemein: In welchen der folgenden Bereiche – auch außerhalb der Schule –
liegen Ihre Stärken, in welchen Ihre Schwächen?"
Mittelwerte (1 = stark, 5 = schwach), ausgewählte Bereiche

In ihren Schulnoten in Mathematik, Physik und Chemie unterscheiden sich diejenigen MINT-Interessierten, die erwägen, ein Lehramtsstudium aufzunehmen, nicht signifikant von den MINT-Interessierten, die ein fachwissenschaftliches Studium anstreben (vgl. Abb. 5). Die vorliegende Studie liefert also keine Hinweise auf eine Negativselektion der Lehramtsstudierenden in Bezug auf ihre Leistungsvoraussetzungen, wie dies etwa aus den Studien von

Giesen & Gold (1994), Lipowsky (2003) oder Spinath et al. (2005) hervorgeht (vgl. Rothland & Terhart, 2010). Blömeke (2009) findet bei einem Vergleich von Mathematikstudierenden im Fachstudium und Lehramtsstudium dagegen ebenfalls keine Belege für eine geringere kognitive Leistungsfähigkeit von Lehramtsstudierenden.

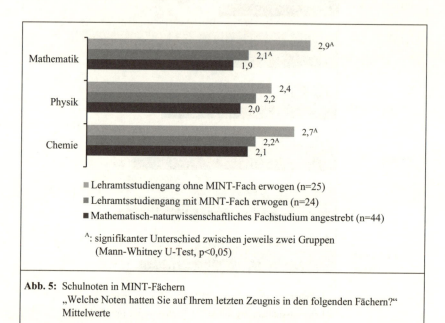

Abb. 5: Schulnoten in MINT-Fächern
„Welche Noten hatten Sie auf Ihrem letzten Zeugnis in den folgenden Fächern?"
Mittelwerte

Die Befunde lassen sich bis hierher wie folgt zusammenfassen: Was die Fächervorlieben, Sachinteressen, persönlichen Fähigkeiten und schulischen Leistungen betrifft, ähneln die Lehramtsinteressierten mit MINT-Interesse den anderen MINT-Interessierten stärker als den anderen Lehramtsinteressierten. Sie scheinen aber in ihren Interessen und Neigungen nicht so stark auf den MINT-Bereich fokussiert zu sein wie die MINT-Interessierten, die ein fachwissenschaftliches Studium anstreben. Ihre Neigungen sind etwas breiter gestreut und umfassen auch Themen außerhalb des MINT-Bereichs.
Ein anderes Bild zeigt sich dagegen, wenn man zusätzlich zum *Fach-* und *Sach*interesse das *Berufs*interesse der Schüler betrachtet[6]. Anhand ihres Inte-

---

[6] Terminologie nach Eglin-Chappuis, 2007.

resses an 20 verschiedenen beruflichen Tätigkeiten wurden Berufsvorstellungen und Berufswünsche der Schüler erhoben. Das Interesse an wissenschaftlicher Tätigkeit ist bei den Lehramtsinteressierten – unabhängig von
den Fächerpräferenzen – geringer ausgeprägt als bei den anderen Studieninteressierten, während das Interesse an sozialen Tätigkeiten bei den Lehramtsinteressierten deutlich stärker ausgeprägt ist als bei den übrigen Befragten[7].
Zudem sind die Lehramtsinteressierten am Tätigkeitsbereich Organisieren
und Kommunizieren etwas stärker interessiert als ihre zu einem fachwissenschaftlichen Studium neigenden Mitschüler (vgl. Abb. 6). Das bestätigt weitgehend die Befunde, die aus der Forschungsliteratur bekannt sind (vgl.
Briedis et al., 2008).

---

[7] Ein Gruppenvergleich von MINT-Interessierten, die ein fachwissenschaftliches Studium
anstreben auf der einen Seite und Lehramtsinteressierten mit und ohne MINT-Interesse auf
der anderen Seiten zeigt, im Gegensatz zur paarweisen Analyse in Abbildung 6, hoch signifikante Unterschiede im Interesse an sozialen Tätigkeiten.

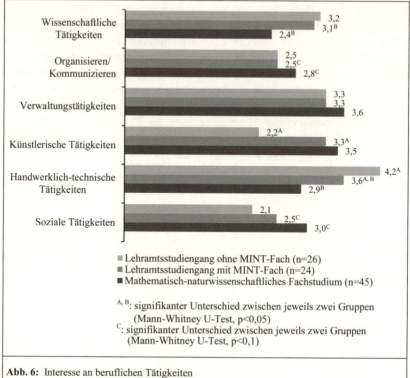

Abb. 6: Interesse an beruflichen Tätigkeiten
„Bitte geben Sie an, wie sehr Sie sich für folgende Tätigkeiten interessieren."
(1 = stark, 5 = überhaupt nicht); 20 konkrete berufliche Tätigkeiten zusammengefasst
in Indices[8], Mittelwerte

Neben dem Interesse an konkreten Tätigkeiten, die im künftigen Berufsleben
auf die Schüler zukommen könnten, wurden zudem allgemeine Lebens- und
Berufsorientierungen erhoben (Abb. 7), d.h. Überzeugungen, welche Aspekte
im Lebensabschnitt der Berufstätigkeit besonders großen Stellenwert haben.
Zusätzlich wurden Aspekte, die direkt den Beruf betreffen sowie das Verhältnis von Berufsleben und Privatleben thematisiert. Hinsichtlich der Le-
bens- und Berufsorientierungen zeigt sich die Gruppe der Lehramtsinteressierten unabhängig von den Fächerpräferenzen sehr homogen: Familienorientierung und soziale Orientierung sind besonders ausgeprägt.

---

[8]   Eine Faktorenanalyse legt die Zusammenfassung in sechs Tätigkeitsgruppen nahe.

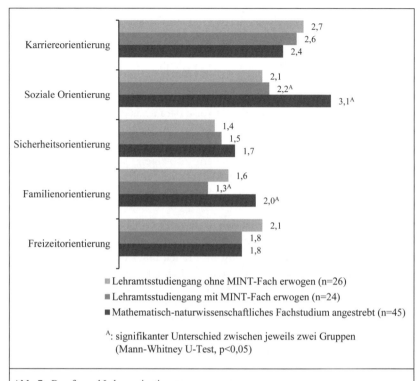

Karriereorientierung — 2,7 / 2,6 / 2,4

Soziale Orientierung — 2,1 / 2,2^A / 3,1^A

Sicherheitsorientierung — 1,4 / 1,5 / 1,7

Familienorientierung — 1,6 / 1,3^A / 2,0^A

Freizeitorientierung — 2,1 / 1,8 / 1,8

■ Lehramtsstudiengang ohne MINT-Fach erwogen (n=26)
■ Lehramtsstudiengang mit MINT-Fach erwogen (n=24)
■ Mathematisch-naturwissenschaftliches Fachstudium angestrebt (n=45)

^{A}: signifikanter Unterschied zwischen jeweils zwei Gruppen
(Mann-Whitney U-Test, p<0,05)

Abb. 7: Berufs- und Lebensorientierung
„Wenn Sie an die Zeit nach Ihrem Studium denken: Wie wichtig sind Ihnen die folgenden Aspekte?" (1 = wichtig, 5 = unwichtig); 22 Items, zusammengefasst in Indices, Mittelwerte

3.4 Zusammenfassung und Ausblick

Die vorgestellten Befunde deuten wie vermutet darauf hin, dass die Entscheidung für ein Lehramtsstudium mit bestimmten Studienfächern zwei relativ unabhängige Teilentscheidungen enthält: zum einen die Wahl des Lehrerberufs und zum anderen die Wahl bestimmter Studienfächer. Für diese beiden Entscheidungen sind offenbar unterschiedliche Aspekte relevant: Die Fächerwahl hängt eng mit dem Interesse an bestimmten Gegenständen und Themen und den in der Schulzeit entwickelten Fächervorlieben zusammen. Die Berufswahl hingegen wird den vorliegenden Daten zufolge stark vom Interesse an bestimmten Tätigkeiten und von bestimmten Vorstellungen von einem guten Berufsleben bestimmt. Die Einschätzung der eigenen Fähigkeiten wirkt auf beide Teilentscheidungen, je nachdem ob es sich um fachbezogene Fähigkeiten oder um allgemeine Fähigkeiten (z.B. Kommunikationsfähigkeit) handelt. Auf die Gruppe der angehenden MINT-Lehrer bezogen heißt das: Sie gleichen in ihrem fachlichen Interesse den anderen MINT-Interessierten. In ihren Berufsvorstellungen und Lebensorientierungen ähneln sie dagegen den anderen Lehramtsinteressierten.

Wenngleich die vorgestellten Ergebnisse auf einer kleinen regionalen Stichprobe beruhen, so geben sie doch Hinweise darauf, dass es lohnend wäre, bei der weiteren Erforschung der Studien- und Berufswahlmotivation angehender Lehrer stärker als bislang auf die Unterschiede zwischen den Studierenden mit unterschiedlichen Unterrichtsfächern zu achten. Von besonderem Interesse ist hierbei die vergleichsweise kleine, aber für die Deckung des Lehrerbedarfs an den Schulen besonders wichtige Gruppe der angehenden MINT-Lehrer.

Diese Schüler zeichnen sich in den Daten der ZLSB-Studie zudem durch einige Besonderheiten aus: Die Lehramtsinteressierten mit MINT-Neigung sind mehrheitlich Schülerinnen, obwohl Frauen unter den MINT-Interessierten insgesamt eine Minderheit darstellen[9]. Lehramtsinteressierte mit MINT-Neigung beiden Geschlechts messen der Vereinbarkeit von Familie und Beruf eine größere Bedeutung bei als die restlichen Befragten[10]. Hinzu kommt, dass die Lehramtsinteressierten mit MINT-Neigung besonders häufig bereits einen Einblick in den Lehrerberuf gewinnen und ein Rollenbild des MINT-Lehrers entwickeln konnten, weil Eltern oder Verwandte den Lehrerberuf ausüben[11].

Die Ergebnisse einer Forschung, die die fächerspezifischen Teilgruppen der Lehramtsstudierenden genauer in den Blick nimmt, können unter anderem im Feld der Studierendenrekrutierung und des Career Counselling hilfreich sein. Wenn es beispielsweise darum geht, mehr Studierende für das MINT-Lehramt zu gewinnen, deuten die vorgestellten Befunde darauf hin, dass es wenig

---

[9]   Von den befragten Schülern, die ein Lehramtsstudium mit einem MINT-Fach anstreben, sind 64 Prozent weiblich. Von denjenigen, die ein fachwissenschaftliches MINT-Studium anstreben, sind nur 38 Prozent weiblich.

[10]   Insgesamt messen Lehramtsinteressierte der Vereinbarkeit von Familie und Beruf eine signifikant größere Bedeutung bei als fachwissenschaftlich orientierte Befragte. Unter den Lehramtsinteressierten betonen diejenigen mit MINT-Neigung diesen Aspekt etwas stärker als diejenigen ohne MINT-Neigung, ohne dass dieser Mittelwertunterschied allerdings signifikant ist.

[11]   54 Prozent der Schüler, die ein Lehramtsstudium mit MINT-Fach erwägen, haben Lehrer in der Verwandtschaft; 42 Prozent der Schüler, die ein Lehramtsstudium ohne MINT-Fach erwägen, haben Lehrer in der Verwandtschaft; 31 Prozent der Schüler, die ein fachwissenschaftliches MINT-Studium anstreben, haben Lehrer in der Verwandtschaft.

vielversprechend ist, Lehramtsinteressierten mit Verweis auf die Bedarfslage zu MINT-Fächern zu raten, wenn nicht von vornherein eine ausgeprägte MINT-Affinität vorhanden ist.

Die Daten der Schülerbefragung des ZLSB deuten darauf hin, dass die Vorentscheidung über mögliche Studienfächer bereits früh in der Schulzeit fällt. Schulische Fächervorlieben pflanzen sich sehr häufig zunächst in der Leistungskurswahl und später in der Studienfachwahl fort. Da Studieninteressierte durchschnittlich sechs Fächer nennen, die für ein Lehramtsstudium in Frage kommen, scheint dennoch ein gewisser Spielraum bei der Fächerwahl vorhanden zu sein. Durch die Gestaltung der jeweiligen Zulassungsregelungen (Kombinationsmöglichkeiten, Studienplatzkontingente, Eignungsprüfungen) sowie durch gezielte Information und Beratung kann unter Umständen zu einer bedarfsgerechteren Ausbildung beigetragen werden, wenn auch eher zur Optimierung innerhalb der beiden Fächergruppen MINT und Nicht-MINT als zu einer Verlagerung von geistes- und sozialwissenschaftlichen Fächern hin zu MINT-Fächern.

Es gilt daher vor allem, das vorhandene Potential an MINT-Lehramtsinteressierten voll auszuschöpfen. Dazu sind beispielsweise Kombinationen von zwei MINT-Fächern wünschenswert[12]. Möglicherweise ist es dazu notwendig, Bedenken gegenüber einem Studium zweier als besonders anspruchsvoll empfundener MINT-Fächer auszuräumen. Vorteilhaft wäre es etwa, wenn sich aus dem Studium zweier MINT-Fächer Synergieeffekte für die Studierenden ergäben.

Die Rekrutierung von zusätzlichen MINT-Lehramtsstudierenden wird in erster Linie bei jenen MINT-Interessierten erfolgen müssen, die eher zu einem Fachstudium neigen. Hier gilt es, die Vorzüge des Lehrerberufes, wie etwa aktuell gute Beschäftigungsaussichten, berufliche Sicherheit, Vereinbarkeit von Beruf und Familie, gesellschaftliche Bedeutung des Berufs oder die Möglichkeit zur Kombination zweier Fächer, hervorzuheben.

3.5 Exkurs: Quereinsteiger in den Lehrerberuf

Erfahrungen aus einem aktuellen Modellprojekt der Technischen Universität Dresden zum Quereinstieg in den Lehrerberuf geben Hinweise darauf, dass die beschriebene, für ein MINT-Lehramtsstudium günstige Kombination von

---

[12] In Sachsen wurden 2012 mit der Verabschiedung einer neuen Lehramtsprüfungsordnung die Fächerkombinationsmöglichkeiten in diesem Sinne modifiziert. Neuerdings sind die Fächerkombinationen Physik/Chemie und Physik/Informatik möglich.

Motiven in einem späteren biographischen Stadium möglicherweise wahrscheinlicher ist als unmittelbar nach dem Abitur. Denkbar ist folgende Entwicklung: Der Wunsch nach wissenschaftlicher Tätigkeit, der bei vielen MINT-Interessierten zunächst dominiert, konnte in Studium und ersten Jahren der Berufstätigkeit ausreichend erfüllt werden. Im Zeitverlauf wird vor dem Hintergrund beruflicher und familiärer Erfahrungen ein Interesse an pädagogischer Tätigkeit entwickelt, das bei der ersten Studienentscheidung unmittelbar nach dem Abitur nicht bestand. Zudem gewinnen möglicherweise berufliche Sicherheit und die Vereinbarkeit von Beruf und Familie an Bedeutung. Berufliche Vorlieben, die den Lehrerberuf nahelegen und mathematisch-naturwissenschaftliche Interessen gehen nun miteinander einher, so dass eine Hinwendung zum Lehrerberuf attraktiv erscheint.

Der Quereinstieg könnte daher eine vielversprechende Strategie zur Rekrutierung von MINT-Lehrern sein. Zumindest im Fach Physik spielen Quer- und Seiteneinsteiger in den Lehrerberuf an deutschen Schulen bereits seit einigen Jahren eine wichtige Rolle (vgl. Korneck & Lamprecht, 2010).

Erfahrungen aus dem aktuellen Modellprojekt der TU Dresden bekräftigen die Vermutung, dass nicht wenige Naturwissenschaftler und insbesondere Naturwissenschaftlerinnen sich nach dem Erststudium und erster Berufserfahrung dem Lehrerberuf zuwenden.[13] Mehr als jeder zweite Bewerber in den Schularten Mittelschule und Gymnasium[14] hat ein Erststudium in Mathematik, Physik, Chemie, Biologie oder Informatik absolviert, davon war mehr als die Hälfte (60%) weiblich.

Literatur

Asmussen, J. (2006). Leistungsmotivation, intrinsische Studienmotivation und Berufsorientierung als Determinanten der Studienfachwahl. In U. Schmidt (Hrsg.), *Übergänge im Bildungssystem. Motivation – Entscheidung – Zufriedenheit* (S. 93-155). Wiesbaden: VS.

Blömeke, S. (2009). Ausbildungs- und Berufserfolg im Lehramtsstudium im Vergleich zum Diplom-Studium – zur prognostischen Validität kognitiver und psychomotivationaler Auswahlkriterien. *Zeitschrift für Erziehungswissenschaft, 12*(1), S. 82-110.

Briedis, K., Egorova, T., Heublein, U., Lörz, M., Middendorff, E., Quast, H. & Spangenberg, H. (2008). *Studienaufnahme, Studium und Berufsverbleib von Mathematikern. Einige Grunddaten zum Jahr der Mathematik* (HIS Forum Hochschule, 9). Hannover.

---

[13] Siehe www.tu-dresden.de/quer.

[14] n = 153 (Bewerber, die alle formalen Voraussetzungen erfüllen).

Denzler, S. & Wolter, S. (2008). Selbstselektion bei der Wahl eines Lehramtsstudiums: Zum Zusammenspiel individueller und institutioneller Faktoren. *Beiträge zur Hochschulforschung, 30*(4), S. 112-141.

Eglin-Chappuis, N. (2007). *Studienfachwahl und Fächerwechsel. Eine Untersuchung des Wahlprozesses im Übergang vom Gymnasium an die Hochschule.* Bern: CEST 2007.

Giesen, H. & Gold. A. (1994). Die Wahl von Lehramtsstudiengängen. Analysen zur Differenzierung von Studierenden der verschiedenen Lehrämter. In J. Mayr (Hrsg.), *Lehrer/in werden. Studien zur Bildungsforschung und Bildungspolitik* (S. 64-78). Innsbruck: Österr. Studien-Verlag.

Gold, A. & Giesen, H. (1993). Leistungsvoraussetzungen und Studienbedingungen bei Studierenden verschiedener Lehrämter. *Psychologie, Erziehung, Unterricht, 40*(2), S. 111-124.

Havers, N. (1986). Berufswahlmotive und berufliche Mobilitätsbarrieren von Lehramtsstudenten. In M. Sommer (Hrsg.), *Lehrerarbeitslosigkeit und Lehrerausbildung. Diagnosen und Strategien zur Überwindung der Krise* (S. 67-77). Opladen: VS.

Heine, C., Egeln, J., Kerst, C., Müller, E. & Park, S. (2006). *Ingenieur- und Naturwissenschaften: Traumfach oder Albtraum? Eine empirische Analyse der Studienfachwahl.* Baden-Baden: Nomos.

Kiel, E., Geider, F. J. & Jünger, W. (2004). Motivation, Selbstkonzepte und Lehrberuf. Studienwahl und Berufsperspektiven bei Studierenden für das Lehramt an Grund-, Haupt- und Realschulen. *Die deutsche Schule, 96*(2), S. 223-233.

König, J., Rothland, M., Darge, K., Schreiber, M. & Tachtsoglou, S. (2013). Erfassung und Struktur berufswahlrelevanter Faktoren für die Lehrerausbildung und den Lehrerberuf in Deutschland, Österreich und der Schweiz. Erscheint in: *Zeitschrift für Erziehungswissenschaft, 16.*

Korneck, F. & Lamprecht, J. (2010). Quer- und SeiteneinsteigerInnen in den Lehrerberuf – eine Analyse exemplarisch am Lehramt für das Fach Physik. *Journal für Lehrerinnenbildung, 3,* S. 8-21.

Lörz, M., Quast, H. & Woisch, A. (2011). *Bildungsintentionen und Entscheidungsprozesse. Studienberechtigte 2010 ein halbes Jahr vor Schulabgang* (HIS Forum Hochschule, 14. Hannover.

Oesterreich, D. (1987). *Die Berufswahlentscheidung von jungen Lehrern.* Berlin: Max-Planck-Institut für Bildungsforschung.

Ortenburger, A. (2010). *Professionalisierung und Lehrerausbildung. Zur Bedeutung professionsbezogener Einstellungsmuster für Studienwahl und Studienverläufe von Lehramtsstudierenden. Eine explorative Längsschnittstudie.* Frankfurt/Main: Lang.

Rothland, M. & Terhart, E. (2010). Forschung zum Lehrerberuf. In R. Tippelt & B. Schmidt (Hrsg.), *Handbuch Bildungsforschung* (S. 791-810). Wiesbaden: VS.

Snow, C.P. (1987). Die zwei Kulturen. In H. Kreuzer (Hrsg.), *Die zwei Kulturen: literarische und naturwissenschaftliche Intelligenz. C.P. Snows These in der Diskussion* (S. 19-58). München.

Sächsisches Staatsministerium für Kultus und Sport (SMK) (Hrsg.) (2011). *Beschluss des Sächsischen Landtages von 29.09.2010 zu dem Antrag der Fraktionen der CDU und der FDP* (Drs.-Nr. 5/3355, Thema: Lehrernachwuchs sichern – Bedarfsprognosen als Grundlage einer verbesserten Studienorientierung).

Spinath, B., van Ophuysen, S. & Heise, E. (2005). Individuelle Voraussetzungen von Studierenden zu Studienbeginn: Sind Lehramtsstudierende so schlecht wie ihr Ruf?. *Psychologie in Erziehung und Unterricht, 52*(3), S. 186-197.

Ständige Konferenz der Kultusminister der Länder in der Bundesrepublik Deutschland (KMK) (2011). *Lehrereinstellungsbedarf und Lehrereinstellungsangebot in der Bundesrepublik Deutschland. Modellrechnung 2010 – 2020*, Juni 2011.

Ulich, K. (2000). Traumberuf Lehrer/in? Berufsmotive und die (Un)Sicherheit der Berufsentscheidung. *Die Deutsche Schule, 92*(1), S. 41-53.

Ulich, K. (2004). *„Ich will Lehrer/in werden"*. *Eine Untersuchung zu den Berufswahlmotiven von Studierenden*. Weinheim: Beltz/Deutscher Studien Verlag.

Willich, J., Buch, D., Heine, C. & Sommer, D. (2011). *Studienanfänger im Wintersemester 2009/10. Wege zum Studium, Studien- und Hochschulwahl. Situation bei Studienbeginn* (HIS Forum Hochschule, 6). Hannover.

Zentrum für Lehrerbildung, Schul- und Berufsbildungsforschung (ZLSB) der Technischen Universität Dresden (Hrsg.). *Reform der Lehrerbildung an der TU Dresden. Perspektiven für eine bedarfsgerechte Schulart- und Fächerwahl im Lehramtsstudium. Dresden 2012.* http://www.tu-dresden.de/die_tu_dresden/zentrale_einrichtungen/zlsb/publikationen [03.06. 2013].

Zwick, M. & Renn, O. (2000). *Die Attraktivität von technischen und ingenieurwissenschaftlichen Fächern bei der Studien- und Berufswahl junger Frauen und Männer.* Stuttgart: Akademie für Technikfolgeabschätzungen.

Sabine Weiß, Thomas Lerche, Ewald Kiel

4 Das Lehramtsstudium als Risiko? – Welche Veränderungsprozesse sind zu Studienbeginn notwendig?

4.1 Einleitung

Der Lehrberuf lässt sich als ein attraktives und häufig gewähltes Berufsziel bezeichnen, die Zahl der Studienanfänger in den Lehrämtern ist besonders in den letzten Jahren angestiegen. Hierzu haben sicherlich die doppelten Abiturjahrgänge und die Abschaffung der Wehrpflicht beigetragen. Die dokumentierten Belastungen des Lehrberufs und die hohen Erkrankungszahlen von Lehrerinnen und Lehrern (vgl. Lehr, 2011; Rothland, 2007) scheinen keine gegenläufige Wirkung zu haben. Auch die so häufig kritisierten Veränderungen der Ausbildungsstrukturen durch den Bologna-Prozess (vgl. Krautz, 2007; Preuß & Osel, 2012), die zu einer erheblichen Zunahme von Arbeitsbelastung und Prüfungen im Studium geführt haben, schmälern den Zulauf zum Lehramtsstudium nicht. Zu den Motiven, aus denen heraus sich (angehende) Studierende für den Lehrberuf bzw. ein entsprechendes Studium entscheiden, gibt es einen relativ breiten Forschungsstand (vgl. z.B. Mayr, 2009; Thierack, 2002; Ulich, 1998). Entsprechende Untersuchungen haben eine fast 50-jährige Tradition (vgl. z.B. Horn, 1968). Dies schließt auch die Diskussion um eine Berufswahl aufgrund fehlender Alternative oder die Unsicherheit beruflicher Entscheidungsprozesse ein (vgl. Fock et al., 2001; Ulich, 2000). Immer wieder stehen als problematisch betrachtete Motivkonstellationen im Fokus von Wissenschaft und Öffentlichkeit (vgl. Rauin, 2007), Fragen nach der Eignung für den Lehrberuf und der Zulassung zum Studium werden aufgeworfen.

Die vorliegende Studie greift die Frage dieser Motivkonstellationen auf, indem auf diejenigen Lehramtsstudierenden fokussiert wird, die sich ihrer beruflichen Entscheidung unsicher sind. Deren Studien- und Berufswahlprofil soll auf Kompatibilität mit dem Berufsbild der Lehrkraft geprüft, daraus sollen mögliche Konsequenzen für die Lehrerbildung abgeleitet werden. Grundlage bildet die erste Befragungswelle einer Längsschnittstudie der Universitäten München und Passau.

4.2 Die Wahl von Studium und Beruf

4.2.1 Motive der Studien- und Berufsentscheidung

Die Wahl eines Berufs stellt einen komplexen Entscheidungsprozess dar, der u.a. durch individuelle Ziele und Interessen, die subjektive Einschätzung eigener Fähigkeiten, berufsrelevante Vorerfahrungen sowie Anforderungen, Kosten und Arbeitsplatzangebot beeinflusst wird (vgl. Schutz, Crowder & White, 2001). Die berufliche Entscheidung kann als das Ergebnis von Bewertungsprozessen auf Basis einer möglichst optimalen Passung zwischen personalen Eigenschaften und den antizipierten Anforderungen von Beruf und Ausbildung beschrieben werden (vgl. Holland, 1985), wie Abbildung 1 noch einmal verdeutlicht.

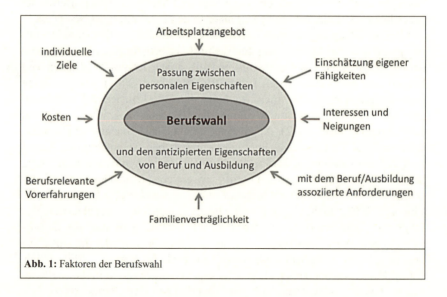

Abb. 1: Faktoren der Berufswahl

Spezifiziert man dies für den Lehrberuf, so lassen sich die in Studien beschriebenen Motive (vgl. z.B. Mayr, 2009; Thierack, 2002; Ulich, 1998) zu drei Bereichen zusammenfassen:

- *Intrinsische* Motive wie einerseits der Wunsch, mit Kindern und Jugendlichen zu interagieren, diese zu fördern und in ihrer Entwicklung zu begleiten, bis dahin, Bezugsperson und Elternersatz zu sein, andererseits fachbezogenes Interesse an den gewählten Fächern.
- *Extrinsische* Motive wie berufliche Sicherheit, Familienverträglichkeit und (zumindest teilweise) selbstbestimmte Arbeitseinteilung.

- „*Unklare*" Motive wie das Fehlen beruflicher Alternativen, geringe mit dem Studium assoziierte Anforderungen sowie „das Lehramtsstudium als Notlösung" (vgl. dazu Jäger & Behrens, 1994; Ulich, 1998).

Diese Motive bzw. deren Bedeutsamkeit differieren zwischen den angehenden Lehrerinnen und Lehrern unterschiedlicher Schularten. Die Spannweite beruflicher Entscheidungsprozesse reicht von einer wissenschaftlichen Orientierung Studierender des gymnasialen Lehramts (vgl. Mayr, 2009; Treptow, 2006) bis hin zu einem fast ausschließlichen Wunsch nach praxisnahen Inhalten ohne jeden wissenschaftlichen Anspruch im Bereich Grundschule (vgl. Fock et al., 2001). Studierende weiterführender Lehrämter zeigen eine starke, häufig einseitig fachbezogene Orientierung auf (vgl. Thierack, 2002), die in Anbetracht zunehmender pädagogischer Herausforderungen z.B. am Gymnasium durchaus kritisch reflektiert werden muss (vgl. Weiß, Braune & Kiel, 2010). Eine, ebenfalls häufig einseitige, pädagogische bzw. adressatenbezogene Motivationsstruktur weisen Studierende von Grund- und Hauptschule auf (vgl. Weiß et al., 2009; Wilde, 2005): Es ist ein teilweise idealistisch geprägter Wunsch festzustellen, eine Beziehung zu Kindern herzustellen, an ihrer Erziehung teilzuhaben und für sie Mutterersatz, Ansprechpartner und Spielgefährte zu sein (vgl. Mehmel, 1992).

4.2.2 Die Sicherheit der beruflichen Entscheidung

Die Entscheidung für den Lehrberuf fällt oft ohne differenziertes Vorwissen und Auseinandersetzung damit, was Lehrer/in sein eigentlich bedeutet. Dies weist auf eine Erwartungshaltung an Studium und Beruf hin, die offensichtlich nicht mit realistischen Anforderungen und Umständen, wie beispielsweise den Grenzen pädagogischen Handelns oder dem Ertragen von Widersprüchen, in Einklang steht (vgl. Kiel, Geider & Jünger, 2004; auch Hericks, 2006). Viele (angehende) Studierende sind unsicher, was sie in Studium und Beruf erwartet. Dies bleibt nicht ohne Konsequenzen. Eine hohe Zahl Studierender äußert während des Studiums den Wunsch nach einem Wechsel oder setzt ihn um (vgl. Heine et al., 2008). Darüber hinaus fällt die Identifikation mit dem gewählten Studium bzw. Beruf teilweise eher gering aus: Der Lehrberuf ist nicht immer der Wunschberuf. Ulich (2000) beschreibt in seiner Studie ein Viertel der Studierenden in Bezug auf ihre Berufswahl als „entscheidungsunsicher". Als Gründe hierfür führt er vor allem den Wunsch nach einem eigentlich anderen Beruf sowie Zweifel über die eigene Eignung an. Bei etwa 12% benennt Ulich das Studium als eine Not- bzw. Zwischenlösung, relativiert diesen Befund jedoch dadurch, dass ein Lehramtsstudium auch bewusst als eine Qualifikationsbasis für eine außerschulische Tätigkeit gewählt werden kann. Jäger & Behrens (1994) konstatieren bei einem Teil der Studierenden einen Studienbeginn „unter sehr ungünstigen Bedingungen", unter anderem, da diese das Motiv „ihnen wäre nichts Besseres eingefallen" (S. 76) benennen.

4.3 Fragestellung

Neben häufig beschriebenen pädagogischen und fachbezogenen Entscheidungsfaktoren werden mit dem Lehramt auch Motive wie fehlende berufliche Alternativen, die Wahl des Studiums als Notlösung sowie extrinsische Motive assoziiert. Vor diesem Hintergrund soll der Frage nachgegangen werden, ob sich aus der Sicherheit bzw. Unsicherheit der Entscheidung für das Lehramtsstudium unterschiedliche Profile der Studien- und Berufswahlmotivation ergeben. In der im folgenden Abschnitt noch näher beschriebenen Studie werden Studierende zu den Motiven ihrer Entscheidung für das Lehramt und zur Sicherheit der Entscheidung befragt. Ergänzt wird dies durch die Erfassung der Selbstwirksamkeitserwartung.

Folgenden Hypothesen soll nachgegangen werden:

Lehramtsstudierende mit unsicherer Berufsentscheidung differieren in den Motiven der Studien- und Berufswahl von den angehenden Lehrkräften, die sich ihrer Entscheidung sicher sind:

• Sie weisen sowohl eine geringere pädagogische als auch fachbezogene Motivation auf.
• Das Studium ist für sie eher Notlösung und wird eher aus extrinsischen Gründen gewählt.
• Es werden geringere Einschätzungen der eigenen Selbstwirksamkeitserwartung gemessen.

4.4 Methodik

Die vorliegende Untersuchung ist Teil des Forschungsprojekts *Wirksamkeit der Lehrerbildung – Kompetenzentwicklung und Biografiemanagement in der dreiphasigen Lehrerbildung*, das in Zusammenarbeit des Lehrstuhls für Schulpädagogik an der Ludwig-Maximilians-Universität München und des Lehrstuhls für Allgemeine Pädagogik an der Universität Passau durchgeführt wird. Ziel des Projekts ist die Gewinnung von Datenbasen über eine Längsschnittstudie zu Studien- und Berufswahlmotiven, Studienerwartungen, Handlungsfeldvorstellungen, Kompetenzen und Selbstkonzept bei Lehramtsstudierenden. Darauf aufbauend werden Instrumente zur Überprüfung und gegebenenfalls zu Korrekturempfehlungen von Berufswahlentscheidungen

sowie Beratungs- und Coachinginstrumente entwickelt und Kriterien für die Gestaltung der Lehrerbildung gewonnen.
Die Längsschnittstudie umfasst ingesamt drei Erhebungswellen. Die vorliegende Untersuchung basiert auf der ersten Befragung der Studierenden.

4.4.1 Stichprobe

Die *Gesamtstichprobe* umfasst 1.446 Studierende: 288 sind für das Lehramt Grundschule, 165 für Hauptschule, 364 für Realschule, 493 für Gymnasium und 136 für Förderschule eingeschrieben. Die überwiegende Zahl der Studierenden befindet sich zum Zeitpunkt der Befragung im ersten und zweiten Fachsemester (73,6%). Der Altersdurchschnitt liegt insgesamt bei 21,8 Jahren (SD = 3.25). 1.098 der insgesamt 1.446 Lehramtsstudierenden sind weiblich. Das entspricht einem Anteil von 76,5%.

4.4.2 Messinstrumente und Vorgehen

Zur Erhebung der Studien- und Berufswahl wurde ein Instrumentarium entworfen, das zum einen auf bereits dazu vorliegenden Studien basiert (vgl. Kiel et al., 2004; Oesterreich, 1987; Steltmann, 1980; Ulich, 1998), zum anderen durch Expertenbefragung erweitert wurde: Erziehungswissenschaftler und berufspraktische Ausbildende angehender Lehrkräfte ergänzen bestehende Motive aus den zuvor genannten Studien durch weitere Items, die sie für die Erfassung der Studien- und Berufswahlmotivation Lehramtsstudierender als bedeutend ansehen. Die einzelnen Items (4-stufiges Rating von *1 = trifft überhaupt nicht zu* bis *4 = trifft voll und ganz zu*) werden gemäß den durch die Fragestellung vorgegebenen Faktoren auf Basis einer explorativen Faktorenanalyse (Parallel-Analyse nach Horn, Hauptkomponentenanalyse mit Varimax-Rotation und Kaiser-Kriterium, Reliabilitätsanalyse) zu den entsprechenden Skalen reduziert.

Faktoren zur Sicherheit der Berufswahl

Beratungsgestützte Sicherheit (5 Items, Cronbach's α = .62). Beispielitem: *Ich war bei der Berufsberatung.*

Sicherheit in der Affinität zum Lehrerberuf (6 Items, Cronbach's α = .57). Beispielitem: *Ich kann mir gar nichts anderes vorstellen, als LehrerIn zu werden.*

Sicherheit in der Arbeitsmarkterwartung (3 Items, Cronbach's α = .80). Beispielitem: *Ich habe mich intensiv über die Arbeitsmarktsituation für LehrerInnen informiert.*

Faktoren der Berufswahlmotive und der Selbstwirksamkeitserwartung

Pädagogische Motivation (3 Items, Cronbach's α = .77). Beispielitem: *... um begabte Kinder/Jugendliche zu fördern.*

Fachspezifisches Interesse (8 Items, Cronbach's α = .78). Beispielitem: *... weil ich Spaß an meinen Fächern habe.*

Lehramt als Notlösung (5 Items, Cronbach's α = .81). Beispielitem: *... weil ich keine Möglichkeit hatte, meinen ursprünglichen Studienwunsch zu verwirklichen.*

Externe Einflüsse (5 Items, Cronbach's α = .81). Beispielitem: *... weil mir Freunde oder Mitschüler dazu geraten haben.*

Berufliche/finanzielle Sicherheit (3 Items, Cronbach's α = .81). Beispielitem: *... um später ein sicheres Einkommen zu haben.*

Allgemeine Selbstwirksamkeitserwartung (Schwarzer & Jerusalem, 1999; 10 Items, Cronbach's α = .83). Beispielitem: *Die Lösung schwieriger Probleme gelingt mir immer, wenn ich mich darum bemühe.*

Die in der Fragestellung genannten Unterschiede der Berufswahlmotive und der Selbstwirksamkeitserwartung werden im Folgenden zunächst durch eine einfaktorielle Varianzanalyse (ANOVA) hinsichtlich der Unterschiede zwischen den einzelnen Gruppen zur Sicherheit der Berufswahl getestet. Die folgende Tabelle 1 listet die F-Werte auf. Die ermittelten Unterschiede unterstreichen die Zulässigkeit der nachfolgenden Clusteranalyse zur Deskription einzelner Gruppen zur Sicherheit der Berufswahl.

Anzumerken ist dabei, dass die drei Faktoren zur *Sicherheit der Berufswahl* lediglich deskriptiven Charakter haben. Daher wurde bei diesen Faktoren keine Itemlöschung vorgenommen, um in der Beschreibung der Sicherheit keinen Informationsverlust zu erhalten. Die Cronbach's Alpha-Werte der Faktoren, die in die Clusterbildung eingingen, sind akzeptabel.

	Beratungsge-stützte Sicherheit	Sicherheit in der Affinität zum Lehrerberuf	Sicherheit in der Arbeitsmarkterwartung
Pädagogische Motivation	$F_{(1,1373)} = 52.4$; $p = .000$	$F_{(1,1373)} = 0.1$; $p = .753$	$F_{(1,1373)} = 72.0$; $p = .000$
Fachspezifisches Interesse	$F_{(1,1376)} = 23.6$; $p = .000$	$F_{(1,1376)} = 117.8$; $p = .000$	$F_{(1,1376)} = 29.9$; $p = .000$
Lehramt als Not-lösung	$F_{(1,1376)} = 26.5$; $p = .000$	$F_{(1,1376)} = 43.4$; $p = .000$	$F_{(1,1376)} = 601.8$; $p = .000$
Externe Einflüs-se	$F_{(1,1374)} = 73.9$; $p = .000$	$F_{(1,1374)} = 0.0$; $p = .959$	$F_{(1,1374)} = 28.9$; $p = .000$
Berufliche/ finanzielle Sicherheit	$F_{(1,1376)} = 14.4$; $p = .000$	$F_{(1,1376)} = 4.6$; $p = .032$	$F_{(1,1376)} = 7.6$; $p = .006$
Selbstwirksam-keitserwartung	$F_{(1,1275)} = 4.1$; $p = .043$	$F_{(1,1275)} = 25.8$; $p = .000$	$F_{(1,1275)} = 39.2$; $p = .000$

Tab. 1: Ergebnisse der Varianzanalyse

Zur genaueren Beschreibung der unterschiedlichen Berufswahlmotive und der Selbstwirksamkeitserwartung durch die Unterschiede der Sicherheit in der Berufswahl werden durch ein hierarchisches Vorgehen fünf Cluster gebildet (Distanzfunktion: Ward), wobei die Dimensionen durch die Faktoren Berufswahlmotive, Selbstzuschreibung und Sozialkompetenzen definiert werden. Dabei ergeben sich fünf Clustergruppen, die wie folgt beschrieben werden können:

Clustergruppe 1: Hohe Sicherheit (n = 350)
Personen, die dieser Clustergruppe angehören, haben jeweils vergleichsweise hohe Werte in allen drei Aspekten der Sicherheit der Berufswahl ($M_{Beratung}$ = 2.7; $M_{Affinität}$ = 3.2; $M_{Arbeitsmarkt}$ = 3.0).
Clustergruppe 2: Geringere Sicherheit (n = 300)
Personen, die dieser Clustergruppe angehören, weisen in allen drei Faktoren vergleichsweise niedrige Werte auf ($M_{Beratung}$ = 1.9; $M_{Affinität}$ = 2.5; $M_{Arbeitsmarkt}$ = 2.1).
Clustergruppe 3: Geringe Affinität (n = 353)
Diese Gruppe kennzeichnet eine vergleichsweise geringe Ausprägung des Faktors *Affinität zum Lehrerberuf* bei mittleren Werten in den anderen Faktoren ($M_{Beratung}$ = 2.2; $M_{Affinität}$ = 2.3; $M_{Arbeitsmarkt}$ = 2.9).

Clustergruppe 4: Hohe Affinität (n = 183)
Personen, die dieser Clustergruppe angehören, haben einen vergleichsweise hohen Wert bei *Affinität zum Lehrerberuf* bei gleichzeitig niedriger Ausprägung der Faktoren *Beratung* und *Arbeitsmarkterwartung* ($M_{Beratung} = 1.9$; $M_{Affinität} = 3.1$; $M_{Arbeitsmarkt} = 2.6$).

Clustergruppe 5: Idealisierung (n = 260)
Diese Clustergruppe zeichnen eher hohe Werte in den Faktoren *Affinität zum Lehrerberuf* und *Arbeitsmarkterwartung* aus, bei gleichzeitig niedrigen Werten in der Beratungsgestützten Sicherheit ($M_{Beratung} = 2.0$; $M_{Affinität} = 3.1$; $M_{Arbeitsmarkt} = 3.3$). Es ist anzunehmen, dass die ausgeprägten Vorstellungen vom Lehrerberuf eher aus der eigenen Anschauung resultieren.

Der Mittelwert und die Standardabweichung der drei unabhängigen Faktoren über alle Gruppen hinweg sind dabei

- Beratung: M = 2.7, SD = .60
- Affinität: M = 2.8, SD = .57
- Arbeitsmarkterwartung: M = 2.8, SD = .49

Insgesamt korrelieren die drei unabhängigen Faktoren nur schwach miteinander. ($r_{1/2} = .14$, $r_{1/3} = .18$, $r_{2/3} = .23$). Zur Illustration zeigt Abbildung 2 die relativen Ausprägungen (Mittelwerte in den z-standardisierten Skalen) der fünf Clustergruppen.

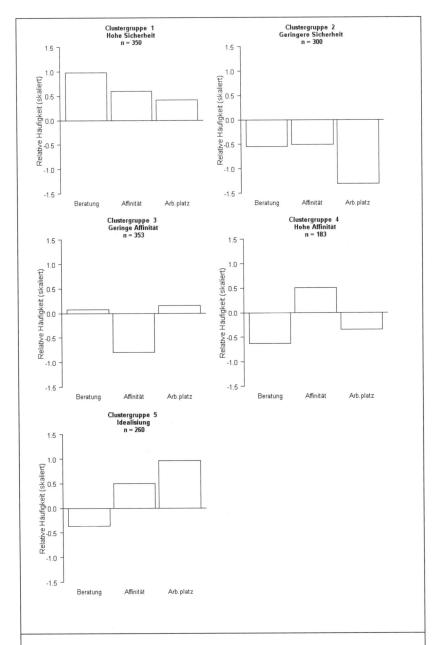

Abb. 2: Relative Ausprägungen der fünf Clustergruppen in den unabhängigen Faktoren zur Sicherheit der Berufswahl

4.5 Ergebnisse

Die Mittelwerte und Standardabweichungen der einzelnen Faktoren der Berufswahlmotive, der Selbstzuschreibung und der Selbstwirksamkeitserwartung wurden ermittelt. Tabelle 2 zeigt die Mittelwerte und Standardabweichungen aller Gruppen.

	Hohe Sicherheit M (SD) d; p	Geringe Sicherheit M (SD) d; p	Geringe Affinität M (SD) d; p	Hohe Affinität M (SD) d; p	Idealismus M (SD) d; p	Gesamt M (SD)
Pädagogische Motivation	3,30 (0,56) 0,33*; .000	2,85 (0,68) 0,40*; .000	3,06 (0,6) 0,06; .159	3,09 (0,49) 0,01; .811	3,17 (0,64) 0,11; 0,049	3,1 (0,62)
Fachspezifisches Interesse	3,14 (0,44) 0,39*; .000	2,79 (0,42) 0,38*; .000	2,78 (0,41) 0,40*; .000	3,02 (0,38) 0,12; 0,042	3,13 (0,41) 0,37*; .000	2,96 (0,45)
Lehramt als Notlösung	1,31 (0,39) 0,33*; .000	2,14 (0,74) 1,06*; .000	1,47 (0,49) 0,07; .081	1,41 (0,38) 0,17; .000	1,17 (0,25) 0,57*; .000	1,51 (0,59)
Externe Einflüsse	1,68 (0,6) 0,46*; .000	1,52 (0,62) 0,17; .003	1,4 (0,49) 0,05; .294	1,23 (0,35) 0,37*; .000	1,16 (0,30) 0,50*; .000	1,43 (0,54)
Berufliche/ finanzielle Sicherheit	2,89 (0,59) 0,12; .007	2,84 (0,66) 0,04; .520	2,8 (0,55) 0,03; .539	2,77 (0,63) 0,08; 0,264	2,74 (0,65) 0,11; .055	2,81 (0,61)
Selbstwirksamkeitserwartung	29,55 (4,11) 0,16; .002	28,21 (3,38) 0,20; .000	27,88 (3,28); 0,28 .000	28,94 (4,24); 0,00; .963	30,48 (3,25) 0,41*; .000	28,95 (3,76)

* $(M_i - M_{Ges}) / SD_{Ges} > 0.3$

Tab. 2: Mittelwerte und Standardabweichungen aller Gruppen

Unterschiede zwischen den einzelnen Gruppen mit mindestens mittlerer Effektstärke (d>0.3) wurden mittels Einzelvergleichen untersucht. Um einer Alpha-Inflationierung entgegenzuwirken, wurde eine Korrektur nach Bonferroni durchgeführt; die einzelnen F-Tests wurden daher auf dem .005%-Niveau getestet. Im Einzelnen ergeben sich für die Gruppen die folgenden Ausprägungen:

Clustergruppe 1: Hohe Sicherheit
Diese Gruppe angehender Lehrkräfte ist gekennzeichnet durch eine starke Betonung der Faktoren *Pädagogische Motivation* (M = 3.3; $F_{(1,1441)}$ = 52.4, p = .000), *Fachspezifisches Interesse* (M = 3.1; $F_{(1,1444)}$ = 74.2, p = .000) und *Externe Einflüsse*, also ob beispielsweise nahestehende Personen bezüglich der Berufswahl um Rat gefragt wurden (M = 1.7; $F_{(1,1441)}$ = 105.6; p = .000). Die Ausprägung des Faktors *Lehramt als Notlösung* (M = 1.3; $F_{(1,1444)}$ = 51.9, p = .000) ist vergleichsweise niedrig.

Clustergruppe 2: Geringere Sicherheit
Diese Gruppe setzt sich aus Lehramtsstudierenden zusammen, die sowohl dem Faktor der *Pädagogischen Motivation* (M = 2.9; $F_{(1,1441)}$ = 63.4, p = .000) als auch dem des *Fachspezifischen Interesses* (M = 2.8; $F_{(1,1444)}$ = 58.1, p = .000) eine vergleichsweise geringere Bedeutung zusprechen, als andere Studierende dies tun. Heraus hebt sich der Aspekt, das gewählte *Studium als Notlösung* gewählt zu haben: Dieser ist im Vergleich der Gruppen am stärksten ausgeprägt (M = 2.1; $F_{(1,1444)}$ = 610.0, p = .000).

Clustergruppe 3: Geringe Affinität
Diese Gruppe kennzeichnet ein vergleichsweise niedriges fachspezifisches Interesse (M = 2.8; $F_{(1,1444)}$ = 78.9, p = .000). Alle anderen Faktoren differieren nicht stark.

Clustergruppe 4: Hohe Affinität
In dieser Gruppe ist der Wert des Faktors *Externe Einflüsse*, die Bedeutung anderer für die Berufswahl, vergleichsweise gering ausgeprägt (M = 1.2; $F_{(1,1441)}$ = 29.5, p = .000). Weitere Befunde mit mittlerer Effektstärke sind nicht festzustellen.

Clustergruppe 5: Idealismus
Diese Gruppe zeichnet sich vor allem durch niedrige Werte zum einen des Faktors *Lehramt als Notlösung* (M = 1.2; $F_{(1,1444)}$ = 109.4, p = .000), zum anderen des der *Externen Einflüsse* (M = 1.2; $F_{(1,1441)}$ = 82.2, p = .000) aus. Das *fachspezifische Interesse* ist vergleichsweise hoch (M = 3.1; $F_{(1,1444)}$ = 45.4; p < .000), jedoch differiert die pädagogische Motivation nicht stark. Diese Gruppe angehender Lehrer ist die einzige, deren Selbstwirksamkeitserwartung sich mit einer Effektstärke von d > .3 abhebt (M = 30.5; $F_{(1,1325)}$ = 49.8, p = .000): Sie ist bei diesen Lehramtsstudierenden vergleichsweise hoch.
Der Faktor *Berufliche/finanzielle Sicherheit* variiert zwischen den einzelnen Gruppen zwar tendenziell bedeutsam, jedoch nur mit geringer Effektstärke (d_i < 0.2). Abbildung 3 zeigt die Boxplots aller Faktoren über die Clustergruppen.

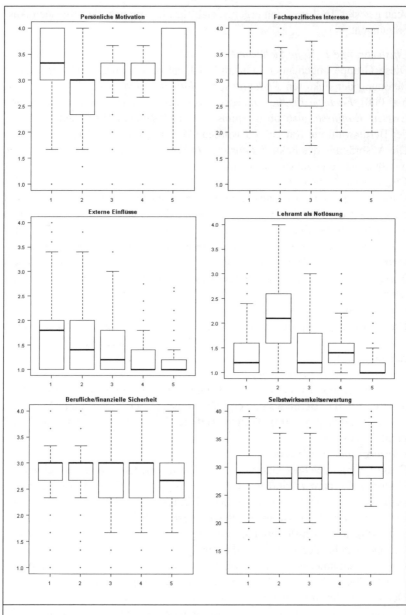

Abb. 3: Boxplots der abhängigen Faktoren über die fünf Clustergruppen

4.6 Diskussion

Besondere Beachtung finden in der vorliegenden Studie diejenigen angehenden Lehrerinnen und Lehrer, deren Entscheidung für den Lehrberuf als eher unsicher anzusehen ist. Mittels Clusteranalyse wurden verschiedene Berufswahlprofile erarbeitet. Etwa ein Fünftel aller Lehramtsstudierenden weist ein Motivationsprofil auf, das sich folgendermaßen charakterisieren lässt:

- Sie sind sich ihrer beruflichen Entscheidung unsicher und weisen wenig Affinität zum Lehrberuf auf.
- Sie haben keine/kaum (externe) Beratung in Anspruch genommen oder sich über die Arbeitssituation von Lehrern informiert.
- Es wird eine geringere pädagogische Motivation angegeben.
- Ebenso ist das fachbezogene Interesse geringer.
- Das Studium ist für diese Studierenden eher eine Notlösung.

Diese Befunde müssen zum einen bezüglich der Passung diskutiert werden. Theorien zum Berufswahlverhalten (z.B. Holland, 1985) zufolge müsste eigentlich davon ausgegangen werden, dass die Anforderungen und Eigenschaften des gewählten Berufs mit persönlichen Neigungen und Fähigkeiten antizipiert werden. Kann dies als zutreffend bezeichnet werden, wenn im Lehrberuf sowohl pädagogischen als auch fachbezogenen Interessen eine geringere Bedeutung zugesprochen wird, als andere angehende Lehrkräfte dies tun? Definiert sich die Neigung zum Lehrberuf dann nicht aus den eigentlich zu erwartenden Gründen wie eben einer pädagogischen und/oder fachlichen Motivation (vgl. Thierack, 2002; Ulich, 1998), sondern aus dem Fehlen von Alternativen, dem Fehlen eines anderen passenden Berufs – als Notlösung? Die schulischen Anforderungen an Lehrpersonen werden in den kommenden Jahren sicher nicht geringer – im Gegenteil, so ist beispielsweise als Folge steigender Heterogenität eine Zunahme pädagogischer Aufgabenstellungen zu konstatieren, auch an weiterführenden Schulen (vgl. Köller, 2007; Terhart, 2001). Stellt die in der vorliegenden Untersuchung dokumentierte Studien- und Berufswahlmotivation dafür eine entsprechende Basis dar? Bei der Wahl des Lehrberufs scheint eine Passung zwischen personalen Eigenschaften und Interessen und den antizipierten Anforderungen von Beruf und Ausbildung bei einem Fünftel nur bedingt zu greifen bzw. dieser berufliche Weg wird trotz eines offensichtlichen Mangels an Neigung eingeschlagen. Andere Studien kommen zu ähnlichen Befunden. Jäger & Behrens (1994) konstatieren bei einem Teil der angehenden Lehrerinnen und Lehrer einen Studienbeginn „unter sehr ungünstigen Bedingungen", z.B. weil diesen „nichts Besseres eingefallen ist" (S. 76). In deren Studie sind es gerade einmal 7% der angehenden Lehrkräfte, die dieses Motiv benennen – und schon diese Zahl wird als problematisch bezeichnet. In der vorliegenden Studie ist es jeder fünfte Studierende. Als Vergleich sei erwähnt, dass dies bei Studierenden anderer Studiengänge anders ist, so zum Beispiel bei angehenden Medizinern, die sich stark mit ihrem Beruf identifizieren (vgl. Multrus, Bargel & Ramm, 2008).

Es soll jedoch angemerkt werden, dass die Studierenden der vorliegenden Untersuchung am Beginn der ersten Ausbildungsphase an der Universität stehen. Die Motivstruktur kann sich mit fortschreitender Ausbildung ändern bzw. durch die Studierenden selbst hinterfragt werden. Ebenso lässt sich eine Prognose, was den subjektiven wie objektiven Erfolg als Lehrkraft im späteren beruflichen Leben betrifft, aus den Profilen kaum ableiten.

An dieser Stelle sollen auch die Befunde der Belastungsforschung nicht außer Acht gelassen werden. Hier kann einerseits argumentiert werden, dass jeder dritte Studierende bereits ein problematisches Belastungsprofil mit ins Studium bringt (vgl. Herlt & Schaarschmidt, 2007), viele Studierende für die Belastungen und Anforderungen des Lehrberufs ungünstige Personenmerkmale, Ressourcen und Bewältigungsstile aufweisen (vgl. Christ, van Dick & Wagner, 2004; Nieskens, 2009; Sieland, 2004) und die Hauptstressoren in der Interaktion mit Kindern und Jugendlichen liegen (vgl. Krause, Dorsemagen & Alexander, 2011). Andererseits könnte aber auch folgendermaßen argumentiert werden: Wiederholt wird angehenden Lehrkräften eine idealistisch geprägte Berufswahlmotivation bescheinigt (vgl. Jäger & Behrens, 1994; Ulich, 1996), die besonders auf den Wunsch, jeden Schüler entsprechend seiner Begabung fördern zu können, und die individuelle pädagogische Begleitung abzielt. Ein Auseinanderklaffen von Wunsch und Realität wird diskutiert. Hier setzt die Belastungsforschung an, die beispielsweise mangelnde Distanzierungsfähigkeit und ein überhöhtes Arbeitsengagement, das keine Entsprechung im Lebensgefühl findet, als höchst problematisch herausarbeitet (vgl. z.B. Schaarschmidt, 2005). Es kann ebenso, wie zuvor bezüglich der Passung, nur darüber spekuliert werden, ob die hier kritisch diskutierte Gruppe angehender Lehrkräfte möglicherweise über die nötigen Fähigkeiten zur Distanzierung verfügt, die für den Beruf so dringend erforderlich sind. Dennoch darf dies über vorhandene Problemstellungen nicht hinwegtäuschen, so zum Beispiel, dass der Beruf eher als Notlösung benannt wird.

Vor dem Hintergrund bleibt zu diskutieren, welche Veränderungsprozesse die Lehrerbildung benötigt. Die Diskussion des Bologna-Prozesses und der damit einhergehenden Ausbildungsstrukturen und -inhalte an der Hochschule liefert hier kaum eine Lösung. Es sind Veränderungsprozesse und Maßnahmen gefordert, die früher greifen. Es bedarf zum einen einer kritischen Auseinandersetzung damit, wer ein Lehramtsstudium aufnimmt, zum anderen der Herausarbeitung von Entwicklungsaufgaben für angehende Lehrerinnen und

Lehrer, um Defiziten, die sich aus den beschriebenen Motivationsprofilen ergeben, entgegenzuwirken. Insgesamt geht es darum, Instrumente zur Selbsterkundung zu entwickeln, die sich an beeinflussbaren Kriterien orientieren. Bestehende Instrumente zur beruflichen Selbsterkundung zeichnen sich durch große Heterogenität aus (vgl. Deutsche Telekomstiftung, 2012) – vom Bewerbungsgespräch über das Pflichtpraktikum zum Assessment bis zu Online-Instrumenten wie etwa dem CCT (*Career Counselling for Teachers*) oder FIBEL (*Feedback-Inventar beruflicher Erstorientierung für das Lehramt*). Sie orientieren sich häufig an Kriterien im Sinne von Persönlichkeitsmerkmalen, die nur in geringem Maße veränderbar bzw. förderbar sind. Der an der LMU geplante „Risiko-Check für das Lehramt" soll (angehenden) Lehramtsstudierenden ein realistisches Bild vermitteln, welche Aufgaben und Anforderungen im Lehrberuf zu bewältigen sind. So sollen Möglichkeiten eröffnet werden, die eigene Motivation zu reflektieren und in Frage zu stellen, eigene Erwartungen und Wünsche realistisch zu überprüfen, sich mit Schwächen und Defiziten auseinanderzusetzen und darauf folgend, als fortlaufende Entwicklungsaufgabe während des Studiums, Strategien der Kompensation zu erarbeiten.

Ebenso könnten intensiv betreute Praktika zu einer Reflexion der bestehenden Motivstruktur führen; diese müssten früh im, am besten vor dem Studium beginnen. In der Studie von Jäger & Behrens (1994) zeigte sich eine positive Beeinflussung der Studienwahlmotivation bei den meisten Studierenden durch mehr Praktika vor und während des Studiums. Hier kann beispielsweise auf das *Intensivpraktikum* an der Ludwig-Maximilians-Universität München oder das *Exercitium Paedagogicum* an der Universität Passau hingewiesen werden. Diese dienen einer engeren Praxisbegegnung mit dem späteren Berufsfeld. Studierende erhalten so die Möglichkeit, sich rechtzeitig mit der Realität des Berufs vertraut zu machen und zugleich ihre Berufsentscheidung zu überdenken. Idealistische wie auch in erster Linie auf den Rahmenbedingungen des Lehrberuf basierende Motivstrukturen können systematisch hinterfragt werden und in der Konsequenz Anlass zu positiver und negativer Selbstselektion sein.

Literatur

Christ, O., van Dick, R. & Wagner, U. (2004). Belastung und Beanspruchung bei Lehrern in der Ausbildung. In A. Hillert & E. Schmitz (Hrsg.), *Psychosomatische Erkrankungen bei Lehrerinnen und Lehrern* (S. 113-120). Stuttgart, New York: Schattauer.

Deutsche Telekom-Stiftung (2012). *Für den Lehrberuf geeignet? Eine Bestandsaufnahme zur Eignungsabklärung, Beratung und Bewerberauswahl für das Lehramtsstudium.* http://www.telekom-stiftung.de/dtag/cms/contentblob/Telekom-Stiftung/de/1960480/blobBinary/F%25C3%25BCr+den+Lehrerberuf+geeignet%253F.pdf [01.12. 2012].

Fock, C., Glumpler, E., Hochfeld, I. & Weber-Klaus, S. (2001). Studienwahl: Lehramt Primarstufe. Berufs- und Studienwahlorientierung von Lehramtsstudierenden. In E. Glumpler & C. Fock (Hrsg.), *Frauen in pädagogischen Berufen. Band 2: Lehrerinnen* (S. 212-240). Bad Heilbrunn: Klinkhardt.

Heine, C., Willich, J., Schneider, H. & Sommer, D. (2008). *Studienanfänger im Wintersemester 2007/08. Wege zum Studium, Studien- und Hochschulwahl, Situation bei Studienbeginn* (HIS Forum Hochschule, 16). http://www.his.de/pdf/pub_fh/fh-200816.pdf [01.12.2012].

Hericks, U. (2006). *Professionalisierung als Entwicklungsaufgabe. Rekonstruktionen zur Berufseingangsphase von Lehrerinnen und Lehrern.* Wiesbaden: VS.

Herlt, S. & Schaarschmidt, U. (2007). Fit für den Lehrberuf? In U. Schaarschmidt & U. Kieschke (Hrsg.), *Gerüstet für den Schulalltag. Psychologische Unterstützungsangebote für Lehrerinnen und Lehrer* (S. 157-187). Weinheim: Beltz.

Holland, J. L. (1985). *Making vocational choices.* Englewood Cliffs: Prentice Hall.

Horn, H. (1968). Volksschullehrernachweise – Untersuchung zur Quantität und Qualität. Deutsches Institut für internationale pädagogische Forschung, Abteilung Pädagogische Psychologie (Hrsg.), *Studien zur Pädagogischen Psychologie, Band 4.* Weinheim u.a.: Beltz.

Jäger, R.S. & Behrens, U. (1994). *Weiterentwicklung der Lehrerbildung. Berichte und Materialien zu Schulversuchen und Bildungsforschung des Ministeriums für Bildung und Kultur des Landes Rheinland-Pfalz.* Mainz: v. Hase & Koehler.

Kiel, E., Geider, F. J. & Jünger, W. (2004). Motivation, Selbstkonzepte und Lehrberuf. Studienwahl und Berufsperspektiven bei Studierenden für das Lehramt an Grund-, Haupt- und Realschulen. *Die Deutsche Schule, 96*(2), S. 223-233.

Köller, O. (2007). Das Gymnasium zwischen Elitebildung und Förderung der Vielen: Welche Pädagogik braucht das Gymnasium? In S. Jahnke-Klein, H. Kiper & L. Freisel (Hrsg.), *Gymnasium heute. Zwischen Elitebildung und Förderung der Vielen* (S. 13-35). Baltmannsweiler: Schneider Verlag.

Krause, A., Dorsemagen, C. & Alexander, T. (2011). Belastung und Beanspruchung im Lehrberuf – Arbeitsplatz- und bedingungsbezogene Forschung. In E. Terhart, H. Bennewitz & M. Rothland (Hrsg.), *Handbuch der Forschung zum Lehrerberuf* (S. 788-814). Münster: Waxmann.

Krautz, J. (2007). *Schule und Universität unter dem Diktat der Ökonomie.* Kreuzlingen, München: Hugendubel.

Lehr, D. (2010). Belastung und Beanspruchung im Lehrerberuf – Gesundheitliche Situation und Evidenz für Risikofaktoren. In E. Terhart, H. Bennewitz & M. Rothland (Hrsg.), *Handbuch der Forschung zum Lehrerberuf* (S. 757-773). Münster: Waxmann.

Mayr, J. (2009). LehrerIn werden in Österreich: empirische Befunde zum Lehramtsstudium. *Erziehung und Unterricht, 159*(3), S. 14-33.

Mehmel, U. (1992). Ich will Grundschullehrerin werden. Studienwahl und Berufsvorstellungen von Studentinnen. *Grundschule, 24*, S. 22-24.

Multrus, F., Bargel, T. & Ramm, M. (2008). *Studiensituation und studentische Orientierung. 10. Studierendensurvey an Universitäten und Fachhochschulen.* Bonn, Berlin: Bundesministerium für Bildung und Forschung.

Nieskens, B. (2009). *Wer interessiert sich für den Lehrberuf – und wer nicht? Berufswahl im Spannungsfeld von subjektiver und objektiver Passung.* Göttingen: Cuvillier.

Oesterreich, D. (1987). *Die Berufswahlentscheidung von jungen Lehrern.* Abgeschlossener Forschungsbericht / Studien und Berichte, Max-Planck-Institut für Bildungsforschung, Berlin.

Preuß, R. & Osel, J. (2012, 15. August). Harsche Kritik an Bachelor und Master. *Süddeutsche Zeitung.*

Rauin, U. (2007). Im Studium wenig engagiert – im Beruf schnell überfordert. *Forschung aktuell, 3*, S. 60-64.

Rothland, M. (Hrsg.) (2007). *Belastung und Beanspruchung im Lehrerberuf. Modelle – Befunde – Interventionen.* Wiesbaden: VS.

Schaarschmidt, U. (2005). *Halbtagsjobber? Psychische Gesundheit im Lehrberuf. Analyse eines veränderungsbedürftigen Zustands.* Weinheim u.a.: Beltz.

Schutz, P.A., Crowder, K.C. & White, V.E. (2001). The development of a goal to become a teacher. *Journal of Educational Psychology, 93*(2), pp. 299-308.

Schwarzer, R. & Jerusalem, M. (Hrsg.) (1999). *Skalen zur Erfassung von Lehrer- und Schülermerkmalen.* Dokumentation der psychometrischen Verfahren im Rahmen der Wissenschaftlichen Begleitung des Modellversuchs Selbstwirksame Schulen. Berlin: Freie Universität Berlin.

Sieland, B. (2004). Lehrerbiografien zwischen Anforderungen und Ressourcen im System Schule. In A. Hillert & E. Schmitz (Hrsg.), *Psychosomatische Erkrankungen bei Lehrerinnen und Lehrern* (S. 143-161). Stuttgart, New York: Schattauer.

Steltmann, K. (1980). Motive für die Wahl des Lehrerberufs. Ergebnisse einer empirischen Untersuchung. *Zeitschrift für Pädagogik, 26*, S. 581-586.

Terhart, E. (2001). *Lehrerberuf und Lehrerbildung. Forschungsbefunde, Problemanalysen, Reformkonzepte.* Weinheim, Basel: Beltz.

Thierack, A. (2002). *Berufliche Vorstellung von Studierende in den Lehrämtern Primarstufe und Sekundarstufe I/II – unter Berücksichtigung schulstufen- und geschlechtsspezifischem Besonderheiten.* Münster: LIT.

Treptow, E. (2006). *Bildungsbiografien von Lehrerinnen und Lehrern. Eine empirische Untersuchung unter Berücksichtigung geschlechtsspezifischer Unterschiede.* Münster u.a.: Waxmann.

Ulich, K. (1996). *Beruf Lehrer/in. Arbeitsbedingungen, Beziehungskonflikte, Zufriedenheit.* Weinheim: Beltz.

Ulich, K. (1998). Berufswahlmotive angehender LehrerInnen. Eine Studie über Unterschiede nach Geschlecht und Lehramt. *Die Deutsche Schule, 90*, S. 64-78.

Ulich, K. (2000). Traumberuf Lehrer/in? Berufsmotive und die (Un)Sicherheit der Berufsentscheidung. *Die Deutsche Schule, 92*(1), S. 41-53.

Weiß, S., Braune, A. & Kiel, E. (2010). Studien- und Berufswahlmotive angehender Lehrkräfte: Sind Gymnasiallehrer/innen anders? *Journal für LehrerInnenbildung, 10*(3), S. 66-73.

Weiß, S., Braune, A., Steinherr, E. & Kiel, E. (2009). Studium Grundschullehramt: Zur problematischen Kompatibilität von Studien-/Berufswahlmotiven und Berufsvorstellungen. *Zeitschrift für Grundschulforschung, 2*(2), S. 126-138.

Wilde, A. (2005). *Berufliches Selbstbild in Abhängigkeit vom Geschlechterverhältnis in einem Beruf. Grundschullehrer/innen und Polizist/innen.* Berlin. dissertationen.de.

Johannes König, Martin Rothland

5 Motivationale Bedingungen der Kompetenzentwicklung in der Lehrerbildung

5.1 Einführung: Die Modellierung professioneller Handlungskompetenz von Lehrerinnen und Lehrern

Modelle der professionellen Handlungskompetenz von Lehrerinnen und Lehrern können als Kompetenzstrukturmodelle charakterisiert werden (vgl. Schaper, 2009), die die Binnenstruktur und Dimensionalität der Kompetenzkonstrukte abbilden. Sie bieten die konzeptionelle Grundlage für die Beantwortung der Forschungsfrage,

> „welche Facetten personaler Ressourcen (Kenntnisse, Fertigkeiten, Fähigkeiten etc.) zur Bewältigung unterschiedlicher situationaler Anforderungen einer Domäne erforderlich sind und wie diese Facetten zusammenhängen" (Schaper, 2009, S. 174).

In der heuristischen Modellierung der Lehrerkompetenz (vgl. Baumert & Kunter, 2011; Blömeke, Kaiser & Lehmann, 2010a, 2010b) werden einerseits kognitive Kompetenzfacetten im Anschluss an die Topologie professionellen Wissens nach Shulman (1987) und andererseits entsprechend der Weinertschen Kompetenzdefinition (vgl. Weinert, 2001) nicht-kognitive, affektivmotivationale Bereiche unterschieden. Letztere werden in der Regel grob in die Teilbereiche Einstellungen und Überzeugungen (*beliefs*), motivationale und selbstregulative Merkmale unterteilt (vgl. König, 2010). „Diese verschiedenen Kompetenzbereiche" – so die Annahme –

> „interagieren miteinander und bilden so die Grundlage für professionelles Lehrerhandeln, welches sich durch ein reichhaltiges Repertoire an Handlungsmöglichkeiten, das funktionales Verhalten in verschiedenen Situationen ermöglicht, auszeichnet" (Brunner et al., 2006, S. 58).

Empirisch abgesicherte Erkenntnisse über die Interaktion bzw. die Zusammenhänge und die wechselseitige Bedingtheit der kognitiven und nicht-kognitiven Bereiche wurden bislang in der Forschung jedoch weder theoretisch noch empirisch intensiv bearbeitet. Als grundlegendes Forschungsdesiderat werden entsprechend fehlende Forschungsbemühungen markiert, die etwa den „Zusammenhang zwischen Berufswahlmotiven, Persönlichkeitsmerkmalen und Kompetenzentwicklung erfassen" (Zlatkin-Troitschanskaia & Preuße, 2011, S. 262-263). Insbesondere motivationale Orientierungen und selbstregulative Fähigkeiten würden, so ein kritischer Hinweis, nur selten als Dimensionen professioneller Kompetenz von Lehrerinnen und Lehrern „bzw. im Kontext kognitiver Merkmale (wie Fachwissen) erfasst" (ebd., S. 267). An dieses Forschungsdesiderat schließt die in diesem Beitrag vorgestellte Untersuchung an, in der mit Fokus auf die Lehrerbildung Zusammenhänge zwischen der Berufswahlmotivation von Lehramtsstudierenden als nicht kognitiver Kompetenzfacette (vgl. Blömeke, Buchholtz & Hacke, 2010) und der Ausprägung des pädagogischen Wissens der Lehramtsstudierenden als kognitiver Facette in der ersten Phase der Lehrerbildung überprüft bzw. per- spektivisch im weiteren Verlauf des hier zugrunde liegenden Forschungs- projekts, der EMW-Studie (*Entwicklung von berufsspezifischer Motivation und pädagogischem Wissen in der Lehrerbildung*), im Längsschnitt unter- sucht werden.

5.2 Motivationale Bedingungen kognitiver Kompetenzfacetten in der Lehrerbildung

Wird nach dem Zusammenhang von motivationalen, nicht-kognitiven und kognitiven, wissensbezogenen Facetten der Lehrerkompetenz bei angehenden Lehrkräften gefragt, so sind grundsätzlich direkte und indirekte Effekte der Motivation zu unterscheiden: direkte Effekte beziehen sich auf lernrelevante Verhaltensweisen wie die investierte Lernzeit oder die Informationsverar- beitung, während indirekte Effekte etwa durch bildungsbezogene Entschei- dungen vermittelt werden (bspw. Kurs- oder Studienfachwahlen) (vgl. Schie- fele, 2009). Entsprechend wären von der hier im Fokus stehenden Berufs- wahlmotivation für den Lehrerberuf indirekte Effekte in dem Sinne zu er- warten, dass sie für die Leistungen in der ersten und zweiten Phase der Lehr- erbildung motiviert, sich also auf die Lern- und Leistungsmotivation im Stu- dium auswirkt. Schließlich werden die Leistungen im Lehramtsstudium nicht um ihrer selbst willen erbracht, sondern aufgrund ihrer Verbindung mit un- mittelbaren und langfristigen Folgen: dem erfolgreichen Abschluss des Stu- diums und der Annäherung an das letztendliche Ziel, den Lehrerberuf auszu- üben.

Die Leistungsmotivation selbst, der mit Blick auf den Zusammenhang von Berufswahlmotivation und der Ausprägung und Entwicklung kognitiver Kompetenzfacetten eine vermittelnde Funktion zuzuschreiben ist, kann im Anschluss an die klassische Leistungsmotivationstheorie generell in ein An- näherungs- und ein Vermeidungsmotiv unterteilt werden (Hoffnung auf Erfolg, Angst vor Misserfolg; vgl. Urhahne, 2008). Die Leistungsmotivation kann allgemein als das „Streben nach Erreichen oder Übertreffen individueller oder sozialer Gütemaßstäbe definiert werden" (Schiefele, 2009, S. 160). Daneben sind Zielorientierungen als „subjektiv wahrgenommene ‚Gründe' des Lernens" (Krapp & Hascher, 2009, S. 379) ebenfalls als motivationale Dispositionen zur Erklärung von Lern- und Leistungsverhalten heranzuziehen. Sie werden definiert als relativ stabile motivationale Orientierungen, die das Verhalten und Handeln in Lern- und Leistungszusammenhängen beeinflussen (vgl. Elliot, 2005).

Unterschieden werden die Lernziel-, Leistungsannäherungs- und Leistungsvermeidungszielorientierungen (vgl. Elliot, 1997; Elliot & Church, 1997). Sie werden im hierarchischen Motivationsmodell (vgl. Elliot & Church, 1997) als konkrete Repräsentation der allgemeinen Leistungsmotivation beschrieben bzw. als kognitive Manifestationen der Leistungsmotivation aufgefasst (vgl. Robbins et al., 2004). Weitgehend ungeklärt ist bislang, ob neben den Zusammenhängen von Leistungsmotivation, Zielorientierungen und akademischer Leistung auch Zusammenhänge zu weiteren motivationalen Faktoren bestehen, die etwa die skizzierten Verbindungen zu einer berufsbezogenen Motivation (Berufswahl) bestätigen.

Zusammenhänge zwischen Berufswahlmotiven und der Leistungsmotivation, den Zielorientierungen auf der einen und dem pädagogischen Wissen als kognitiver Kompetenzfacette auf der anderen Seite, werden im Folgenden in einem Modell der motivationalen Bedingungen der Kompetenzentwicklung zusammengefasst (vgl. Abb. 1). Das Modell basiert auf der Konzeptualisierung vorauslaufender Bedingungen der Zielorientierungen, der zufolge bspw. die Lernzielorientierung durch das Leistungsmotiv (hohe Hoffnung auf Erfolg) und die Vermeidungsleistungszielorientierung durch das Misserfolgs- bzw. Vermeidungsmotiv (hohe Furcht vor Misserfolg) bedingt wird (vgl. Spinath, 2009). Diese vorauslaufenden Bedingungen von Zielorientierungen werden bereits im hierarchischen Motivationsmodell von Elliot und Church (1997) erfasst und in den Befunden der empirischen Überprüfung der Modellannahmen belegt (ebd.).

Zusätzlich zu den leistungsbezogenen motivationalen Variablen kann im Rahmen der Modellierung die Berufswahlmotivation als motivationale Grundlage für den Erwerb kognitiver Fähigkeiten im Lehramtsstudium angesehen und berücksichtigt werden. Dabei wird nicht davon ausgegangen, dass Berufswahlmotive als vorgeschaltete motivationale Variable, als „first step in becoming a teacher" (Sinclair, 2008, p. 81), eine ausgeprägte direkte Wirkung auf die Studienleistung oder den Ausbildungserfolg haben. Vielmehr sind sie als distale motivationale Einflussgrößen zu betrachten, die sich ihrerseits auf proximale Variablen der Leistungsmotivation zur Erklärung der

Kompetenzentwicklung im Studium auswirken (vgl. König & Rothland, 2012). So konnten König und Herzmann (2011) zeigen, dass Teilbereiche der Berufswahlmotivation differenziert nach intrinsischen Motiven (u.a. fachliches Interesse) und extrinsischen Motiven (u.a. geringe Schwierigkeit des Lehramtsstudiums) in einem relevanten Zusammenhang mit dem Leistungsmotiv (Hoffnung auf Erfolg) stehen, von dem direkte Wirkungen auf die Kompetenzentwicklung zu erwarten sind. Damit können erste Hinweise auf das zu untersuchende Zusammenwirken von lehramtsbezogenen Berufswahlmotiven, Leistungsmotiven und der Ausprägung des erworbenen pädagogischen Wissens im Rahmen der ersten Phase der Lehrerbildung unter Berücksichtigung des hierarchischen Motivationsmodells von Elliot und Church (1997) gegeben werden.

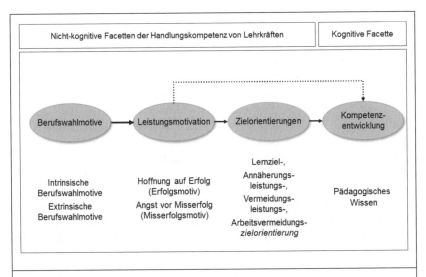

Abb. 1: Modell motivationaler Bedingungen der Kompetenzentwicklung in der ersten Phase der Lehrerbildung

5.3 Fragestellung

Ziel der folgenden Untersuchung ist es, den skizzierten Zusammenhang zwischen der Berufswahlmotivation und dem (unterrichtsbezogenen) pädagogischen Wissen vermittelt über die Leistungsmotivation und die Zielorientierungen der Lehramtsstudierenden zu Beginn der Lehrerausbildung zu überprüfen. Dabei ist zu berücksichtigen, dass in der Schule wie in der Hochschule intrinsisch Motivierte bessere Leistungen zeigen, während eine extrinsische Motivation in der Regel mit einer schlechteren Performanz verbunden ist (vgl. Schiefele & Schreyer, 1994; Urhahne, 2008). In der Forschung zur Berufswahlmotivation wird ebenfalls angenommen, dass intrinsische Motive bessere Voraussetzungen für die Lehrerbildung und die Berufstätigkeit seien als extrinsische (vgl. Rothland, 2011). Entsprechend kann erwartet werden, dass vor allem intrinsisch berufsmotivierte Studierende in ihrem Studium stärker lern- und leistungsmotiviert sind, was letztlich zu einem größeren Wissenszuwachs führen sollte als bei Kommilitonen, die vergleichsweise wenig intrinsisch motiviert sind. Ebenfalls ist anzunehmen, dass intrinsisch Motivierte ausgeprägtere Lernziel- und Annäherungsleistungszielorientierungen als konkrete Repräsentationen der Lern- und Leistungsmotivation zeigen, die in einem positiven Zusammenhang mit der (Studien-)Leistung und hier konkret der Wissensausprägung stehen (vgl. Harackiewicz et al., 2002). Insbesondere eine ausgeprägte Lernzielorientierung hat sich bei angehenden Lehrkräften im Referendariat als günstige Voraussetzung für die Kompetenzentwicklung erwiesen (vgl. Fasching et al., 2010).

Konkret werden die folgenden Annahmen überprüft: Zu Beginn der Lehrerausbildung korrelieren intrinsische Berufswahlmotive von Studierenden (Interesse am Lehrerberuf, fachspezifische Motivation, soziale und gesellschaftsbezogene Motive) positiv, extrinsische Motive (Jobsicherheit, Vereinbarkeit von Familie und Beruf) sowie besonders die Entscheidung für den Lehrerberuf als Notlösung (*fallback career*) negativ mit dem getesteten Wissen. Zusammenhänge in mittlerer Höhe finden sich zwischen intrinsischen Berufswahlmotiven und der Allgemeinen Leistungsmotivation (z.B. positive Korrelation zwischen dem Faktor „intrinsischer Wert" und dem Erfolgsmotiv „Hoffnung auf Erfolg"; negative Korrelation zwischen der *fallback career* und der Misserfolgsmeidung „Furcht vor Misserfolg"); ebenfalls finden sich mittelhohe positive Korrelationen zwischen dem Erfolgsmotiv und der erfolgsorientierten Zielorientierung (Lernzielorientierung) sowie zwischen dem Misserfolgsmotiv und der Vermeidungs-Leistungszielorientierung sowie der arbeitsvermeidenden Zielorientierung. Schließlich nehmen wir an, dass das pädagogische Wissen am höchsten mit der Lernzielorientierung im Studium korreliert (vgl. Fasching et al., 2010), gefolgt von der allgemeinen Leistungsmotivation (vgl. König & Herzmann, 2011).

5.4 Methode

Die im Folgenden vorzustellenden Daten wurden im Rahmen der Studie *Entwicklung von berufsspezifischer Motivation und pädagogischem Wissen in der Lehrerausbildung* (EMW) erhoben. Ziel dieses Forschungsprojekts ist es u.a., die berufsspezifische Motivation angehender Lehrkräfte zu Beginn ihrer Ausbildung zu erfassen. Studierende unterschiedlicher Lehrämter von 32 Hochschulen aus Deutschland, Österreich und der Schweiz werden einbezogen, um institutionsübergreifende sowie systemvergleichende Aussagen zu treffen und im weiteren Verlauf der als Längsschnittstudie angelegten Untersuchung mehrebenenanalytische Modellierungen zur Wirksamkeit der Lehrerausbildung vornehmen zu können.

5.4.1 Stichprobe

Die Zielpopulation der EMW-Studie umfasst alle Studierenden, die sich zu Beginn des Wintersemesters 2011/12 an einer der einbezogenen Hochschulen bzw. Universitäten im ersten Fachsemester eines lehramtsrelevanten Studiums befanden, wobei wir uns im Folgenden auf die Teilstichprobe aus Nordrhein-Westfalen (NRW) beschränken. Von den elf Universitäten mit Lehrerbildung in NRW wurden sechs Universitäten zufällig gezogen zuzüglich zwei weiterer Universitäten als *replacements* (zum Verfahren vgl. z.B. Foy, 2006). Auf ein Replacement musste zurückgegriffen werden, da eine der ursprünglich gezogenen Universitäten einer Teilnahme nicht zustimmte. Innerhalb der so gezogenen sechs Universitäten wurden zur Verbesserung der Erreichbarkeit Gruppen angehender Lehrkräfte im ersten Fachsemester definiert (über einführende, große Lehrveranstaltungen – in der Regel Vorlesungen) und diese dann vollständig befragt.

Alle von den Universitäten angebotenen Lehramtsstudiengänge konnten erreicht werden. Als Bedingung wurde jedoch festgelegt, dass in der Stichprobe jeder einbezogene Lehramtsstudiengang einer Universität durch mindestens 30 Studierende oder aber durch mindestens 50% der Grundgesamtheit angehender Lehrkräfte dieses Ausbildungsgangs repräsentiert sein muss. Eine der sechs Universitäten erfüllte diese Bedingung für keinen der einbezogenen Ausbildungsgänge, sodass die Universität vollständig von der Stichprobe ausgeschlossen werden musste. An zwei der fünf verbleibenden Universitäten wurde ebenfalls aus diesem Grund jeweils einer der angebotenen Studiengänge ausgeschlossen. Ferner konnten gemäß dieser Bedingung an keiner der gezogenen Universitäten die Lehrämter für Berufskollegs bzw. für die beruflichen Schulen erreicht werden. Unsere Stichprobe basiert demnach auf Lehramtsstudierenden von fünf Universitäten, und *die Zielpopulation sind Studienanfänger in NRW im Lehramt, 1. Fachsemester, aller Studiengänge mit Ausnahme der Lehrämter für Berufskollegs.* Vertreten sind somit vier der von der KMK (2009) definierten Lehramtstypen (s. Tab. 1). In der EMW-Studie dienen sie als explizites, die Universitäten als implizites Stratifizierungsmerkmal.

Die so reduzierte Zielpopulation auf Individualebene betrug entsprechend der Auskünfte der fünf gezogenen Universitäten in NRW 3.256 Personen. Von diesen haben 1.517 Lehramtsstudierende an der EMW-Studie teilgenommen (Ausschöpfungsquote: 47%). Rücklaufquoten lassen sich nicht berechnen, da über das gewählte Erhebungsverfahren keine exakten Listen der Veranstaltungsteilnehmer vorlagen bzw. nicht eingesehen oder aus organisatorischen Gründen den Teilnehmern nicht individuell zugeordnet werden konnten. Die Stichprobe wurde nach Geschlecht, Ausbildungsgang, Universität und Lehramtstyp in Hinblick auf die Zielpopulation von $N = 8.938$ (d.h. die Gesamtpopulation unter Berücksichtigung aller elf Universitäten in NRW) gewichtet. Jedes Stichproben-Mitglied repräsentiert somit gewichtet im Mittel 5,9 angehende Lehrpersonen am Anfang ihrer universitären Ausbildung (s. Tab. 1).

		EMW-Stichprobe (NRW)		Geschätzte Population (gewichtete Stichprobe) (NRW)	
Lehramtstyp	Bezeichnung	n	n $_\%$	N	N $_\%$
1	Lehrämter der Grundschule bzw. Primarstufe	240	15,8	1.255	14,0
3	Lehrämter für alle oder einzelne Schularten der Sekundarstufe I	572	37,7	2.226	24,9
4	Lehrämter für die Sekundarstufe II [allgemeinbildende Fächer] oder für das Gymnasium	459	30,3	4.798	53,7
6	Sonderpädagogische Lehrämter	246	16,2	659	7,4
	Gesamt	1.517	100,0	8.938	100,0

Tab. 1: Verteilung der EMW-Stichprobe (NRW) sowie Verteilung der geschätzten Population auf die Lehramtstypen der KMK (2009)

5.4.2 Instrumente

Berufswahlrelevante Faktoren

Die Berufswahlmotivation wurde mit den zwölf Skalen (37 Items) des FIT-Choice Instruments erfasst (*Factors influencing teaching as a career choice*; vgl. Richardson & Watt, 2006; Watt & Richardson, 2007; deutsche Fassung dokumentiert in König & Rothland, 2012 sowie Watt, persönliche Kommunikation, 2011). Die Skalen weisen ein siebenstufiges Antwortformat auf und den Items ist die folgende Frage vorangestellt: „Wie wichtig waren die folgenden Aussagen bei ihrer Entscheidung, Lehrerin bzw. Lehrer zu werden?" (1 = überhaupt nicht wichtig, 7 = äußerst wichtig). Dem Vorgehen von Watt et al. (2012) sowie König & Rothland (2012) folgend wurden diese zwölf Faktoren in einer konfirmatorischen Faktorenanalyse spezifiziert und auf latenter Ebene modelliert. Der Modell-Fit ist gut (χ^2/df = 2.71; *CFI* = .94; *RMSEA* = .03; *SRMR* = .04). Für zehn der zwölf Faktoren liegt Cronbach's Alpha in einem guten bzw. akzeptablen Bereich (zwischen .73 und .90), lediglich bei den Skalen „intrinsischer Wert" (.67) und „Verlegenheitslösung" (.56) sind die Reliabilitäten geringer.

Lern-/Leistungsmotivation und Zielorientierungen
Die Allgemeine Leistungsmotivation wurde mit der *Achievement Motives Scale* (AMS; Gjesme & Nygard, 1970; dt. Übersetzung: Göttert & Kuhl, 1980) erfragt (Skala *Hoffnung auf Erfolg*, 8 Items; *Furcht vor Misserfolg*, 9 Items). Als Likert-Skalen haben sie ein vierstufiges Antwortformat (1 = trifft gar nicht zu, 4 = trifft voll zu). Die Lern-/Leistungsmotivation im Ansatz der Zielorientierungen wird mit dem SELLMO-ST erfasst, wobei mit 31 Items (5-stufiges Antwortformat) die vier Skalen *Lernziele, Annäherungs-Leistungsziele, Vermeidungs-Leistungsziele, Arbeitsvermeidung* gemessen werden (vgl. Spinath et al., 2002). Beide Instrumente wurden in einer konfirmatorischen Faktorenanalyse geprüft, wobei letztlich einzelne Items aufgrund zu geringer Ladung (< .6) ausgeschlossen werden mussten. Mit den verbleibenden Items zeigen sich jedoch für beide Instrumente noch akzeptable Modell-Fits (AMS: χ^2/df = 4.01; *CFI* = .92; *RMSEA* = .05; *SRMR* = .05; SELLMO-ST: χ^2/df = 3.87; *CFI* = .90; *RMSEA* = .05; *SRMR* = .06).

Pädagogisches Wissen
Aufbauend auf TEDS-M (vgl. König et al., 2011) und LEK (vgl. König 2012a) wird pädagogisches Wissen in der EMW-Studie als kognitive Komponente professioneller Kompetenz betrachtet (s. detailliert König, 2012a sowie König et al., 2011). Die inhaltlichen Dimensionen *Strukturierung von Unterricht, Umgang mit Heterogenität, Klassenführung, Motivierung* und *Leistungsbeurteilung* beinhalten mehrere Herausforderungen, deren Testung jeweils über mehrere komplexe Testaufgaben erfolgt. Ferner unterscheidet das TEDS-M Testinstrument auch zwischen unterschiedlichen Qualitäten jener kognitiven Anforderungen, welche bei der Bearbeitung der Testaufgaben an die angehenden Lehrkräfte gestellt werden: *Wissen abrufen/erinnern, verstehen/analysieren, Handlungsoptionen generieren/kreieren.* Mit den inhaltlichen Dimensionen und Themen sowie den kognitiven Anforderungen des Tests ergibt sich eine Matrix, für deren Zellen das Instrument in der Regel jeweils mehrere Testaufgaben enthält.
Anhand von vertiefenden Skalierungsanalysen mit LEK- und TEDS-M-Daten konnten König und Blömeke (2010) eine forschungsökonomische Kurzfassung des Tests mit 18 Aufgaben und 56 daraus resultierenden Test-Items entwickeln, welche sich für den Einsatz in der ersten Phase der Lehrerausbil-

dung eignet. Dieser Test wurde an der Stichprobe von 1.517 Probanden ska-
liert. Dabei mussten einzelne Testitems ausgeschlossen werden. In die nach-
folgende Analyse gehen 42 Items aus 13 Testaufgaben ein. Diese Aufgaben
lassen sich zu einer reliablen Skala pädagogischen Wissens im Rasch-Modell
zusammenfassen (*EAP-/WLE*-Reliabilität: .76/.74; Theta-Varianz: .67; *wei-
ghted MNSQ* zwischen 0.88 und 1.09).

5.5 Ergebnisse

5.5.1 Interkorrelationen zwischen Motivation und Wissen

Um die Interkorrelationen der unterschiedlichen motivationalen Faktoren zu
schätzen sowie dabei den Zusammenhang zum pädagogischen Wissen zu bestimmen, wurde ein Gesamtmodell mit insgesamt 18 motivationalen Variablen auf latenter Ebene sowie dem IRT-skalierten Wissens-Score auf mani-
fester Ebene spezifiziert. Das Modell zeigt einen guten Fit (χ^2/df = 2.13; *CFI*
= .91; *RMSEA* = .03; *SRMR* = .04). Die für die Beantwortung unserer hier
verfolgten Fragestellung wichtigsten Interkorrelationen sind in Tabelle 2
wiedergegeben.

Werden die korrelativen Befunde zu den motivationalen Variablen betrachtet,
so wird deutlich, dass erwartungskonform die intrinsischen Berufswahlmotive (intrinsischer Wert, eigene Lehr-Lernerfahrungen, fachspezifische Motivation und die auf einen sozialen bzw. gesellschaftlichen Beitrag ausgerichteten Faktoren) positiv mit dem Erfolgsmotiv wie auch der Lernzielorientierung korrelieren. Die Verlegenheitslösung Lehramt hängt hingegen mit der
Furcht vor Misserfolg sowie der Arbeitsvermeidung zusammen.

Motivationale Merkmale stehen ferner mit pädagogischem Wissen in einem
Zusammenhang: Eine höhere Ausprägung des intrinsischen Wertes, positive
Lehr-Lern-Erfahrungen, die fachspezifische Motivation und die gesellschaftlichen bzw. sozialen Motive korrelieren statistisch signifikant positiv mit dem
bereits vorhandenen pädagogischen Wissen der angehenden Lehrerinnen und
Lehrer. Zwar ist die jeweilige Richtung dieser überzufälligen Zusammenhänge erwartungskonform, denn mit günstigen Motiven ist auch umfangrei-
cheres Wissen verbunden, sie sind jedoch nur als klein zu bezeichnen und lediglich auf dem 5-Prozent-Niveau statistisch signifikant. Deutlichere Zusammenhänge zum Wissen, die dann auch auf dem 0.1-Prozent-Niveau statistisch signifikant sind, finden sich dagegen bei der Lern-/Leistungsmotiva-
tion im Studium. Die Lernzielorientierung korreliert positiv (nahezu bei
$r = 0.2$), die Arbeitsvermeidung negativ mit dem pädagogischen Wissen
($r = -.15$). Obwohl die Korrelationen zwischen Motivation und Wissen insgesamt niedriger ausfallen als erwartet, zeichnet sich bereits an dieser Stelle ei-

ne erste Bestätigung unserer Hypothese ab, dass nämlich Berufswahlmotive distale, lern- und leistungsmotivationale Variablen proximale Faktoren zur Erklärung kognitiver Merkmale sind und daher unterschiedlich hoch mit dem Wissen korrelieren. In einem weiteren Schritt wird dies genauer geprüft.

	Allgemeine Leistungsmotivation (AMS)		Lern-/Leistungsmotivation im Studium (SELLMO-ST)				Päd. Wissen (PUW)
	13.	14.	15.	16.	17.	18.	
Berufswahlmotive (FIT-Choice)							
1. Wahrgenommene Lehrbefähigung	.26***	-.30***	.19***	.00	-.12**	-.09*	.08
2. Intrinsische Berufswahlmotivation	.30***	-.22***	.26***	-.05	-.12*	-.22***	.14*
3. Verlegenheitslösung	-.25***	.37***	-.20*	.21***	.23***	.30***	-.06
4. Berufliche Sicherheit	-.07	.09*	-.03	.25***	.17***	.18***	-.01
5. Vereinbarkeit von Familie und Beruf	-.19**	.11*	-.09	.17***	.15**	.28***	-.05
6. Zukunft der Kinder/ Jugendlichen mitgestalten	.24***	-.10	.18**	-.03	-.07	-.11*	.10*
7. Soziale Benachteiligung aufheben	.24***	-.03	.19***	-.14**	-.09	-.14**	.10*
8. Einen sozialen Beitrag für die Gesellschaft leisten	.26***	-.12**	.25***	.03	-.05	-.11*	.10*
9. Arbeit mit Kindern und Jugendlichen	.14**	-.08	.14*	-.17**	-.13*	-.11*	.03
10. Eigene Lehr-Lernerfahrungen	.18**	-.06	.13*	.09*	.04	-.05	.12*
11. Positiver Einfluss Dritter auf die Berufswahlentscheidung	.05	.03	.00	.23***	.13**	.10*	.01
12. fachspezifische Motivation	.35***	-.22***	.38***	-.05	-.16**	-.27***	.14*
Allgemeine Leistungsmotivation (AMS)							
13. Hoffnung auf Erfolg		-.42***	.43***	-.12*	-.27***	-.37***	.11**
14. Furcht vor Misserfolg			-.23***	.20***	.45***	.31***	-.01
Lern-/Leistungsmotivation im Studium (SELLMO-ST)							
15. Lernziele				-.10	-.17**	-.36***	.18***
16. Annäherungs-Leistungsziele					.86***	.51***	-.03
17. Vermeidungs-Leistungsziele						.61***	-.06
18. Arbeitsvermeidung							-.15***

* p ≤ .05   ** p ≤ .01   *** p ≤ .001

Tab. 2: Interkorrelationen zwischen Motivation und Wissen

5.5.2 Motivationale Einflüsse auf das Wissen

Für eine genauere Analyse werden nachfolgend unterschiedliche Regressionsmodelle spezifiziert und Pfadkoeffizienten geschätzt. Dabei folgen wir der Annahme, dass grundsätzlich der Einfluss der Berufswahlmotive als distale motivationale Faktoren auf das pädagogische Wissen über die stärker proximalen Faktoren der allgemeinen Leistungsmotivation und der Lern-/Leistungsmotivation im Studium vermittelt wird. Um die entsprechenden Mediatorhypothesen auch technisch prüfen zu können, ist es jedoch von Bedeutung, eine bestimmte Variablenauswahl zu treffen. Aus diesem Grund beschränken wir uns bei den Berufswahlmotiven im Folgenden auf den „intrinsischen Wert" sowie die „Verlegenheitslösung Lehramt" als zwei Maße, die stellvertretend für die intrinsische und die extrinsische Motivklasse stehen, und bei den Zielorientierungen auf die „Lernzielorientierung" und die „Arbeitsvermeidung", da allein diese beiden Maße mit dem pädagogischen Wissen interkorreliert sind (vgl. Tab. 2).

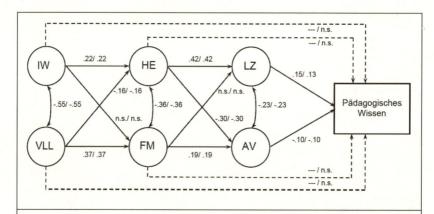

Abb. 2: Ergebnisse der pfadanalytischen Modellierung zu Motivation und Wissen (signifikante Koeffizienten (p ≤ ,05) für Modell 1 vor, für Modell 2 nach dem Schrägstrich; gestrichelte Pfade nur in Modell 2 spezifiziert; Abkürzungen: n.s. – nicht statistisch signifikant; IW – Intrinsischer Wert, VLL – Verlegenheitslösung Lehramt; HE – Hoffnung auf Erfolg; FM – Furcht vor Misserfolg; LZ – Lernziel; AV – Arbeitsvermeidung)

Zwei Modelle wurden spezifiziert, wobei die gestrichelten Pfade nur im zweiten Modell gesetzt wurden. Das erste Modell weist einen geringfügig besseren Modell-Fit auf als das zweite (Modell 1: χ^2/df = 2.38; *CFI* = .92; *RMSEA* = .03; *SRMR* = .05; Stichproben-adj. BIC = 84,051.785; Modell 2:

χ^2/df = 2.39; *CFI* = .92; *RMSEA* = .03; SRMR = .05; Stichproben-adj. BIC = 84,055.285).

Der intrinsische Wert hat demnach einen positiven Einfluss auf das Erfolgsmotiv (Hoffnung auf Erfolg), die Verlegenheitslösung Lehramt einen negativen auf das Erfolgsmotiv sowie einen positiven auf die Misserfolgsmeidung. Das Erfolgsmotiv beeinflusst die Lernzielorientierung positiv und die Arbeitsvermeidung negativ, während die Furcht vor Misserfolgen zu erhöhter Arbeitsvermeidung führt. Mit zunehmender Lernzielorientierung und abnehmender Arbeitsvermeidung schneiden Studierende im Wissenstest auch besser ab. Zentral ist das Ergebnis, dass die genannten Zusammenhänge bestehen bleiben, wenn für Modell 2 die direkten Pfade von der Berufswahlmotivation wie auch von der allgemeinen Leistungsmotivation auf das Wissen gesetzt werden, sich aber nicht als statistisch signifikant erweisen.

5.6 Zusammenfassung und Diskussion

Empirische Studien, die die Forschung zur Berufswahlmotivation von Lehramtsstudierenden mit kognitiven Elementen der sich entwickelnden professionellen Kompetenz angehender Lehrkräfte verknüpfen, stellen ein ausgewiesenes Forschungsdesiderat im Kontext der Forschung zur Lehrerbildung dar. Die vorliegende Untersuchung schließt hier an, indem die Berufswahlmotivation und die Lern- und Leistungsmotivation im Studium als nicht-kognitive und das pädagogische Wissen als kognitive Kompetenzfacette auf der Basis einer Stichprobe von Studienanfängern im Lehramt in NRW erhoben und auf Zusammenhänge untersucht wurden.

Zunächst zeigt sich in den Befunden, dass Zusammenhänge zwischen intrinsischen Berufswahlmotiven und der „Hoffnung auf Erfolg", dem Erfolgsmotiv der allgemeinen Leistungsmotivation, statistisch signifikant und praktisch bedeutsam sind (zwischen *r* = .14 „Arbeit mit Kindern und Jugendlichen" und *r* = .35 „fachspezifische Motivation"). Positive Zusammenhänge zeigen sich erwartungskonform auch zwischen dem Motiv der Verlegenheitslösung Lehramt und der Misserfolgsmeidung „Furcht vor Misserfolg" (*r* = .37, *p* < .001). Hervorzuheben sind zudem die positiven Korrelate zwischen intrinsischen berufswahlrelevanten Faktoren und der für die Kompetenzentwicklung hoch relevanten Lernzielorientierung (vgl. Fasching et al., 2010). Die angenommene Bedeutung der Berufswahlmotivation von Lehramtsstudierenden für ihre Lern- und Leistungsmotivation im Studium als eine der bedeutendsten erklärenden Variablen für die Leistung und Kompetenzentwicklung kann insgesamt bestätigt werden, und zwar positiv im Falle eines hoch ausgeprägten intrinsischen Wertes, hoch ausgeprägter positiver Lehr-Lernerfahrungen und der wahrgenommenen Lehrbefähigung wie auch negativ im Falle der Berufswahl Lehramt aus Verlegenheit oder dem Wunsch nach beruflicher Sicherheit.

Die Ergebnisse zeigen zudem, dass erwartungskonform intrinsische Berufs-wahlmotive (intrinsischer Wert, fachspezifische Motivation, soziale und ge-sellschaftsbezogene Motive) positiv, das Motiv der *fallback career* dagegen negativ mit dem pädagogischen Wissen der angehenden Lehrer zu Beginn ih-res Studiums korrelieren. Die Korrelationskoeffizienten sind jedoch entgegen unserer Erwartungen allesamt kleiner als $|r| = .20$ und nur auf dem 5-Pro-zent-Niveau statistisch signifikant. Im Falle der extrinsischen Motive (Jobsi-cherheit, Vereinbarkeit von Familie und Beruf) tendieren die Zusammen-hänge sogar gegen Null.

Insbesondere durch die pfadanalytische Modellierung findet die Hypothese zur Differenzierung motivationaler Faktoren in distale und proximale, in An-lehnung an motivationspsychologische Überlegungen von Elliot und Church (1997), eine empirische Bestätigung. Nach Eintritt in das Studium, also nach getroffener Entscheidung für die Lehrerbildung, so die grundsätzliche Ver-mutung, werden motivationale Aspekte wie die Lern-/Leistungsmotivation und die damit verbundenen Zielorientierungen in den Vordergrund treten, da sie sich in spezifischer Weise auf das Studium beziehen und damit als *proxi-male* motivationale Faktoren enger an das zu erwerbende Wissen gekoppelt sind als die Berufswahlmotive, welche – im Studienverlauf in zunehmendem Maße – den Stellenwert *distaler* motivationaler Faktoren einnehmen. Die Be-funde unterstützen des Weiteren die Bedeutung der besonders ausgeprägten Lernzielorientierung bei angehenden Lehrkräften als günstige Voraussetzung für die kognitiven Elemente ihrer Kompetenz.

Indes stellt sich die Frage, warum die Zusammenhänge zwischen den (intrin-sischen) Berufswahlmotiven, vor allem aber zwischen der Lernzielorientie-rung und dem pädagogischen Wissen bei Lehramtsstudierenden im ersten Semester erwartungswidrig gering ausfallen. Die folgende Erklärung kann hier angeführt werden: Die hoch signifikanten, aber kleinen Zusammenhänge zwischen der Lern- und Leistungsmotivation im Studium – und hier insbe-sondere der Lernzielorientierung einerseits und der Arbeitsvermeidung ande-rerseits – und dem pädagogischen Wissen können darauf zurückgeführt wer-den, dass mit der Erfassung des pädagogischen Wissens im ersten Studien-semester das Vorwissen der Lehramtsstudierenden abgebildet wurde, das dementsprechend noch nicht durch die Lern- und Leistungsmotivation *im Studium* beeinflusst wurde. Diese Deutung wird u.a. auch durch die Lösungs-häufigkeiten der im Wissenstest eingesetzten Aufgaben gestützt, die bei Stu-dienanfängern im Durchschnitt zwischen 30 und 40 Prozent liegen, dann je-doch im Verlauf und bis zum Ende der Ausbildung deutlich ansteigen (vgl. König, 2012a, 2012b). Auch mussten besonders schwierige Testaufgaben

aufgrund zu geringer Lösungshäufigkeiten von der Skalierung des Tests ausgeschlossen werden, von denen wir jedoch wissen, dass sie zur Messung des
pädagogischen Wissens angehender Lehrer in einem fortgeschrittenen Stadium der Lehrerausbildung geeignet sind. Der verwendete Test misst also
Wissensbestände, die durchaus in der Lehrerausbildung vermittelt und erworben werden, über die aber Lehramtsstudierende zu Beginn ihres ersten
Semesters noch nicht bzw. nicht mehrheitlich verfügen. Entsprechend greift
die Lern-/Leistungsmotivation hier noch nicht so stark wie es schließlich für
die weitere Kompetenzentwicklung im Studium anzunehmen ist.

Im weiteren Fortgang der Längsschnittstudie zur *Entwicklung von berufsspezifischer Motivation und pädagogischem Wissen in der Lehrerausbildung*
(EMW) gilt es daher, im Verlauf der ersten Phase der Lehrerbildung die
Entwicklung des Zusammenhangs zwischen der Lern- und Leistungsmotivation und dem auf der Basis universitärer Lernangebote erworbenen pädagogischen Wissen ausgehend von der hier erfassten motivationalen und wissensbezogenen Ausgangslage zu überprüfen.

Literatur

Baumert, J. & Kunter, M. (2011). Das Kompetenzmodell von COACTIV. In M. Kunter, J. Baumert, W. Blum, U. Klusmann, St. Krauss & M. Neubrand (Hrsg.), *Professionelle Kompetenz
von Lehrkräften. Ergebnisse des Forschungsprogramms COACTIV* (S. 29-53). Münster u.a.:
Waxmann.

Blömeke, S., Buchholtz, C. & Hacke, S. (2010). Demographischer, schulischer und motivationaler Hintergrund angehender Primarstufenlehrkräfte im internationalen Vergleich. In
S. Blömeke, G. Kaiser & R. Lehmann (Hrsg.), *TEDS-M 2008 – Professionelle Kompetenz
und Lerngelegenheiten angehender Primarstufenlehrkräfte im internationalen Vergleich*
(S. 137-168). Münster: Waxmann.

Blömeke, S., Kaiser, G. & Lehmann, R. (Hrsg.) (2010a). *TEDS-M 2008 – Professionelle Kompetenz und Lerngelegenheiten angehender Primarstufenlehrkräfte im internationalen Vergleich*. Münster: Waxmann.

Blömeke, S., Kaiser, G. & Lehmann, R. (Hrsg.) (2010b). *TEDS-M 2008 – Professionelle Kompetenz und Lerngelegenheiten angehender Mathematiklehrkräfte für die Sekundarstufe I im
internationalen Vergleich*. Münster: Waxmann.

Brunner, M., Kunter, M., Krauss, S., Klusmann, U., Baumert, J., Blum, W., Neubrand, M., Dub-
berke, T., Jordan, A., Löwen, K. & Tsai, Y.-M. (2006). Die professionelle Kompetenz von
Mathematiklehrkräften: Konzeptualisierung, Erfassung und Bedeutung für den Unterricht.
Eine Zwischenbilanz des COACTIV-Projekts. In M. Prenzel & L. Allolio-Näcke (Hrsg.), *Untersuchungen zur Bildungsqualität von Schule* (S. 54-82). Münster u.a.: Waxmann.

Elliot, A. J. (1997). Integrating the „classic" and „contemporary" approaches to achievement
motivation: A hierarchical model of achievement motivation. In M. Maehr & O. Pintrich
(Eds.), *Advances in motivation and achievement* (Bd. 10, pp. 243-279). Greenwich, CT: JAI
Press.

Elliot, A. J. (2005). A conceptual history of the achievement goal construct. In A. J. Elliot & C. S. Dweck (Eds.), *Handbook of competence and motivation* (pp. 52-72). New York: Guilford.

Elliot, A. J. & Church, M. (1997). A hierarchical model of approach and avoidance achievement motivation. *Journal of Personality and Social Psychology, 72*, pp. 218-232.

Fasching, M., Dresel, M., Dickhäuser, O. & Nitsche, S. (2010). Goal orientations of teacher trainees: Longitudinal analysis of magnitude, change and relevance. *Journal of Educational Research Online, 2*, pp. 9-33.

Gjesme, T. & Nygard, R. (1970). *Achievement-related motives: Theoretical considerations and construction of a measuring instrument.* Unpublished report. University of Oslo.

Göttert, R. & Kuhl, J. (1980). *LM-Fragebogen: Deutsche Übersetzung der AMS-Skala von Gjesme und Nygard.* Unveröffentlichtes Manuskript. Ruhr-Universität Bochum.

Harackiewicz, J. M., Barron, K. E., Tauer, J. M. & Elliot, A. J. (2002). Predicting success in college: A longitudinal study of achievement goals and ability measures as predictors of interest and performance from freshman year through graduation. *Journal of Educational Psychology, 94*, pp. 562-575.

König, J. (2010). Lehrerprofessionalität – Konzepte und Ergebnisse der internationalen und deutschen Forschung am Beispiel fachübergreifender, pädagogischer Kompetenzen. In J. König & B. Hoffmann (Hrsg.), *Professionalität von Lehrkräften – Was sollen Lehrkräfte im Lese- und Schreibunterricht wissen und können?* (S. 40-106). Berlin: Deutsche Gesellschaft für Lesen und Schreiben.

König, J. (2012a). Die Entwicklung von pädagogischem Unterrichtswissen: Theoretischer Rahmen, Testinstrument, Skalierung und Ergebnisse. In J. König & A. Seifert (Hrsg.), *Lehramtsstudierende erwerben pädagogisches Professionswissen. Ergebnisse der Längsschnittstudie LEK zur Wirksamkeit der erziehungswissenschaftlichen Lehrerausbildung* (S. 143-182). Münster: Waxmann.

König, J. (2012b). Pädagogisches Professionswissen von angehenden Grundschullehrkräften – Ergebnisse aus TEDS-M und der Ergänzungsstudie LEK. In F. Hellmich (Hrsg.), *Bedingungen des Lehrens und Lernens in der Grundschule. Jahrbuch Grundschulforschung, 16*, (S. 141-144). Wiesbaden: VS.

König, J. & Blömeke, S. (2010). *Pädagogisches Unterrichtswissen. Dokumentation der Kurzfassung des TEDS-M-Testinstruments zur Kompetenzmessung in der ersten Phase der Lehrerausbildung.* Berlin: Humboldt-Universität.

König, J., Blömeke, S., Paine, L., Schmidt, B. & Hsieh, F.-J. (2011). General Pedagogical Knowledge of Future Middle School Teachers. On the Complex Ecology of Teacher Education in the United States, Germany, and Taiwan. *Journal of Teacher Education, 62*(2), pp. 188-201.

König, J. & Herzmann, P. (2011). Lernvoraussetzungen angehender Lehrkräfte am Anfang ihrer Ausbildung. Erste Ergebnisse aus der wissenschaftlichen Begleitung des Kölner Modellkollegs Bildungswissenschaften. *Lehrerbildung auf dem Prüfstand, 4*, S. 186-210.

König, J. & Rothland, M. (2012). Motivations for Choosing Teaching as a Career: Effects on General Pedagogical Knowledge during Initial Teacher Education. *Asia-Pacific Journal of Teacher Education, 40*, pp. 289-315.

Krapp, A. & Hascher, T. (2009). Motivationale Voraussetzungen der Entwicklung der Professionalität von Lehrenden. In O. Zlatkin-Troitschanskaia, K. Beck, D. Sembill, R. Nickolaus & R. Mulder (Hrsg.), *Lehrprofessionalität – Bedingungen, Genese, Wirkungen und ihre Messung* (S. 377-388). Weinheim, Basel: Beltz.

Richardson, P. W. & Watt, H. M. G. (2006). Who choose teaching and why? Profiling characteristics and motivations across three Australian universities. *Asia-Pacific Journal of Teacher Education, 34*, pp. 27-56.

Robbins, S., Lauver, K., Le, H., Davis, D., Langley, R. & Carlstrom, A. (2004). Do Psychosocial and Study Skill Factors Predict College Outcomes? A Meta-Analysis. *Psychological Bulletin, 130*, pp. 261-288.

Rothland, M. (2011). Warum entscheiden sich Studierende für den Lehrerberuf? Interessen, Orientierungen und Berufswahlmotive angehender Lehrkräften im Spiegel der empirischen Forschung. In E. Terhart, H. Bennewitz & M. Rothland (Hrsg.), *Handbuch der Forschung zum Lehrerberuf* (S. 268-310). Münster: Waxmann.

Schaper, N. (2009). Aufgabenfelder und Perspektiven bei der Kompetenzmodellierung und -messung in der Lehrerbildung. *Lehrerbildung auf dem Prüfstand, 2*, S. 166-199.

Schiefele, U. (2009). Motivation. In E. Wild & J. Möller (Hrsg.), *Pädagogische Psychologie* (S. 151-177). Heidelberg: Springer.

Schiefele, U. & Schreyer, I. (1994). Intrinsische Motivation und Lernen. Ein Überblick zu Ergebnissen der Forschung. *Zeitschrift für Pädagogische Psychologie, 8*, S. 1-13.

Shulman, L.S. (1987). Knowledge and teaching: Foundations of the new reform. *Harvard Educational Review, 57*, pp. 1-22.

Sinclair, C. (2008). Initial and changing student teacher motivation and commitment to teaching. *Asia-Pacific Journal of Teacher Education, 36*, pp. 79-104.

Spinath, B. (2009). Zielorientierungen. In V. Brandstätter & J. H. Otto (Hrsg.), *Handbuch der Allgemeinen Psychologie – Motivation und Emotion* (S. 64-71). Göttingen u.a.: Hogrefe.

Spinath, B., Stiensmeier-Pelster, J., Schöne, C. & Dickhäuser, O. (2002). *Skalen zur Erfassung der Lern- und Leistungsmotivation (SELLMO)*. Göttingen: Hogrefe.

Urhahne, D. (2008). Sieben Arten der Lernmotivation. Ein Überblick über zentrale Forschungskonzepte. *Psychologische Rundschau, 59*(3), S. 150-166.

Watt, H. M. G. & Richardson, P. W. (2007). Motivational factors influencing teaching as a career choice: Development and validation of the FIT- Choice Scale. *Journal of Experimental Education, 75*, pp. 167-202.

Weinert, F.E. (2001). Vergleichende Leistungsmessung in Schulen – eine umstrittene Selbstverständlichkeit. In Ders. (Hrsg.), *Leistungsmessungen in Schulen* (S. 17-31). Weinheim/Basel: Beltz.

Zlatkin-Troitschanskaia, O. & Preuße, D. (2011). Der Lehrer – Methodologisch fokussierte Analyse zentraler Forschungstrends (1990-2009). In R. S. Jäger, P. Nenninger, H. Petillon, H. Schwarz & B. Wolf (Hrsg.), *Empirische Pädagogik 1990-2010, 2*, (S. 260-273). Landau: Verlag Empirische Pädagogik.

Christin Laschke, Sigrid Blömeke

6 Zum kulturspezifischen Verständnis affektiver Einflussfaktoren im Bildungsbereich – Mathematiklehrerausbildung in Deutschland und Taiwan

6.1 Einleitung

Ein wesentlicher kulturübergreifender Einflussfaktor für Schülerleistungen ist die Unterrichtsqualität (vgl. Hattie, 2009; Kunter et al., 2011). Diese ist angewiesen auf fachlich und pädagogisch kompetente Lehrkräfte. Während in den letzten beiden Jahrzehnten eine Vielzahl internationaler Schülerleistungsvergleiche durchgeführt wurde (vgl. Mullis, Martin & Foy, 2008; Klieme et al., 2010), war die Forschungslage zu den Kompetenzen von Lehrkräften und deren Einflussfaktoren insbesondere in vergleichender Perspektive lange Zeit unbefriedigend.

Dieser Einsicht folgte die internationale Vergleichsstudie „Teacher Education and Development Study: Learning to Teach Mathematics (TEDS-M)", indem neben dem professionellen Wissen (vgl. Weinert, 1999) von angehenden Mathematiklehrkräften am Ende ihrer Ausbildung institutionelle Studienbedingungen und individuelle Merkmale der Studierenden erfasst wurden (vgl. Tatto et al., 2012).

Äquivalent zu den Befunden internationaler Vergleichsstudien zu Schülerleistungen hat sich in TEDS-M gezeigt, dass sich die beteiligten ostasiatischen Länder an der Leistungsspitze befinden. Insbesondere die angehenden Lehrkräfte in Taiwan haben mit Abstand das umfangreichste fachspezifische Wissen, während sich Deutschland im Mittelfeld verorten lässt (vgl. Blömeke, Kaiser & Lehmann, 2010; Hsieh et al., 2010).

Diese Befunde werfen die Frage nach den Bedingungsfaktoren des Wissensstandes am Ende der Ausbildung auf. Bisher wurden auf Basis von TEDS-M dazu länderübergreifende Analysen durchgeführt (vgl. Blömeke, Kaiser & Döhrmann, 2011; Blömeke et al., 2012). Um die Unterschiede im fachspezifischen Wissen zu erklären, wurden sowohl individuelle Merkmale als auch institutionelle Rahmenbedingungen in die Analysen einbezogen, wobei in Anlehnung an die Befunde aus der Schülerleistungsforschung insbesondere der

Einfluss sozio-demographischer, kognitiver und affektiver Merkmale der angehenden Lehrkräfte auf deren Wissensstand am Ende ihres Studiums untersucht wurde.

Der Wissensumfang angehender Primarlehrkräfte ist danach neben der mathematischen Vorbildung, dem Geschlecht und dem Bildungsniveau der Eltern abhängig von motivationalen Aspekten. Eine intrinsisch-fachbezogene Motivation wirkt sich unter sonst gleichen Umständen signifikant positiv auf das fachbezogene Wissensniveau am Ende der Ausbildung aus, während sich eine Berufswahl aus pädagogischen oder extrinsischen Motiven heraus signifikant negativ auswirkt (vgl. König & Rothland in diesem Band). Für Sekundarlehrkräfte erweist sich neben dem Vorwissen ebenfalls ein intrinsisch-fachliches Interesse als positiver Einflussfaktor für das Mathematikwissen.

Mit diesen Analysen zeigen Blömeke et al. (2011, 2012), dass, neben sozio-demographischen und kognitiven Merkmalen, motivationale Aspekte einen wichtigen Einfluss auf den Wissensstand von angehenden Lehrkräften am Ende ihres Studiums haben. Allerdings betonen Blömeke et al. einschränkend, dass ihre Ergebnisse auf Analysen über alle Teilnahmestaaten hinweg beruhen. Mithin kann keine Aussage über Zusammenhänge *innerhalb* einzelner Länder getroffen werden. Es sei aber anzunehmen, dass die Bedeutung spezifischer Einflussfaktoren in unterschiedlichen Ländern und insbesondere zwischen kulturellen Kontexten variiere.

Mit Fokus auf angehende Sekundarlehrkräfte in Taiwan, welche die Leistungsspitze im TEDS-M-Ländervergleich bildeten, sowie denen in Deutschland, die ein mittleres Wissensniveau erreichten, soll daher im vorliegenden Beitrag untersucht werden, inwieweit der Wissensstand von angehenden Mathematiklehrkräften mit affektiven Aspekten, speziell intrinsischen und extrinsischen Berufswahlmotiven, assoziiert ist.

Bevor jedoch dahingehende Analysen mit Blick auf zwei so unterschiedliche Kulturen wie Deutschland und Taiwan durchgeführt werden, bedarf es der Kontextualisierung der zu untersuchenden Indikatoren. Dieser Vorgehensweise liegt die Annahme zu Grunde, dass kulturelle Spezifika die Rolle und das Selbstverständnis von Individuen innerhalb einer Gesellschaft prägen und dieses wiederum Auswirkungen auf die Motive hat, die dem individuellen Handeln zu Grunde liegen (vgl. Markus & Kitayama, 1991). Folglich kann die Rolle motivationaler Aspekte innerhalb einer Gesellschaft nicht losgelöst vom kulturellen Zusammenhang untersucht werden.

Daher werden im folgenden Abschnitt wesentliche Charakteristika westlicher und ostasiatischer Kulturen herausgearbeitet, die für das Verständnis motivationaler Einflussfaktoren innerhalb Deutschlands und Taiwan im Allgemeinen sowie im Rahmen der Mathematiklehrerausbildung im Besonderen wesentlich sind.

6.2 Zum kulturellen Kontext Deutschlands und Taiwans

Mit Deutschland und Taiwan werden zwei Länder mit sehr unterschiedlichen kulturellen Traditionen fokussiert, deren wesentliche Charakteristika im Folgenden vereinfachend als Pole dargestellt werden. Diese Dichotomisierung dient als Hilfsmittel, um die unterschiedlichen Lern- und Lebenswelten pointiert herauszustellen. Im Interesse einer Blickschärfung vernachlässigt sie also bewusst Überschneidungen. So finden sich zum Beispiel in Taiwan – wie auch in anderen ostasiatischen Staaten – in vielen gesellschaftlichen Bereichen westliche Einflüsse.

Taiwan als Prototyp einer konfuzianisch geprägten Gesellschaft
Die konfuzianische Prägung ist nach wie vor ein wichtiges Charakteristikum, um die ostasiatische Lebenswelt zu verstehen (vgl. Leung, Graf & Lopez-Real, 2006). Die tiefe Verwurzelung der Lehren des Konfuzius ist für die vorliegende Fragestellung insofern relevant, als sich diese sowohl im Stellenwert von Bildung und dem Verständnis vom Lernen als auch in der Rolle des Individuums innerhalb der Gesellschaft niederschlägt (vgl. Salili, 1995). Diese Aspekte wiederum münden in einem spezifischen Verständnis davon, wie motivationale Faktoren zu begreifen sind und wie diese ihre Wirkung entfalten.

In einer konfuzianischen Gesellschaft definiert sich der persönliche Erfolg des Individuums wesentlich über seinen Beitrag zur Gesellschaft (vgl. Triandis, 1995). Dabei kommt der Bildung ein besonders hoher Stellenwert zu. Dies resultiert in hohen Erwartungen der Eltern an ihre Kinder, möglichst Zugang zu höherer Bildung zu bekommen. Dabei sind zwei Ausprägungen zu unterscheiden: „Bildung" wird auf der einen Seite als Schlüssel zur Erlangung von Weisheit und moralischer Perfektion verstanden. Dieses Ziel stellt eine wichtige *intrinsische* Lernmotivation dar (vgl. Lee, 1996). „Bildung" fungiert auf der anderen Seite als Schlüssel für den Zugang zu höheren Abschlüssen. Diese wiederum sind nur durch die erfolgreiche Bewältigung standardisierter Tests zu erreichen, denen in Taiwan während der gesamten Lernbiographie eine wesentliche Bedeutung zukommt. Der gesellschaftliche und elterliche Druck stellen in dieser Hinsicht eine wichtige *extrinsische* Lernmotivation dar (vgl. Leung, 2001; Vollstedt, 2011).

Das ausgeprägte Bildungsstreben und der hohe Stellenwert von Bildung in Taiwan führen dazu, dass Bildung zu einem sozialen Prozess wird, in dem Lehrkräfte eine Schlüsselposition einnehmen (vgl. Leung, 2001; Vollstedt, 2011). Der Lehrer gilt als Experte seines Faches und genießt ein hohes Ansehen. Das prestigereiche Lehramt stellt daher ein anstrebenswertes Berufsbild dar (vgl. Blömeke, 2006; Leung, 2001; Vollstedt, 2011). Der Staat setzt weitere Anreize, indem nicht nur die monatliche Bezahlung hoch ist, sondern auch umfangreiche Sozialleistungen wie Sonderzahlungen zu besonderen Anlässen oder hohe Pensionsansprüche gewährt werden. Vor diesem Hintergrund können in Taiwan die leistungsstärksten Schülerinnen und Schüler für den Lehrerberuf rekrutiert werden, die wiederum während des Studiums strengen Selektionsprozessen ausgesetzt sind (vgl. Carnoy et al., 2009; Fwu & Wang, 2002).

Es ist anzunehmen, dass sich aus diesem hohen Status und der Attraktivität des Lehrerberufs ein wichtiges extrinsisches Berufswahlmotiv für angehende Mathematiklehrkräfte in Taiwan ergibt. Die daraufhin möglichen strengen Selektionsprozesse vor und während des Studiums führen wiederum dazu, dass sich die Population der angehenden Lehrkräfte durch exzellente Leistungen auszeichnen kann.

Deutschland als Prototyp einer westlichen Gesellschaft

Im Kontext westlicher Gesellschaften stehen Selbstverwirklichung und persönliche Entfaltung stärker im Mittelpunkt, als dies in konfuzianisch geprägten Ländern der Fall ist (vgl. Hofstede, 1986). Eine *intrinsische* Lernmotivation, die als Interesse am Lerngegenstand definiert wird, gilt als förderlich und wünschenswert für den Wissenserwerb. Eine *extrinsische* Motivation wird dagegen mit pragmatischen Beweggründen assoziiert, die als weniger wünschenswert und weniger förderlich bewertet werden (vgl. Leung, 2001; Vollstedt, 2011).

Im deutschen Kontext kommt Lehrkräften zudem ein gesellschaftlich weniger hohes Ansehen zu. Der Lehrerberuf ist weniger attraktiv und erstrebenswert (vgl. Blömeke, 2006). Auch wenn die monatliche Bezahlung und die Sozialleistungen im Vergleich zu anderen westlichen Ländern eher hoch ausfallen, entsprechen sie nicht den Anreizen, die in Taiwan gesetzt werden. Zudem bieten sich gerade mathematisch versierten Abiturientinnen und Abiturienten in der Privatwirtschaft finanziell bessere Berufsperspektiven.

Diese Ausgangssituation führt dazu, dass sich – anders als in Taiwan – die Rekrutierung von Lehrkräften nicht auf die besten Abiturientinnen und Abiturienten beschränken kann. In bestimmten Fächern und bestimmten Regionen sind die Zugangshürden zu einem Mathematiklehramtsstudium aufgrund des Mangels an Studienbewerbern sogar gering (vgl. KMK, 2003; KMK, 2012).

Vor diesem Hintergrund ist anzunehmen, dass in Deutschland extrinsische Motive, wie die berufliche Sicherheit und die Bezahlung, im Vergleich zu Taiwan eine untergeordnete Rolle spielen und sich die Entscheidung für das Lehramt im Fach Mathematik in Deutschland in erster Linie aus *intrinsisch-fachlichen* Motiven speist.

Zusammenfassung und Ableitung von Hypothesen

Das Verständnis davon, inwieweit motivationale Faktoren zuträglich sind für den Lernerfolg, variiert also zwischen den kulturellen Kontexten. Zusammenfassend kann festgehalten werden, dass Deutschland als Beispiel für eine westliche Gesellschaft durch eine individualistische Orientierung geprägt ist, in der die persönliche Entfaltung und Selbstverwirklichung des Individuums im Mittelpunkt stehen. Bildung wird als wichtige Voraussetzung zur Realisierung dessen verstanden. In Taiwan, als Beispiel für eine ostasiatische Kultur mit kollektivistischer Orientierung, stehen das Wohlergehen der Gesellschaft und der eigene Beitrag dazu im Mittelpunkt.

Diese Unterschiede schlagen sich im Verständnis vom individuellen Lernen nieder. Während nach westlichem Verständnis eine intrinsisch-fachbezogene Motivation dominiert und den Wissenserwerb befördert, wird im Kontext ostasiatischer Kulturen die Erlangung von Weisheit, als wichtiger intrinsischer Aspekt, sowie *zudem* der gesellschaftliche und elterliche Druck als wesentlicher extrinsischer Antrieb verstanden.

Bevor diese Hypothesen in Bezug auf angehende deutsche und taiwanesische Mathematiklehrkräfte untersucht werden, muss zunächst geprüft werden, inwieweit die referierten Aspekte anhand der im Rahmen von TEDS-M erfassten Daten abgebildet werden können.

6.3 Stichprobe

Die Datengrundlage für diesen Beitrag bilden die TEDS-M-Stichproben für Deutschland und Taiwan, die jeweils angehende Mathematiklehrkräfte für die Sekundarstufe I im letzten Jahr ihrer Ausbildung fokussieren. Nach Absolvierung ihrer Ein-Fach-Ausbildung sind die angehenden Mathematiklehrkräfte in Taiwan berechtigt für das Unterrichten in den Klassenstufen 7 bis 9 (vgl. Hsieh et al., 2010). Die deutschen Absolventinnen und Absolventen studieren neben Mathematik ein zweites Fach und erhalten eine Lehrberechtigung für die Jahrgangsstufen 1 bis 9/10, 5/7 bis 9/10 oder 5/7 bis 12/13 (vgl. Blömeke et al., 2010).

Den TEDS-M-Stichproben, deren Ziehung dem IEA Data Processing Center (DPC) in Hamburg oblag, liegt ein mehrstufiges stratifiziertes Samplingdesign zu Grunde, wobei als explizites Stratum in Deutschland die verschiedenen Ausbildungsgänge verwendet wurden und als implizites Stratum die Bundesländer. Die deutsche Stichprobe besteht aus 771 angehenden Mathematiklehrkräften aus 13 Bundesländern (vgl. Blömeke et al., 2010).

Die Daten für Taiwan basieren auf einem Zensus, wobei Institutionen mit weniger als fünf angehenden Lehrkräften ausgeschlossen wurden, wodurch sich eine Ausschlussquote von 5% ergibt. Für Taiwan liegen Daten zu 365 angehenden Mathematiklehrkräften in 19 Institutionen vor (vgl. Hsieh et al., 2010). Die Testung der angehenden Lehrkräfte erfolgte sowohl in Deutschland als auch in Taiwan innerhalb von Seminargruppen.

6.4 Instrumente

Die Analysen zielen darauf ab, durch motivationale Faktoren Varianz im mathematischen Wissen zu erklären, das am Ende der Lehrerausbildung vorliegt. Das mathematische Wissen wurde im Rahmen von TEDS-M mit Hilfe von 74 Items erfasst, wobei mit Arithmetik, Algebra, Geometrie und Stochastik vier Subdimensionen getestet wurden. Die Testdaten wurden raschskaliert und auf einen Mittelwert von 500 mit einer Standardabweichung von 100 Testpunkten transformiert.

Im Rahmen von TEDS-M wurden die angehenden Lehrkräfte länderübergreifend anhand von neun Items zu ihren Berufswahlmotiven befragt. Die Einzelitems wurden anhand von vierstufigen Likert-Skalen erfasst, wobei bestimmten Aspekten zugestimmt werden sollte (1 = „überhaupt nicht" bis 4 = „vollkommen"). Die Items wurden für die vorliegende Untersuchung einer Faktorenanalyse unterzogen, jeweils basierend auf den Daten für Deutschland und Taiwan, um hinter den Daten stehende länderspezifische Konstrukte zu identifizieren.

Für die deutsche Stichprobe können drei Dimensionen unterschieden werden. Dabei handelt es sich um intrinsisch-fachliche Motive, die mit schulischen Erfahrungen korrespondieren, um pädagogisch-altruistische Motive sowie extrinsische Motive. Die Intrinsik-Skala speist sich aus drei Items, eines davon lautete „Ich liebe Mathematik". Die Skala zur Erfassung pädagogisch-altruistischer Motive basiert auf drei Items, z. B. „Ich mag es, mit jungen Menschen zusammenzuarbeiten". Weitere drei Items mündeten in die Extrinsik-Skala, wobei eines „Als Lehrer(in) hat man einen sicheren Job" lautete.

Basierend auf den Daten Taiwans ließen sich zwei Faktoren isolieren, wobei zwischen intrinsisch-pädagogischen Motiven und extrinsischen Motiven unterschieden werden kann. Intrinsisch-pädagogische Motive beinhalten einerseits „Ich liebe Mathematik" und andererseits „Ich möchte Einfluss auf die nächste Generation ausüben" sowie vier weitere Einzelitems. Extrinsische Motive basieren auf drei Items, z. B. „Das Gehalt einer Lehrkraft ist für mich attraktiv."

Während sich die resultierenden Skalen in Deutschland für den pädagogischen Aspekt mit $\alpha = 0,59$ und den extrinsischen Aspekt mit $\alpha = 0,52$ als

knapp sowie im Fall des intrinsischen Aspekts mit α = 0,41als nicht hinreichend reliabel erweisen, liegen die Reliabilitätswerte in Taiwan mit Werten
von α = 0,61 für die Extrinsik-Skala im hinreichenden und α = 0,75 für die
Skala zur Abbildung intrinsisch-pädagogischer Aspekte im zufrieden stellen-
den Bereich.
Dementsprechend eignen sich die gewonnenen Skalen im Falle von Taiwan
für weitere Analysen. Die Skalen für Deutschland weisen insbesondere im
Hinblick auf den Aspekt der intrinsischen Motivation eine sehr geringe Reliabilität auf, begründet durch die geringe Anzahl an Items, die diesem Konstrukt unterliegen. Dies kann dazu führen, dass in den folgenden Analysen relevante Zusammenhänge, aufgrund der Messfehler der Skalen, nicht identifiziert werden bzw. vorhandene Zusammenhänge unterschätzt werden. Dies
gilt es, bei der Ergebnisinterpretation zu berücksichtigen, insbesondere, sofern sich keine signifikanten Zusammenhänge zeigen.

6.5 Datenanalyse

Die Analyse wurde mit Blick auf die angehenden Sekundarstufen-I-Lehrkräfte in Deutschland und Taiwan durchgeführt. Seminargruppen mit weniger
als sechs Lehramtsstudierenden im Fach Mathematik wurden aus der Analyse
ausgeschlossen, um robuste Schätzwerte zu erhalten. Damit ergibt sich eine
Datenbasis für die angehenden Lehrkräfte in Deutschland von 695 Lehramtsstudierenden, die sich auf 68 Seminargruppen in 13 Bundesländern verteilen.
Für Taiwan werden Daten von 361 angehenden Lehrkräften in 18 Seminargruppen in die Analyse einbezogen. Aufgrund unterschiedlicher Auswahl-
wahrscheinlichkeiten und Rücklaufquoten wurden die Daten jeweils mit einem Individual- und Institutionenparameter gewichtet, entsprechend der Al-
gorithmen in Blömeke et al. (2010).
Die Ergebnisse wurden mit Hilfe von Hierarchischen Linearen Modellen gewonnen, um der geschachtelten Datenstruktur Rechnung zu tragen und Re-
gressionsparameter mit korrekt geschätzten Standardfehlern zu erhalten. Dabei wurden die Indikatoren zur Identifikation von Individualeffekten unabhängig von Unterschieden zwischen Seminargruppen um den Seminargrup-
penmittelwert zentriert.
Um den Einfluss motivationaler Aspekte auf den Wissensumfang am Ende
der Ausbildung unabhängig von sozio-demographischen und kognitiven Hin-
tergrundmerkmalen der Studierenden sowie unabhängig von deren finanzieller oder familiärer Belastung während des Studiums zu erfassen, wurden folgende Variablen kontrolliert: das Geschlecht, das Bildungsniveau der Eltern,
die Herkunftssprache sowie das generische und fachbezogene Vorwissen, mit

dem sie in die Lehrerausbildung eintraten, und Hinderungsgründe familiärer und finanzieller Natur.

6.6 Ergebnisse

Im Hinblick auf die deutschen Lehrkräfte steht die intrinsisch-fachliche und auf Lernerfahrungen beruhende Berufsmotivation in einem signifikant positiven Zusammenhang mit dem Umfang an mathematischem Wissen am Ende der Lehrerausbildung. Dies entspricht den Erwartungen, die sich durch die theoretischen Ausführungen begründeten. Die angehenden Lehrkräfte mit einer um eine Standardabweichung höheren intrinsisch-fachlichen Motivation schneiden vergleichsweise um 6,5 Testpunkte besser ab (bei einem Standardfehler von 3,1 unter einem Signifikanzniveau von $p<.05$). Wobei in Rechnung gestellt werden muss, dass der Effekt, aufgrund der geringen Reliabilität des verwendeten Indikators zur Abbildung intrinsisch-fachbezogener Motive, möglicherweise unterschätzt wird.

Pädagogische Berufswahlmotive sind negativ mit dem Fachwissen assoziiert. Studierende mit einer um eine Standardabweichung höheren pädagogischen Motivation erreichen vergleichsweise knapp 13 Testpunkte weniger (bei einem Standardfehler von 3,3). Die Skala zur Abbildung des mathematischen Wissens wurde auf einen Mittelwert von 500 mit einer Standardabweichung von 100 transformiert. Das Einflussgewicht, das den pädagogischen Motiven zuzuweisen ist, entspricht also rund einer Zehntel Standardabweichung. Dieser Effekt ist mit einer Irrtumswahrscheinlichkeit von weniger als 0,01% hoch signifikant.

Diese deutschen Befunde sind konsistent mit den länderübergreifenden Ergebnissen von Blömeke et al. (2011) in Bezug auf die zukünftigen Primarlehrkräfte. Zudem replizieren sie für die angehenden Sekundarstufen-I-Lehrkräfte das länderübergreifende Ergebnis, dass im internationalen Mittel intrinsisch-fachbezogene Motive positive Einflussmerkmale darstellen.

Extrinsische Motive für die Aufnahme eines Lehramtsstudiums sind für die Varianz im mathematischen Wissen zwischen den angehenden Lehrkräften in Deutschland nicht relevant. Auch dieser Befund repliziert die Ergebnisse für die Sekundarstufen-I-Lehrkräfte über alle Länder hinweg.

Für das Wissensniveau der Studierenden in Taiwan erweist sich trotz hinreichender Reliabilität der verwendeten Skalen keiner der motivationalen Aspekte als relevant.

6.7 Zusammenfassung und Schlussfolgerung

Konsistent zu den Befunden internationaler Schülerleistungsvergleiche hat TEDS-M gezeigt, dass der Wissensstand angehender Mathematiklehrkräfte zwischen den Teilnahmestaaten variiert, wobei Deutschland sich im Mittelfeld verorten lässt, während sich Taiwan an der Leistungsspitze befindet. Es stellt sich die Frage, welche Mechanismen diesen Leistungsunterschieden zu Grunde liegen. Länderübergreifend wurde von Blömeke et al. (2011, 2012) gezeigt, das affektive Aspekte eine Rolle spielen. Ob dies im Falle von Deutschland und Taiwan zutrifft, wurde im Rahmen der vorliegenden Analyse überprüft.

Kulturspezifische Unterschiede zwischen westlichen und ostasiatischen Gesellschaften gehen mit unterschiedlichen Rollen des Individuums innerhalb der Gesellschaften und unterschiedlichen Stellenwerten von Bildung einher. Auch das Verständnis, das sich hinter den Begrifflichkeiten intrinsischer und extrinsischer Motivation verbirgt, wie diese ihre Wirkung entfalten, ist in den beiden Kontexten unterschiedlich. Wir haben daraus bereits die Schlussfolgerung gezogen, anders als in TEDS-M länderspezifische Operationalisierungen vorzunehmen, indem – basierend auf demselben Set an Einzelitems – unterschiedliche Faktoren generiert werden.

Entsprechend unserer Ergebnisse stehen die verwendeten Indikatoren nicht im Zusammenhang mit dem Wissenstand der angehenden Mathematiklehrkräfte in Taiwan. Weitere Recherchen und unsere Kooperation mit dem TEDS-M-Team aus Taiwan zeigten, dass die länderübergreifend eingesetzten Items zur Erfassung der Berufsmotivation die Situation in Taiwan möglicherweise nicht hinreichend abbilden. Dies betrifft beispielsweise den elterlichen Druck, der einen wichtigen extrinsischen motivationalen Aspekt darstellen dürfte und das Streben nach Weisheit und moralischer Perfektion, eine wichtige intrinsische Antriebskraft. Beide sind als Items nicht im TEDS-M-Instrumentarium enthalten. Mit diesem konnten lediglich extrinsische Beweggründe, die auf pragmatischen Motiven beruhen, wie die Sicherheit, die mit dem Lehrerberuf verbunden wird, und das zu erwartende Gehalt, berücksichtigt werden. In Folgestudien werden wir daher Indikatoren einsetzen, die den kulturellen Rahmenbedingungen in Taiwan besser gerecht werden.

Für die angehenden Lehrkräfte in Deutschland hat sich gezeigt, dass pädagogische Motive in negativem Zusammenhang mit dem mathematischen Wissenstand am Ende der Ausbildung stehen. Dieses Ergebnis ist konsistent zu den länderübergreifenden Befunden hinsichtlich der Primarlehrkräfte (vgl. Blömeke et al., 2012). Wie sich diese negative Beziehung zwischen pädagogischen Motiven und dem Wissensstand begründet, bedarf weiterer Analysen. Erste dahingehende Untersuchungen zeigen, dass dieses Ergebnis nicht damit begründet werden kann, dass pädagogisch motivierte Studierende ein geringeres Interesse am Fach zeigen. Vielmehr haben Zusammenhangsanalysen gezeigt, dass pädagogische Motive signifikant positiv mit fachlichem Interesse korrelieren. Um die Effekte, die den motivationalen Aspekten zuzuweisen sind, zu isolieren, wurden sozio-demographische und kognitive Merkmale der Studierenden sowie deren finanzielle und familiäre Belastung während des Studiums kontrolliert. Insofern kann auch nicht angenommen werden, dass es sich hier um einen versteckten Gendereffekt handelt, der mit Unterschieden im Mathematikwissen und pädagogischen Motiven verbunden ist. Welche Mechanismen diesem Befund zu Grunde liegen, bleibt also noch zu klären.

Darüber hinaus hat sich erwartungsgemäß gezeigt, dass ein Interesse am Fach und Beweggründe, die aus früheren Lernerfahrungen resultieren, förderlich sind für den Wissenserwerb (vgl. Blömeke, 2011, 2012; König & Rothland in diesem Band). Dieser Befund verweist nicht nur auf die Tauglichkeit des TEDS-M-Instruments im westlichen Kontext, sondern lässt auch eine Reihe an Schlussfolgerungen zu.

Um langfristig kognitive Leistungen zu steigern, sollte es Aufgabe der Mathematiklehrerausbildung sein, durch eine entsprechende Gestaltung der Ausbildungsstruktur und der Lerngelegenheiten die wichtigen Aspekte intrinsischer Motivation zu fördern. Lehrveranstaltungen, in denen Mathematik verständnisorientiert, anwendungsbezogen und anschaulich vermittelt wird, sollten dazu beitragen, das fachliche Interesse langfristig zu erhalten und zudem als Modell dienen, auf das die Studierenden in der späteren beruflichen Praxis zurückgreifen können. Eine Orientierung an den beruflichen Anforderungen und die Verzahnung von Theorie und Praxis durch forschendes und aktiv entdeckendes Lernen sowie die wissenschaftliche Begleitung von Praxisphasen schaffen zudem Gelegenheiten, positive Erfahrungen zu sammeln, die eine weitere wichtige Facette intrinsischer Motivation darstellen.

Langfristiges Ziel der Ausbildung sollte es also sein, ein kognitives und motivationales Fundament aufzubauen (vgl. Beutelspacher et al., 2012).

Literatur

Beutelspacher, A., Danckwerts, R., Nickel, G., Spieß, S. & Wickel, G. (2012). *Mathematik Neu Denken. Impulse für die Gymnasiallehrerbildung an Universitäten.* Wiesbaden: Vieweg+Teubner.

Blömeke, S. (2006). Struktur der Lehrerausbildung im internationalen Vergleich. Ergebnisse einer Untersuchung zu acht Ländern. *Zeitschrift für Pädagogik, 52*(3), S. 393-416.

114   Christin Laschke, Sigrid Blömeke

Blömeke, S., Kaiser, G. & Lehmann, R. (Hrsg.) (2010). *TEDS-M 2008 – Professionelle Kompetenz und Lerngelegenheiten angehender Mathematiklehrkräfte für die Sekundarstufe I im internationalen Vergleich.* Münster: Waxmann.

Blömeke, S., Kaiser, G. & Döhrmann, M. (2011). Bedingungsfaktoren des fachbezogenen Kompetenzerwerbs von Lehrkräften. Zum Einfluss von Ausbildungs-, Persönlichkeits- und Kompositionsmerkmalen in der Mathematiklehrerausbildung für die Sekundarstufe I. In W. Helsper, R. Tippelt (Hrsg.), *Pädagogische Professionalität.* Zeitschrift für Pädagogik, 57 (Special Issue), S. 77-113. Weinheim/Basel: Beltz.

Blömeke, S., Suhl, U., Kaiser, G. & Döhrmann, M. (2012). Family background, entry selectivity and opportunities to learn: What matters in primary teacher education? An international comparison of fifteen countries. *Teaching and Teacher Education, 28*, pp. 44-55.

Carnoy, M., Beteille, T., Brodziak, I., Loyalka, P. & Luschei, T. (2009). *Teacher Education and Development Study in Mathematics (TEDS-M): Do countries paying teachers higher relative salaries have higher student mathematics achievement?.* Amsterdam: IEA.

Fwu, B. J. & Wang, H. H. (2002). From uniformity to diversification: Transformation of teacher education in pursuit of teacher quality in Taiwan from 1949 to 2000. *International Journal of Educational Development, 22*(2), pp. 155-167.

Hattie, J. (2009). *Visible Learning – A Synthesis of over 800 Meta-Analyses relating to achievement.* New York: Routledge.

Hsieh, F.-J., Wang, T.-Y., Hsieh, C.-J., Tang, S.-J. & Chao, G. (2010). *A Milestone of an International Study in Taiwan Teacher Education – An International Comparison of Taiwan Mathematics Teacher Preperation (Taiwan TEDS-M 2008).* http://tedsm.math.ntnu.edu.tw/ TEDS-M_2008_International_Study_in_Taiwan_Mathematics_Teacher_Education.pdf.

Hofstede, G. (1986). Cultural differences in teaching and learning. *International Journal of Intercultural Relations, 10*, pp. 301-320.

Klieme, E., Artelt, C., Hartig, J., Jude, N., Köller, O., Prenzel, M., Schneider, W. & Stanat, P. (Hrsg.) (2010). *PISA 2009. Bilanz nach einem Jahrzehnt.* Münster: Waxmann.

Konferenz der Kultusminister der Länder in der Bundesrepublik Deutschland (KMK) (Hrsg.) (2003). *Fächerspezifische Prognose der Hochschulabsolventen bis 2015. Beschluss der Kultusministerkonferenz vom 04.04.2003.* http://www.kmk.org/ fileadmin/veroeffentlichungen_ beschluesse/2003/2003_06_01-Faecherspez-Hochschulabsolventen-2015.pdf.

Konferenz der Kultusminister der Länder in der Bundesrepublik Deutschland (KMK) (Hrsg.) (2012). *Vorausberechnung der Studienanfängerzahlen 2012-2025 – Fortschreibung – (24.01. 2012).* http://www.kmk.org/fileadmin/pdf/Statistik/Vorausberechnung_der_Studien-anfaengerzahlen_2012-2025_01.pdf.

Kunter, M., Baumert, J., Blum, W., Klusmann, U., Krauss, S. & Neubrand, M. (Hrsg.) (2011). *Professionelle Kompetenz von Lehrkräften: Ergebnisse des Forschungsprogramms COACTIV.* Münster: Waxmann.

Lee, W. O. (1996). The cultural context for Chinese learners: Conceptions of learning in the Confucian tradition. In D. A. Watkins & J. B. Biggs (Eds.), *The Chinese learner* (pp. 45-67). Hong Kong, China: Comparative Education Research Centre and The Australian Council for Educational Research Ltd.

Leung, F.K.S. (2001). In Search of an East Asian Identity in Mathematics Education. *Educational Studies in Mathematics, 47*, pp. 35-52.

Leung, F.K.S., Graf, F. & Lopez-Real, F. (Eds.) (2006). *Mathematics Education in Different Cultural Traditions – a Comparative Study of East Asia and the West.* New ICMI Studies Series No. 9. New York: Springer.

Markus, H. R. & Kitayama, S. (1991). Culture and the self: Implications for cognition, emotion, and motivation. *Psychological review, 98*(2), pp. 224-253.

Mullis, I. V. S., Martin, M. O. & Foy, P. (2008). *TIMSS 2007 international mathematics report. Findings from IEA's trends in international mathematics and science study at the fourth and eighth grades.* Chestnut Hill, MA: TIMSS & PIRLS International Study Center, Boston College.

Salili, F. (1995). Explaining Chinese Students' Motivation and Achievement: A Socioculutral Analysis. *Advances in Motivation and Achievement, 9*, pp. 73-118.

Tatto, M.T., Schwille, J., Senk, S.L., Ingvarson, L., Rowley, G., Peck, R., Bankov, K., Rodriguez, M. & Reckase, M. (2012). *Policy, practice, and readiness to teach primary and secondary mathematics in 17 countries: Findings from the IEA Teacher Education and Development Study in Mathematics (TEDS-M).* Amsterdam: IEA.

Triandis, H. C. (1995). *Individualism and collectivism.* Boulder: Westview Press.

Vollstedt, M. (2011). *Sinnkonstruktion und Mathematiklernen in Deutschland und Hongkong: Eine rekonstruktiv-empirische Studie. Perspektiven der Mathematikdidaktik.* Wiesbaden: Vieweg+Teubner.

Weinert, F. E. (1999). *Konzepte der Kompetenz. Gutachten zum OECD-Projekt „Definition and Selection of Competencies: Theoretical and Conceptual Foundations (DeSeCo)".* Neuchâtel: Bundesamt für Statistik.

III Lerngelegenheiten in der Lehrerbildung

Alexander Gröschner, Katharina Müller

7 Bewertung praktischer Lerngelegenheiten durch Lehramtsstudierende – Betrachtungen zur Abbildbarkeit unterschiedlich dauernder Praxisphasen in Kompetenzselbsteinschätzungen

7.1 Einleitung

Im Zuge der Reform der Lehrerbildung in Deutschland sind auch die praxis-
bezogenen Lerngelegenheiten vielerorts neu strukturiert und verändert worden. Vor dem Hintergrund der Kompetenzdebatte wurde darüber hinaus erörtert, welchen Beitrag Praxisphasen zur Kompetenzentwicklung im Lehramtsstudium leisten (vgl. Hascher, 2012). Unabhängig von den Bemühungen
der psychometrischen Modellierung und Messung von professionsspezifi-
schen Kompetenzen (vgl. Klieme & Hartig, 2007; Maag-Merki & Werner,
2011) sowie der inzwischen mehrfach geäußerten Kritik an der Erfassung
mittels Selbstauskünften der Untersuchungsteilnehmer (u.a. Abs, 2007; Cramer, 2010; Gröschner, Seidel & Shavelson, 2013), werden im Kontext praktischer Lerngelegenheiten zumeist Verfahren mit Kompetenzselbsteinschätzungen eingesetzt. Ziel dieser Arbeiten ist nicht die objektivierbare Aussage
über die tatsächliche Beherrschung einer Kompetenz, sondern die Erfassung
der subjektiven Überzeugungen, inwieweit *über Kompetenzen verfügt* wird.
Dabei wird davon ausgegangen, dass eine sich selbst einschätzende Person,
die sich realistisch beobachtet und beurteilt und nicht bewusst falsch oder
sozial erwünscht antwortet, eine verlässliche Auskunft über den subjektiven
Kompetenzgewinn geben kann (vgl. Balzer & Frey, 2003; Braun & Hannover, 2008; Frey, 2006). Während auf der einen Seite angemahnt wird, dass
mit diesen Verfahren über Qualitätsausprägungen oder Kompetenzniveaus
keine Aussagen gemacht werden können (vgl. Oser, Curcio & Düggeli,
2007), wird auf der anderen Seite dagegen gehalten, dass Selbstbeurteilungen
Auskunft über die Disponibilität von Handlungskompetenz geben können, da
subjektive Überzeugungen in der Kompetenz handlungsleitend werden (vgl.
Balzer et al., 2002).

Wir möchten im Folgenden anhand von zwei unterschiedlichen Studien der Frage nachgehen, inwieweit die Länge von Praxisphasen den subjektiv erlebten Lernertrag von Studierenden beeinflusst. Die Studien wurden an zwei Standorten unabhängig voneinander durchgeführt. Sie verwenden für die Erfassung der Selbsteinschätzungen Instrumente, die zum einen auf den von Oser und Oelkers (2001) entwickelten „Standards für die Lehrerbildung" und zum anderen auf den von der KMK (2004) verabschiedeten bildungswissenschaftlichen *Standards für die Lehrerbildung* aufbauen.

Ausgangspunkt für die empirischen Untersuchungen ist dabei der inzwischen vielfach replizierte Befund, dass Studierende und Praxislehrpersonen praktischen Lerngelegenheiten in der Schule ein ausgesprochen hohes Lernpotenzial attestieren (vgl. Bodensohn & Schneider, 2008; Gröschner & Seidel, 2012; Lipowsky, 2003; Schubarth et al., 2012; Zanting, Verloop & Vermunt, 2001). Bislang ist jedoch wenig darüber bekannt, welche differenziellen Effekte bei unterschiedlich langen Praxisphasen auftreten und welchen Mehrwert subjektive Selbsteinschätzungen bei der Wirksamkeitsüberprüfung haben.

Im Anschluss an die Darstellung zentraler Befunde der beiden Studien wird diskutiert, inwieweit Aussagen über das eigene Kompetenzerleben als Indikator für die Wirksamkeit der Ausbildung herangezogen werden können. Ferner gehen wir auf die Frage ein, welchen Stellenwert die *Dauer von Praktika* als ein Aspekt bei der insgesamt sehr heterogenen strukturellen und inhaltlichen Ausgestaltung von Praxisphasen einnimmt.

7.2 Theoretischer Rahmen – Kompetenzselbsteinschätzungen zur Wirksamkeitsanalyse praktischer Lerngelegenheiten in der Lehrerbildung

Schulpraktika wirken sich nicht *per se* positiv auf die professionelle Entwicklung von Lehramtsstudierenden aus. Sie können ebenso z.B. zu einer Bestätigung pädagogischer Vorurteile führen (Hascher & Altrichter, 2005), wenn nicht Raum zur umfangreichen Reflexion der Lernerfahrungen in Form einer qualitativ hochwertigen Vor- und Nachbereitung sowie Begleitung gegeben ist (vgl. Gröschner & Seidel, 2012; Hobson et al., 2009). Die Praxisphasen in der Lehrerausbildung in Deutschland sind darüber hinaus ebenso wie die Studiengänge sehr unterschiedlich gestaltet (vgl. Schaeper, 2008). Bisher liegen nur wenige Untersuchungen zur Wirksamkeit von Praktika vor (vgl. Gröschner, 2012; Hascher, 2012). Die defizitäre empirische Befundlage erschwert Schlussfolgerungen darüber, welche inhaltlichen und strukturellen

Gestaltungsformen von Schulpraktika zu einer Kompetenzentwicklung der Studierenden führen und diese somit auf den professionellen Einstieg in den Lehrerberuf bestmöglich vorbereiten.

Das häufigste Verfahren zur Erforschung des Beitrags von Praktika zur Kompetenzentwicklung sind – bislang – *schriftliche Selbstbeurteilungen* von Studierenden vor und/oder nach dem absolvierten Praktikum (z.b. Amrhein, Nonnenmacher & Scharlau, 1998; Gröschner, Schmitt & Seidel, 2013; Hoeltje et al., 2003; Moser & Hascher, 2000; Müller, 2010). Ergänzend zu den Selbsteinschätzungen der Studierenden werden z.t. auch Fremdeinschätzungen durch die Praktikumslehrpersonen an den Schulen erhoben (z.b. Bodensohn, Frey & Balzer, 2004; Bodensohn & Schneider, 2008; Hascher, 2006; Hoeltje et al., 2003; Moser & Hascher, 2000). Selten werden *Interviews* durchgeführt oder *Praktikumsberichte* analysiert (z.b. Dörr, Müller & Bohl, 2009; Hascher & Moser, 2001; Müller, 2010) sowie v*ideobasierte Verfahren* eingesetzt (vgl. Jahn et al., 2011; Kocher et al., 2010; Küster, 2008; Müller & Dieck, 2011). Um die Genese von Handlungskompetenzen im Kontext praxisbezogener Lerngelegenheiten in der ersten Lehrerbildungsphase zu untersuchen, kamen bislang ebenso wenig *psychometrische Tests*, die das professionsspezifische Wissen erfassen (vgl. König & Blömeke, 2009; Voss, Kunter & Baumert, 2011), zum Einsatz.

Anhand der Kompetenzselbsteinschätzungen kann nicht auf das Kompetenzniveau einer Person geschlossen werden, sondern deren Einschätzung über die subjektiv empfundene Verfügbarkeit von Kompetenzen. Es wird angenommen, dass diese subjektiven Überzeugungen in der Kompetenz handlungsaktivierende Funktionen haben können (vgl. Balzer et al., 2002). Unter der Annahme, dass Kompetenzselbsteinschätzungen ein Element des Fähigkeitsselbstkonzepts bzw. des Selbstwirksamkeitserlebens darstellen (vgl. Bong & Skaalvik, 2003; Schmitz & Schwarzer, 2000), beschreiben sie mit dem Zutrauen in die eigene Person einen Teil des individuellen Kompetenzprofils.

Inhaltliche Dimensionen der Befragungen sind insbesondere Selbsteinschätzungen der Studierenden bezüglich der Erwartungen an das Praktikum (vorher) sowie der Einschätzung der Verfügbarkeit über Kompetenzen und der allgemeinen (schulischen und unterrichtlichen) Lernerfahrungen im Verlauf des Praktikums (nachher). Außerdem werden häufig Einschätzungen der Studierenden zur Praktikumsbetreuung seitens der Universität und der Schule erhoben. Ein vermehrter Einsatz standardisierter Fragebögen zur Erfassung der Kompetenzselbsteinschätzungen Lehramtsstudierender zeichnete sich ab, nachdem um den Jahrtausendwechsel zunehmend Kompetenzstandards für die Lehrerbildung entwickelt wurden. Als Ausgangspunkt können die von Oser und Oelkers (2001) generierten Standards zur Untersuchung der Wirksamkeit der Lehrerbildungssysteme in der Schweiz angesehen werden. Zahl-reiche weitere Studien (etwa Baer et al., 2007; Boekhoff et al., 2008; Gehr-mann, 2007; Seipp, 2003) bezogen sich auf diese in einem „teildelphiorien-tierten System" (Oser, 2001a, S. 242) überprüften zwölf Standardgruppen. Nachdem die deutsche Kultusministerkonferenz ebenfalls „Standards für die Lehrerbildung: Bildungswissenschaften" verabschiedet hat (2004), wurde auch auf Basis dieser Vorgaben ein Instrument zur Kompetenzselbsteinschät-zung entwickelt (vgl. Gröschner & Schmitt, 2012) und in mehreren Studien an Universitäten in Deutschland eingesetzt (u.a. Mohr & Ittel, 2011; Schubarth et al., 2012).

Im Folgenden werden zwei Studien vorgestellt, die anhand von Selbstein-schätzungen – auf der Basis der genannten Instrumente – die Kompetenzent-wicklung von Studierenden während längerfristiger Praxisphasen in den Blick genommen haben.

In der Untersuchung von Müller (2010) wurde die Entwicklung professions-spezifischer Kompetenzen von Lehramtsstudierenden während eines Praxis-jahres längsschnittlich untersucht und mit der von Studierenden verglichen, die den regulären Studienplan mit deutlich geringerem Praxisanteil absol-vierten. Konzeptionelle Grundlage dieser Studie, die eine Teiluntersuchung im Modellversuch „Kompetenzentwicklung Praxisjahr Biberach" (KOPRA) (Dieck et al., 2009) darstellt, waren die Lehrerbildungsstandards von Oser und Oelkers (2001).

Im Rahmen der KliP-Studie (vgl. Gröschner et al., 2013) wurden ebenfalls mit einem längsschnittlich angelegten Design die Kompetenzeinschätzungen von Lehramtsstudierenden im Verlauf eines Praxissemesters untersucht. Diese Einschätzungen zum Praxissemester wurden mit Einschätzungen von Studierenden, die ein fünfwöchiges Blockpraktikum absolvierten, verglichen.

7.3   Die Veränderung von Kompetenzselbsteinschätzungen während längerfristiger Praxisphasen

7.3.1   Kompetenzentwicklung im Modellversuch Praxisjahr Biberach (KOPRA)

Im Modellversuch KOPRA wurde Studierenden der Pädagogischen Hoch-schule Weingarten die Möglichkeit gegeben, einen Teil ihrer schulprakti-schen Studien und die sogenannte Hospitationsphase des Vorbereitungs-dienstes durch ein zwei Schulhalbjahre umfassendes Praxisjahr zu ersetzen. Die phasen- und institutionenübergreifende Konzeption des Modellversuchs ermöglichte den am Modellversuch teilnehmenden Studierenden einen dop-pelten Theorie-Praxis-Wechsel, der sich insgesamt nicht studienzeitverlängernd auswirkte. Statt eines einfachen Übertritts von der Theorie (erste Lehrerbildungsphase) in die Praxis (zweite Lehrerbildungsphase), durchliefen die Studierenden des Modellversuchs durch die integrierte Praxisphase, den darauf folgenden zweiten Teil des Studiums und den anschließenden Vorbereitungsdienst in zwei Theorie-Praxis-Sequenzen. Betreut wurden die Studierenden sowohl von Dozierenden der Pädagogischen Hochschule (1. Phase der Lehrerbildung), als auch von Lehrbeauftragten des Staatlichen Seminars für Didaktik und Lehrerbildung in Laupheim (2. Lehrerbildungsphase). Die ansonsten unverbundenen, konsekutiv einander folgenden Ausbildungsphasen wurden auf diese Weise eng miteinander verknüpft.

Die hier vorgestellten Ergebnisse stellen einen Ausschnitt einer längsschnittlich angelegten Interventionsstudie dar, bei der in einem quasi-experimentellen Vergleichsgruppendesign die selbsteingeschätzte Kompetenzentwicklung der Modellversuchsteilnehmenden mit der einer paarweise gematchten Vergleichsgruppe mit regulärem Studienverlauf verglichen wurde (vgl. Müller, 2010). Im Zentrum stand die Frage, welche Unterschiede zwischen den Gruppen in der Kompetenzselbsteinschätzung sichtbar werden. Die schriftlichen Befragungen basierten auf den von Oser und Oelkers (2001) entwickelten Lehrerbildungsstandards und wurden ergänzt durch Befragungen zur Selbstwirksamkeitserwartung und zu den Persönlichkeitsmerkmalen der Studierenden. Das Instrumentarium für die Kompetenzselbsteinschätzungen wurde zunächst in einer Pilotierungsstudie auf seine Eignung hin überprüft und kam anschließend bei insgesamt 46 StudienteilnehmerInnen zu drei Messzeitpunkten zum Einsatz. Die Forschungsfragen der hier vorgestellten Befunde lauteten:

1. Wie beurteilen die Studierenden zu Beginn des Praxisjahres und ein Jahr bzw. zwei Jahre nach Beginn ihre Kompetenzen bezüglich der Oserschen Standards?
2. Unterscheiden sich die Kompetenzselbsteinschätzungen der Studierenden der Modellversuchsgruppe (VG) von denen der Vergleichsgruppe (KG), die den regulären Studienverlauf absolviert?

Angenommen wurde, dass die subjektiv wahrgenommene Kompetenzentwicklung mit der Höhe der Praxisanteile positiv korreliert und sich die Kompetenzselbsteinschätzung der Teilnehmerinnen und Teilnehmer in der VG statistisch bedeutsam von jener der regulär Studierenden (KG) unterscheidet. Zur Überprüfung der Hypothese wurde eine Varianzanalyse mit Messwiederholung durchgeführt. Die Ergebnisse zeigten, dass die Studierenden beider Gruppen zum ersten Messzeitpunkt angeben, die erfragten Kompetenzen aktuell zu rund einem Drittel erworben zu haben. Zum zweiten Messzeitpunkt ein Jahr später sind sie der Ansicht, über etwa 50% zu verfügen. Nach einem weiteren Jahr teilen sie mit, dass ihr aktuell erworbenes Kompetenzniveau bei rund zwei Dritteln liegt. Die statistische Überprüfung zeigte, dass hinsichtlich der Kompetenzselbsteinschätzungen kaum differenzielle Effekte zwischen Versuchs- und Kontrollgruppe auftreten (df = 16, F = 4.326, p = .127, η^2 = .958[1]). Zwar kommt es z.T. zwischen den Messzeitpunkten zu einer signifikanten Zunahme der subjektiv wahrgenommenen Kompetenz (df = 32, F = 3.064, p = .000, η^2 = .690), jedoch verlaufen diese in beiden Gruppen kongruent (s. Abb. 1), sodass sich insgesamt keine signifikanten Unterschiede zwischen Versuchs- und Kontrollgruppe abbilden lassen. Auch bei kovarianzanalytischer Kontrolle der Persönlichkeitsmerkmale und der Selbstwirksamkeitserwartung zeigten sich keine Unterschiede in der Kompetenzentwicklung von Versuchs- und Kontrollgruppe (vgl. Müller, 2010).

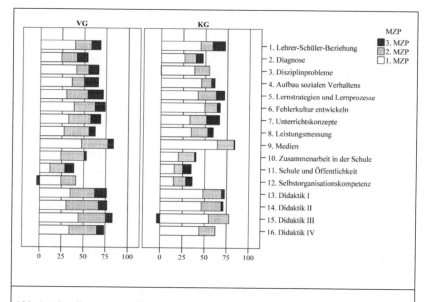

Abb. 1: Aktuell erworbenes Kompetenzniveau von Versuchs- und Kontrollgruppe zum ersten, zweiten und dritten Messzeitpunkt (in Prozent) (Müller, 2010, S. 187)

---

[1] Die hier berichteten Ergebnisse beziehen sich auf die zweite Kohorte (VG = 10, KG = 10), deren Entwicklung über drei Jahre hinweg verfolgt werden konnte. Die Befunde unterscheiden sich nicht bei den anderen untersuchten Kohorten.

7.3.2 Kompetenzentwicklung und Lernerfahrungen im Praktikum (KLiP)

Anders als im Modellversuch Praxisjahr Biberach wurde in der Studie „Kompetenzentwicklung und Lernerfahrungen im Praktikum" (KLiP) die Entwicklung von selbsteingeschätzten Kompetenzen im Verlauf eines Praxissemesters an der Universität Jena untersucht. Insgesamt wurden 221 Studierende vor sowie nach dem Praxissemester schriftlich befragt (vgl. Gröschner et al., 2013). Neben den Kompetenzeinschätzungen wurden individuelle Einstellungen und Persönlichkeitsmerkmale sowie insbesondere Aspekte der Lernbegleitung durch die Praktikumsschule und die Universität besonders berücksichtigt.

Aufgrund der Orientierung des Jenaer Modells der Lehrerbildung (und des darin enthaltenen Praxissemesters) an den „Standards für die Lehrerbildung: Bildungswissenschaften" der KMK (2004) bildeten diese den Ausgangspunkt für die Entwicklung des Skaleninstruments. Mit den KMK-Kompetenzen wurden grundlegende Anforderungen an den Lehrerberuf festgelegt, die Kompetenzen in den Bereichen Unterrichten, Erziehen, Beurteilen und Innovieren verbindlich für die Lehrerausbildung in Deutschland beinhalten. Für die Untersuchung im Praxissemester lag der Fokus insbesondere darauf, Kompetenzen der Studierenden im Kontext ihrer lernrelevanten Praxiserfahrungen zu erfassen, die zugleich anschlussfähig an die in der Praktikumsbegleitung vermittelten Lerninhalte sind (vgl. Gröschner & Schmitt, 2012).

Das Praxissemester wird im fünften bzw. sechsten Semester im modularisierten Studium an der Universität Jena durchlaufen. Es wird durch 14-tägige Begleitveranstaltungen an der Universität in den Fachdidaktiken (Unterrichtsfach eins und zwei) und in der Erziehungswissenschaft (Pädagogische Psychologie, Forschungsmethoden) ergänzt (vgl. Lütgert, Gröschner & Klenespel, 2008). Bevor das Praxissemester einsetzte, wurde zum Zweck einer schrittweisen Implementierung bereits eine Studienreform „im Kleinen" umgesetzt, indem das bestehende Praktikum zu einem dem Praxissemester ähnlich aufgebauten sog. „betreuten Blockpraktikum" (mit wöchentlichen Begleitseminaren) umgestaltet wurde (vgl. Schmitt, 2009). Im Rahmen des Blockpraktikums wurden 169 Studierende vorher und nachher zu ihrer Kompetenzeinschätzung befragt (Alter: $M = 23.22$, $SD = 2.32$ Jahre; Semesteranzahl: $M = 7.07$, $SD = 0.87$). Die 221 Studierenden, die im Praxissemester befragt wurden, sind durchschnittlich $M = 21.64$ ($SD = 1.34$) Jahre alt und befanden sich gemäß der Studienstruktur im fünften. bzw. sechsten Fachsemester. Das Ziel eines Vergleichs beider Praxiskonzepte bestand u.a. in der für den vorliegenden Beitrag relevanten Fragestellung, inwiefern sich die Kompetenzeinschätzungen von Lehramtsstudierenden in beiden Praktikumsformen unterscheiden. Die Forschungsfragen lauteten:

1. Wie schätzen Studierende ihre Kompetenzen vor und nach einem Praxissemester bzw. einem betreuten Blockpraktikum ein?
2. Inwiefern bestehen Unterschiede zwischen den Kompetenzeinschätzungen der Studierenden im Praxissemester und im betreuten Blockpraktikum?

Auf der Basis der theoretischen Annahmen wurde davon ausgegangen, dass sich bei den Kompetenzeinschätzungen der Studierenden sowohl im Praxissemester als auch im Blockpraktikum Zuwächse zeigen. Darüber hinaus wurde aufgrund der Länge des Praxissemesters gegenüber dem Blockpraktikum vermutet, dass die Ausprägungen (damit die Zuwächse) der Kompetenzen nach dem Praxissemester aufgrund der angenommenen Vielfalt der praktischen Lerngelegenheiten höher ausfallen.

Die Befunde zu den Kompetenzeinschätzungen der Studierenden im betreuten Blockpraktikum und im Praxissemester machen zunächst deutlich, dass das Schulpraktikum an sich ein bedeutendes Element für das Zutrauen in die eigenen Handlungsfähigkeiten darstellt (Tab. 1). In beiden Praktikumsformen kommt es im Verlauf des Praktikums wie erwartet zu positiven Veränderungen in allen vier Kompetenzbereichen. Insbesondere beim *Unterrichten* erhöhen sich die Kompetenzeinschätzungen. Dieser Befund verdeutlicht, dass die meisten Studierenden während des Praktikums zum ersten Mal in der Lehrerrolle mit dem „Kerngeschäft" des Lehrerberufs, dem Unterrichten, direkt konfrontiert werden und selbst Unterrichtsstunden planen und durchführen (vgl. Korthagen & Kessels, 1999). Diese Erfahrungen scheinen also die Einschätzungen der Kompetenzen – unabhängig von der Länge des Praktikums – zu beeinflussen.

Kompetenz-bereich	PS_{t1}	PS_{t2}	d	BBP_{t1}	BBP_{t2}	d
Unterrichten	4.42 (.88)	5.25 (.69)	1.05	4.53 (.75)	5.19 (.71)	0.90
Beurteilen	3.98 (1.05)	4.49 (.94)	0.51	3.92 (.90)	4.45 (.92)	0.58
Erziehen	4.20 (1.05)	4.50 (.89)	0.31	4.08 (.90)	4.53 (.92)	0.49
Innovieren	3.79 (1.10)	4.39 (.99)	0.60	3.95 (.94)	4.36 (1.04)	0.41

Alle Effektstärken (d) sind auf einem Niveau von $p < .001$ signifikant.

Tab. 1: Mittelwerte (SD) der Kompetenzeinschätzungen vor und nach dem Praxissemester (PS) bzw. betreuten Blockpraktikum (BBP)

Bei den anderen Kompetenzbereichen zeigen sich ebenfalls Zuwächse in den Kompetenzselbsteinschätzungen, jedoch in einem geringeren Ausmaß. Für den Kompetenzbereich *Innovieren* kann dieses Ergebnis mit der Tatsache begründet werden, dass dieser Bereich als Ausdruck der Schul- und Unterrichtsentwicklung bislang nicht unmittelbar im Ausbildungsfokus steht (vgl. Gröschner, 2011). In ähnlicher Weise sind beim *Beurteilen* die Werte in der Vorbefragung relativ niedrig, woraus entnommen werden kann, dass scheinbar Ansätze der Leistungsdiagnostik aus Studierendensicht eher selten im universitären Rahmen erprobt werden (vgl. Brünken, 2010). Für diese Bereiche scheint das Praktikum, ob Blockpraktikum oder Praxissemester, praktische Lerngelegenheiten bereit zu stellen, die wahrgenommen werden und eine Erprobung der jeweiligen Facette ermöglichen. Beim *Erziehen* liegen die Ausgangswerte jeweils höher. Die im Praktikum selbst erfassten Aspekte scheinen den Studierenden vor dem Praktikum daher bereits in größerem Ausmaß präsent zu sein, die Zuwächse im Praktikum sind in diesem Bereich eher gering.

Vergleicht man gemäß der zweiten Forschungsfrage die Kompetenzeinschätzungen im betreuten Blockpraktikum mit denen im Praxissemester, wird mit Hilfe einer Varianzanalyse mit Messwiederholung deutlich, dass sich die Kompetenzzuwächse beim *Unterrichten* ($F_{(1,304)}$ = 5.25; p < .05; η^2 = .02) und *Innovieren* ($F_{(1,304)}$ = 6.91; p < .05; η^2 = .02) nach Praktikumsart (zugunsten des Praxissemesters) statistisch bedeutsam unterscheiden. In beiden Kompetenzbereichen ist die Selbsteinschätzung der Studierenden jeweils im betreuten Blockpraktikum vor dem Praktikum höher als die Kompetenzeinschätzungen der Studierenden im Praxissemester. Diese haben jedoch während des Praxissemesters einen größeren Kompetenzzuwachs als die Studierenden im Blockpraktikum. Allerdings sind die auftretenden Effekte sehr gering und damit – ähnlich der Studie von Müller (2010) – praktisch kaum bedeutsam. In den Bereichen *Erziehen* ($F_{(1,304)}$ = 1.09; n.s.) und *Beurteilen* ($F_{(1,304)}$ = 0.58; n.s.) unterscheiden sich die Praktikumsformen nicht signifikant voneinander.

7.4 Fazit

Weder im Modellversuch *Praxisjahr* an der PH Weingarten noch im Jenaer Modell mit der Untersuchung der Veränderung in den selbsteingeschätzten Kompetenzen während eines *Praxissemesters* konnten die erwarteten differenziellen Effekte zwischen den Gruppen in bedeutsamer Größenordnung nachgewiesen werden. Unterschiedlich umfangreiche praktische Lerngelegenheiten scheinen sich demnach kaum oder eben nur in sehr geringem Ausmaß unmittelbar in der subjektiv wahrgenommenen Verfügbarkeit von Handlungskompetenzen abzubilden. Diese Einschätzung zeigt sich unabhän-

gig davon, ob die Konstruktion des Messinstrumentes auf dem Standard-
Konzept von Oser und Oelkers (2001) oder den Vorgaben der KMK (2004)
basiert. Die subjektive Ausschöpfung der Verarbeitungstiefe eines Standards,
die sich nach Oser (2001b) aus der systematischen Verknüpfung von Theorie,
Übung und Praxis ergibt, scheint demnach, entgegen der von Studierenden
geäußerten Forderung nach „mehr Praxis", nicht durch eine alleinige Erhöhung der Praxisanteile zu ergeben (vgl. Gröschner, 2012).

Welchen Beitrag liefern nun die aufgezeigten Befunde für die aktuelle Diskussion um den Kompetenzerwerb in praktischen Lerngelegenheiten in der
Lehrerbildung?

Wie König, Kaiser und Felbrich (2012) zeigen, ist der korrelative Zusammenhang zwischen Kompetenzselbsteinschätzungen und pädagogischem
Wissen nicht im erwarteten Maß vorhanden. Sie konstatieren eine Entkopp-
lung von Wissen und den auf das Handeln fokussierten Selbsteinschätzungen.
Auch die Untersuchung von König und Tachtsoglou (2012), die den Zusammenhang zwischen pädagogischem Professionswissen und selbsteingeschätzter Kompetenz in den Bereichen Unterrichten, Erziehung und Beurteilen (vgl. KMK, 2004) in den Blick nimmt, konstatiert ein erwartungswidrig
niedriges Zusammenhangsmuster. Die Autoren bilanzieren, dass sich hier

> „eine nicht unwesentliche Differenz zwischen objektiver Testung von Wissen und
> subjektiver Einschätzung durch die Betroffenen [finde], die sich vor allem dann
> manifestiert, wenn Einschätzungen nicht adäquat, etwa aufgrund fehlender Erfah-
> rung im relevanten Bereich, vorgenommen werden können" (König & Tachtso-
> glou, 2012, S. 296).

Die Befunde der beiden oben aufgezeigten Studien lassen jedoch vermuten,
dass die reine Menge an Erfahrungen, die Studierende im Praktikum sammeln, ihre subjektiven Einschätzungen nicht maßgeblich beeinflussen. Zu
fragen ist daher vielmehr, wie das in theoretischen Studienanteilen erworbene
Wissen mit den in praktischen Lerngelegenheiten gemachten Erfahrungen
systematisch miteinander verknüpft werden kann. Weiterführende Analysen
zur Lernbegleitung im Rahmen eines Praxissemesters (vgl. Gröschner et al.,
2013) verweisen hierbei insbesondere auf den Mehrwert systematischer Angebote der Lernbegleitung, in denen die praktischen Erfahrungen in kontinuierlich angebotenen Begleitveranstaltungen zum Praktikum thematisiert und
wissensbasiert reflektiert werden. Darüber hinaus weisen Studien zur schulischen Lernbegleitung auf das Lernpotenzial von systematisch organisierten
Unterrichtsbesprechungen, die sich an Aspekten ko-konstruktiver Unterrichtsplanung und effektiver Gesprächsführung orientieren, für den Erwerb
beruflicher Handlungskompetenzen hin (vgl. Kreis & Staub, 2011). Ferner
scheinen im Kontext der Reform der Lehrerbildung Aspekte der Verzahnung
der Ausbildungsphasen für die Theorie-Praxis-Verknüpfung besonders rele-

vant. Die Herstellung von kohärenten und phasenübergreifenden Professionalisierungskonzepten könnte dazu beitragen, die Vernetzung handlungsrelevanten Wissens mit praktischen Lerngelegenheiten zu gewährleisten (vgl. Zeichner, 2010).

Im Hinblick auf die empirisch nachgewiesene Wirksamkeit von Praxisphasen herrscht derzeit in der deutschen Lehrerbildung – gerade in der empirischen Bildungs- und Kompetenzforschung – noch immer großer Nachholbedarf. Während zu Wirkungen von Kurzpraktika vereinzelt empirische Befunde vorliegen (vgl. Hascher, 2012), fehlen insbesondere Untersuchungen und Ergebnisse zu längeren Praxisphasen. In den vorliegenden Studien konnte gezeigt werden, dass auf der Basis des Einsatzes unterschiedlicher Skaleninstrumente grundsätzlich Zuwächse in den Kompetenzeinschätzungen der Studierenden abgebildet werden können. Allerdings, so wird zusammenfassend deutlich, scheint es aufgrund der geringen Effektstärken im Vergleich der Praxisumfänge kaum eine Rolle zu spielen, welche Praktikumsform Studierende durchlaufen (vgl. Gröschner, 2012; Müller, 2010). Die aufgezeigten Effekte in der KLiP-Studie zugunsten des *Unterrichtens* im Praxissemester deuten auf den Fokus der Praktika insgesamt hin. Die Effekte im Bereich des *Innovierens* verweisen zumindest auf erhöhte Lerngelegenheiten im Rahmen eines Praxissemesters. Inwiefern sich darüber hinaus eine grundlegende Studienreform wie die Einführung eines Praxissemesters oder eines Praxisjahres im Vergleich zu bisherigen Blockpraktika qualitativ „lohnt" und eine größere Wirksamkeit entfaltet, kann an dieser Stelle aufgrund der Erhebungen mittels Selbsteinschätzungen nicht hinreichend geklärt werden. Vielmehr sind hierfür weitere Untersuchungen notwendig, die mehrperspektivisch und multikriterial vorgehen und zudem die Verfügbarkeit von Kompetenzen über interindividuelle Unterschiede hinaus diagnostizieren (vgl. Renkl, 2012). So sollten Studien neben den Selbstauskünften der Studierenden weitere Messinstrumente (z.B. Unterrichtsvideografien, Interviews) einsetzen, um die Kompetenzentwicklung im Praktikum zu untersuchen (vgl. Müller & Dieck, 2011). Darüber hinaus sind weitere praktikumsbegleitende Merkmale (wie z.B. die Lernbegleitung) zu berücksichtigen. Des Weiteren liegen bisher vor allem standortspezifische Praktikumsevaluationen vor, mit denen sich ein Vergleich aufgrund unterschiedlicher Erhebungsinstrumente schwierig gestaltet. Um das Wissen über die Wirksamkeit von Schulpraktika anzureichern, ist es förderlich, einerseits Projekte unterschiedlicher Universitäten miteinander zu vernetzen, z.B. durch den Austausch von Erhebungsinstrumenten (vgl. Mohr & Ittel, 2011; Schubarth et al., 2012, in denen u.a. die KLiP-Skalen eingesetzt wurden). Andererseits sind größere Längsschnittstudien zu initiieren, die standortübergreifend die Reformen der Lehrerbildung – und dabei die Struktur, Organisation und curriculare Einbettung von Praxisphasen – empirisch in den Blick nehmen. Als ein Beispiel kann hierzu die PaLea-Studie („Panel zum Lehramtsstudium") angesehen werden, in deren Rahmen die Studienstrukturen von Praktika an zwölf deutschen Hochschulen untersucht wurden (vgl. Gröschner et al., eingereicht). Die bisher angenommene Heterogenität der Lehrerausbildungsmodelle wird in dieser Studie darüber hinaus hinsichtlich der Lernerfolge der Studierenden im Längsschnitt untersucht (vgl. Bauer et al., 2010; Bauer et al., 2012). Ansätze wie dieser bieten die Möglichkeit, die „Treffsicherheit" der Reformen in der Lehrerbildung auch im Hinblick auf die praktischen Lerngelegenheiten empirisch zu untermauern.

Literatur

Abs, H. J. (2007). Überlegungen zur Modellierung diagnostischer Kompetenz bei Lehrerinnen und Lehrern. In M. Lüders & J. Wissinger (Hrsg.), *Forschung zur Lehrerbildung. Kompetenzentwicklung und Programmevaluation* (S. 63-85). Münster: Waxmann.

Amrhein, O., Nonnenmacher, F. & Scharlau, M. (1998). *Schulpraktische Studien aus Sicht der Beteiligten. Blockpraktika und semesterbegleitende Praktika im Vergleich.* Karben: F.M.-Druck.

Baer, M., Dörr, G., Fraefel, U., Kocher, M., Küster, O., Larcher, S., Müller, P., Sempert, W. & Wyss, C. (2007). Werden angehende Lehrpersonen durch das Studium kompetenter? – Kompetenzaufbau und Standarderreichung in der berufswissenschaftlichen Ausbildung an drei Pädagogischen Hochschulen in der Schweiz und in Deutschland. *Unterrichtswissenschaft, 35*(1), S. 15-47.

Balzer, L., Frey, A., Renold, U. & Nenniger, P. (2002). *Reform der kaufmännischen Grundausbildung. Band 3: Ergebnisse der Evaluation (Berufspädagogische Reihe).* Landau: Empirische Pädagogik.

Bauer, J., Diercks, U., Rösler, L., Möller, J. & Prenzel, M. (2012). Lehramtsstudium in Deutschland: Wie groß ist die strukturelle Vielfalt? *Unterrichtswissenschaft, 40(2)*, S. 101-120.

Bauer, J., Drechsel, B., Retelsdorf, J., Sporer, T., Rösler, L., Prenzel, M. & Möller, J. (2010). Panel zum Lehramtsstudium: PaLea – Entwicklungsverläufe zukünftiger Lehrkräfte im Kontext der Reform der Lehrerbildung. *Beiträge zur Hochschulforschung, 32*(2), S. 34-55.

Brünken, R. (2010). Diagnostik in der Lehrerbildung. *Seminar, 16*(1), S. 20-29.

Bodensohn, R., Frey, A. & Balzer, L. (2004). Diagnose und Rückmeldung von Handlungskompetenzen Studierender im Blockpraktikum – das Projekt VERBAL. *Journal für LehrerInnenbildung, 1*, S. 30-36.

Bodensohn, R. & Schneider, C. (2008). Was nützen Praktika? Evaluation der Blockpraktika im Lehramt – Erträge und offene Fragen nach sechs Jahren. *Empirische Pädagogik, 22*(3), S. 274-304.

Boekhoff, I., Franke, K., Dietrich, F. & Arnold, K.-H. (2008). *Effektivität universitärer Lehrerbildung in konsekutiven Studiengängen (EduLikS) unter besonderer Berücksichtigung schulpraktischer Studien.* Hildesheim: Universität Hildesheim, Centrum für Unterrichts- und Bildungsforschung (CeBU).

Bong, M. & Skaalvik, E. M. (2003). Academic self-concept and self-efficacy: How different are they really?. *Educational Psychology Review, 15*, pp. 1-40.

Braun, E. & Hannover, B. (2008). Kompetenzmessung und Evaluation von Studienerfolg. In N. Jude, J. Hartig & E. Klieme (Hrsg.), *Kompetenzerfassung in pädagogischen Handlungsfeldern. Theorien, Konzepte, Methoden* (S. 153-160). Bonn: BMBF.

Cramer, C. (2010). Kompetenzerwartungen Lehramtsstudierender. Grenzen und Perspektiven selbsteingeschätzter Kompetenzen in der Lehrerbildungsforschung. In A. Gehrmann, U. Hericks, & M. Lüders (Hrsg.), *Bildungsstandards und Kompetenzmodelle. Beiträge zu einer aktuellen Diskussion über Schule, Lehrerbildung und Unterricht* (S. 85-97). Bad Heilbrunn: Klinkhardt.

Dieck, M., Dörr, M., Kucharz, D., Küster, O., Müller, K., Reinhoffer, B., Rosenberger, T., Schnebel, S. & Bohl, T. (Hrsg.) (2009). *Kompetenzentwicklung von Lehramtsstudierenden während des Praktikums. Erkenntnisse aus dem Modellversuch Praxisjahr Biberach.* Hohengehren: Schneider.

Dörr, G., Müller, K. & Bohl, T. (2009). Wie entwickeln sich Kompetenzselbsteinschätzungen bei Lehramtsstudierenden während des Praxisjahres? In M. Dieck, G. Dörr, D. Kucharz, O. Küster, K. Müller, B. Reinhoffer, T. Rosenberger, S. Schnebel & T. Bohl (Hrsg.), *Kompetenzentwicklung von Lehramtsstudierenden während des Praktikums. Erkenntnisse aus dem Modellversuch Praxisjahr Biberach* (S. 161-182). Baltmannsweiler: Schneider-Verl. Hohengehren.

Frey, A. (2006). Methoden und Instrumente zur Diagnose beruflicher Kompetenzen von Lehrpersonen – eine erste Standortbestimmung zu bereits publizierten Instrumenten. *Zeitschrift für Pädagogik, 51. Beiheft*, S. 30-46.

Frey, A. & Balzer, L. (2003). Soziale und methodische Kompetenzen – der Beurteilungsbogen smk: Ein Messverfahren für die Diagnose von sozialen und methodischen Kompetenzen. *Empirische Pädagogik, 17*(2), S. 148-175.

Gehrmann, A. (2007). Kompetenzentwicklung im Lehramtsstudium. Eine Untersuchung an der Universität Rostock. In M. Lüders & J. Wissinger (Hrsg.), *Forschung zur Lehrerbildung. Kompetenzentwicklung und Programmevaluation* (S. 85-103). Münster: Waxmann.

Gröschner, A. (2011). *Innovation als Lernaufgabe.* Münster: Waxmann.

Gröschner, A. (2012). Langzeitpraktika in der Lehrerausbildung – Für und Wider ein innovatives Studienelement im Rahmen der Bologna-Reform. *Beiträge zur Lehrerbildung, 30*(2), S. 200-208.

Gröschner, A., Müller, K., Bauer, J., Seidel, T., Prenzel, M., Kauper, T. & Möller, J. (eingereicht). *Praxisphasen in der Lehrerausbildung – Eine Strukturanalyse an zwölf Universitäten in Deutschland.*

Gröschner, A. & Schmitt, C. (2012). Kompetenzentwicklung im Praktikum? Entwicklung eines Instruments zur Erfassung von Kompetenzen und Ergebnisse einer Befragung von Lehramtsstudierenden im betreuten Blockpraktikum. *Lehrerbildung auf dem Prüfstand, 5*(2), S. 112-128.

Gröschner, A., Schmitt, C. & Seidel, T. (2013). Veränderung subjektiver Kompetenzeinschätzungen von Lehramtsstudierenden im Praxissemester. *Zeitschrift für Pädagogische Psychologie, 27*(1-2), S. 77-86.

Gröschner, A. & Seidel, T. (2012). Lernbegleitung im Praktikum. Befunde und Innovationen im Kontext der Reform der Lehrerbildung. In W. Schubarth, K. Speck, A. Seidel, C. Gottmann, C. Kamm & M. Krohn (Hrsg.), *Studium nach Bologna: Praxisbezüge stärken?! Praktika als Brücke zwischen Hochschule und Arbeitsmarkt. Befunde und Perspektiven* (S. 171-183). Wiesbaden: Springer VS.

Gröschner, A., Seidel, T. & Shavelson, R. J. (2013). Methods for Studying Teacher and Teaching Effectiveness. In J. Hattie & E. M. Anderman (Eds.), *International Guide of Student Achievement* (pp. 240-242). London, New York: Routledge.

Hascher, T. (2012). Lernfeld Praktikum. Evidenzbasierte Entwicklungen in der LehrerInnenbildung. *Zeitschrift für Bildungsforschung, 2*(2), S. 109-129.

Hascher, T. (2006). Veränderungen im Praktikum – Veränderungen durch das Praktikum: Eine empirische Untersuchung zur Wirkung von schulpraktischen Studien in der Lehrerbildung. *Zeitschrift für Pädagogik, 51. Beiheft*, S. 130-148.

Hascher, T. & Altrichter, H. (2005). Editorial: Lernprozesse in Praktika. *Journal für Lehrerinnen- und Lehrerbildung, 5*(1), S. 4-7.

Hascher, T. & Moser, P. (2001). Betreute Praktika: Anforderungen an Praktikumslehrerinnen und -lehrer. *Beiträge zur Lehrerbildung, 19*(2), S. 217-231.

Hobson, A. J., Ashby, P., Malderez, A., & Tomlinson, P. D. (2009). Mentoring beginning teachers: What we know and what we don't. *Teaching and Teacher Education, 25*, pp. 207-216.

Hoeltje, B., Oberliesen, R., Schwedes, H. & Ziemer, T. (2003). *Das Halbjahrespraktikum in der Lehrerausbildung der Universität Bremen. Befunde, Problemfelder, Empfehlungen.* http://www.idn.uni-bremen.de/pubs/2004HalbjahrespraktikumBericht.pdf [01.02.2013].

Jahn, G., Prenzel, M., Stürmer, K. & Seidel, T. (2011). Varianten einer computergestützten Erhebung von Lehrerkompetenzen: Untersuchungen zu Anwendungen der Tools Observer. *Unterrichtswissenschaft, 2*, S. 136-153.

Klieme, E. & Hartig, J. (2007). Kompetenzkonzepte in den Sozialwissenschaften und im erziehungswissenschaftlichen Diskurs [Sonderheft 8]. *Zeitschrift für Erziehungswissenschaft*, S. 11-29.

Kocher, M., Wyss, C., Baer, M., & Edelmann, D. (2010). Unterrichten lernen: den Erwerb von Unterrichtskompetenzen angehender Lehrpersonen videobasiert nachzeichnen. *Lehrerbildung auf dem Prüfstand, 3*(1), S. 23-55.

König, J. & Blömeke, S. (2009). Pädagogisches Wissen von angehenden Lehrkräften: Erfassung und Struktur von Ergebnissen der fachübergreifenden Lehrerausbildung. *Zeitschrift für Erziehungswissenschaft, 12(3)*, S. 499-527.

König, J., Kaiser, G. & Felbrich, A. (2012). Spiegelt sich pädagogisches Wissen in den Kompetenzselbsteinschätzungen angehender Lehrkräfte? Zum Zusammenhang von Wissen und Überzeugungen am Ende der Lehrerausbildung. *Zeitschrift für Pädagogik, 58*(4), S. 476-491.

König, J. & Tachtsoglou, S. (2012). Pädagogisches Professionswissen und selbsteingeschätzte Kompetenz. In J. König & A. Seifert (Hrsg.), *Lehramtsstudierende erwerben pädagogisches Professionswissen. Ergebnisse der Längsschnittstudie LEK zur Wirksamkeit der erziehungswissenschaftlichen Lehrerausbildung* (S. 284-297). Münster: Waxmann.

Korthagen, F. A. J. & Kessels, J. P. A. M. (1999). Linking Theory and Practice: Changing the Pedagogy of Teacher Education. *Educational Researcher, 28*(4), pp. 4-17.

Kreis, A. & Staub, F. C. (2011). Fachspezifisches Unterrichtscoaching im Praktikum – eine quasi-experimentelle Interventionsstudie. *Zeitschrift für Erziehungswissenschaft, 14*(1), S. 61-83.

Kultusministerkonferenz (KMK) (2004). *Standards für die Lehrerbildung: Bildungswissenschaften, Beschluss der Kultusministerkonferenz vom 16.12.04.* http://www.kmk.org/fileadmin/veroeffentlichungen_be-schluesse/2004/2004_12_16-Standards-Lehrerbildung.pdf [01.02.2013].

Küster, O. (2008). *Praktika und ihre Lernpotentiale in der Lehrerbildung – Eine längsschnittliche Videostudie zur Untersuchung der Entwicklung unterrichtlicher Handlungskompetenz in verlängerten Praxisphasen.* www.ub.uni-konstanz.de/opus-hsbwgt/volltexte/2008/42/ [01.02.2013].

Lipowsky, F. (2003). *Wege von der Hochschule in den Beruf. Eine empirische Studie zum beruflichen Erfolg von Lehramtsabsolventen in der Berufseingangsphase.* Bad Heilbrunn: Klinkhardt.

Lütgert, W., Gröschner, A. & Kleinespel, K. (Hrsg.) (2008). *Die Zukunft der Lehrerbildung. Entwicklungslinien – Rahmenbedingungen – Forschungsbeispiele*. Weinheim: Beltz.

Maag-Merki, K. & Werner, S. (2011). Erfassung und Bewertung professioneller Kompetenz von Lehrpersonen. In E. Terhart, H. Bennewitz & M. Rothland (Hrsg.), *Handbuch der Forschung zum Lehrerberuf* (S. 573-591). Münster: Waxmann.

Mohr, S. & Ittel, A. (2011). Zum Zusammenhang von Kompetenzeinschätzung und individuellen Merkmalen bei Lehramtsstudierenden technisch-orientierter Fächer. *Lehrerbildung auf dem Prüfstand, 4*(2), S. 303-318.

Moser, P. & Hascher T. (2000). *Lernen im Praktikum: Projektbericht*. Bern: Forschungsstelle für Schulpädagogik und Fachdidaktik.

Müller, K. (2010). *Das Praxisjahr in der Lehrerbildung. Empirische Befunde zur Wirksamkeit studienintegrierter Langzeitpraktika*. Bad Heilbrunn: Klinkhardt.

Müller, K. & Dieck, M. (2011). Schulpraxis als Lerngelegenheit. *Journal für Lehrerinnen- und Lehrerbildung, 3*, S. 46–50.

Oser, F., Curcio, G.-P. & Düggeli, A. (2007). Kompetenzmessung in der Lehrerbildung als Notwendigkeit – Fragen und Zugänge. *Beiträge zur Lehrerbildung, 25*(1), S. 14-26.

Oser, F. (2001a). Standards: Kompetenzen von Lehrpersonen. In F. Oser & J. Oelkers (Hrsg.), *Die Wirksamkeit der Lehrerbildungssysteme. Von der Allrounderbildung zur Ausbildung professioneller Standards* (S. 215-343). Chur: Rüegger.

Oser, F. (2001b). Modelle der Wirksamkeit in der Lehrer- und Lehrerinnenausbildung. In F. Oser & J. Oelkers. (Hrsg.), *Die Wirksamkeit der Lehrerbildungssysteme. Von der Allrounderbildung zur Ausbildung professioneller Standards* (S. 67-96). Chur: Rüegger.

Oser, F. & Oelkers, J. (2001) (Hrsg.). *Die Wirksamkeit der Lehrerbildungssysteme. Von der Allrounderbildung zur Ausbildung professioneller Standards*. Chur: Rüegger.

Renkl, A. (2012). Modellierung von Kompetenzen oder von interindividuellen Kompetenzunterschieden. Ein unterschätzter Unterschied. *Psychologische Rundschau, 63*(1), S. 50-53.

Schaeper, K. (2008). Lehrerbildung nach Bologna. In W. Lütgert, A. Gröschner & K. Kleinespel (Hrsg.), *Die Zukunft der Lehrerbildung. Entwicklungslinien – Rahmenbedingungen – Forschungsbeispiele* (S. 36-47). Weinheim: Beltz.

Schmitt, C. (2009). *Kompetenzentwicklung der Jenaer Lehramtsstudierenden im betreuten Blockpraktikum*. Diplomarbeit. FSU Jena.

Schmitz, G. S. & Schwarzer, R. (2000). Selbstwirksamkeitserwartung von Lehrern: Längsschnittbefunde mit einem neuen Instrument. *Zeitschrift für Pädagogische Psychologie, 14*(1), S. 12-25.

Schubarth, W., Speck, K., Seidel, A., Gottmann, C., Kamm, C. & Krohn, M. (Hrsg.) (2012). *Studium nach Bologna: Praxisbezüge stärken?! Praktika als Brücke zwischen Hochschule und Arbeitsmarkt. Befunde und Perspektiven*. Wiesbaden: Springer VS.

Seipp, B. (2003). Standards in der Lehrerbildung: eine Befragung zur Vermittlung der OSER-schen Standards in der Ersten Phase der Lehramtsausbildung. Bochum: Projekt Verlag.

Voss, T., Kunter, M., & Baumert, J. (2011). Assessing teacher candidates' general pedagogical and psychological knowledge: Test construction and validation. *Journal of Educational Psychology 103*(4), pp. 952-969.

Zanting, A., Verloop, N. & Vermunt, J. D. (2001). Student teachers´ beliefs about mentoring and learning to teach during teaching practice. *British Journal of Educational Psychology, 71*, pp. 57-80.

Zeichner, K. M. (2010). Rethinking the connection between campus courses and field experiences in college- and university-based teacher education. *Journal of Teacher Education, 61*(1-2), pp. 89-99.

Michaela Artmann, Petra Herzmann,
Markus Hoffmann, Matthias Proske

8 Wissen über Unterricht – Zur Reflexionskompetenz von Studierenden in der ersten Phase der Lehrerbildung

Reflexionskompetenz gilt in der Debatte über die Professionalität im Lehrberuf als eine zentrale Vermittlungsinstanz zwischen Wissen, Können und Erfahrung. Das Ziel des Beitrags besteht darin, eine theoriegeleitete Heuristik für das Konstrukt Reflexionskompetenz zu modellieren, um dann auf der Basis von Portfoliodokumenten angehender Lehrerinnen und Lehrer Argumentationsmuster und Verlaufsformen studentischer Reflexionsprozesse über Unterricht explorativ zu analysieren. Neben der Frage, inwieweit die beiden Lerngelegenheiten (1) Hospitationen an Kooperationsschulen und (2) universitäre Lehrveranstaltungen die studentische Reflexion beeinflussen, richtete sich das Forschungsinteresse vor allem auf die Frage nach dem in der Reflexion genutzten Wissen sowie der Reflexionsformen im Umgang mit professionellen Herausforderungen des Unterrichtens.

8.1 Reflexionskompetenz und Professionalität: Zur Frage der Vermittlung von Erfahrung und Wissen

Professionalität im Lehrberuf lässt sich, so der weitgehende Konsens in der Lehrerprofessionsforschung, als Zusammenspiel mehrerer Komponenten beschreiben, zu denen neben berufsethischen *Haltungen* unabdingbar das komplexe Gefüge von situationsspezifischem *Können* und berufsbezogenem *Wissen* gehöre (vgl. Herzog & Makarova, 2011; Terhart, 2007). Eine zentrale Problemstellung in der Professionsforschung besteht in der Frage, in welchem Verhältnis Wissen und Können stehen (vgl. Neuweg, 2011; Radtke, 1996), bzw. genauer gefragt, wie „pädagogische Könnerschaft" im Sinne professioneller Kompetenz eigentlich entsteht und durch Lerngelegenheiten im Rahmen der Lehrerbildung beeinflusst werden kann.
Im Kontext dieser Diskussion und die allgemeinen Überlegungen Donald A. Schöns zum Professionellen als *Reflective Practitioner* (1983) aufgreifend hat Georg Hans Neuweg (2005) den Vorschlag formuliert, *Reflexion* als eine

zentrale Vermittlungsinstanz zwischen Wissen, Können und Erfahrung aufzufassen (vgl. auch Leonhard & Rihm, 2011). Weder abstrakt-generalisiertes und insofern handlungsträges akademisches Wissen noch die routinierte Erledigung von Aufgaben oder die bloße Anhäufung von Praxiserlebnissen sind empirisch zuverlässige Indikatoren für pädagogische Professionalität. Professionell wird pädagogisches Handeln erst dann, wenn (angehende) Lehrer(innen) sich im Modus des Lernens auf Erlebnisse einlassen und damit potentiell Neues und Ungewisses in den Horizont der Verarbeitung tritt und dadurch aus Erlebnissen tatsächliche Erfahrungen werden. Entsprechend verknüpft Neuweg mit Reflexion einen „analytischen Habitus", der die Bereitschaft ausdrückt, die eigene „Handlungspraxis regelmäßig zu analysieren, zu evaluieren und gegebenenfalls zu verändern" (ebd., S. 220). In diesem Sinne lässt sich Reflexionskompetenz als eine „generic professional disposition" (Hatton & Smith, 1995, p. 43) begreifen, deren Hervorbringungscharakter gerade darin besteht, dass der Reflektierende dem Erlebten auf der Basis seines Wissensrepertoires (das von wissenschaftlichen über subjektive Theorien bis zu ethisch-normativen Orientierungen reicht) durch Prozesse der Re-Interpretation bzw. des *Reframing* etwas hinzufügt. Über den Anspruch der Verbesserung von Entscheidungs-, Handlungs- und Problemlösefähigkeiten durch Reflexion besteht im Anschluss an Dewey meist ebenso Konsens (vgl. Liston & Zeichner, 1996) wie über die Konzeptualisierung von Reflexion als eine spezifische Form des „knowing *on* action" (und damit unterschieden von einem handlungsinhärenten „knowing *in* action") im Sinne Schöns (1983). Reflexion bezieht sich diesem Verständnis folgend auf *vorgängige* Erfahrungen und deren *analytische* Durchdringung.

Problematisch an der Rezeption und Nutzung des Reflexionsbegriffes innerhalb der Kompetenz- und Professionsforschung ist die zuweilen zu beobachtende kognitive Aufladung des Konzeptes, das dann zwar eine theoretisch anspruchsvolle *benchmark* in der Qualitätsdiskussion über das Lehrerhandeln beschreibt, jedoch nicht mehr die empirisch vorfindbaren Verstehens- und Interpretationsprozesse von (angehenden) Lehrpersonen in Bezug auf ihre Praxiserlebnisse und Professionsherausforderungen zu erfassen vermag. Aus diesem Grund halten wir eine genauere Operationalisierung von Reflexionspraktiken für notwendig, die sowohl mögliche Anlässe, Bezugspunkte und Wissensdimensionen erfasst als auch Graduierungen von Reflexionskompetenz rekonstruierbar macht.

8.2 Portfolios als Instrument zur Entwicklung und Darstellung von Reflexionskompetenz

Für die Entwicklung von Reflexionskompetenz angehender Lehrer(innen) hat die Arbeit mit *Portfolios* in der Hochschule in den vergangenen Jahren zunehmend an Bedeutung gewonnen (vgl. Gläser-Zikuda, Rohde & Schlomske, 2010; Wade & Yarbrough, 1996). Folgt man Tina Hascher (2010), kann die Portfolionutzung nach zwei Dimensionen systematisiert werden: Portfolios bewegen sich in der Gestaltungsdimension (1) zwischen den Polen „Offenheit" versus „Standardisierung". Die Aufgabenstellung für die Schreibaufträge beeinflusst, welche (kognitiven) Strategien der Bearbeitung angewendet werden. In der Funktionsdimension (2) können Portfolios, so Hascher weiter, entweder eine „Lernorientierung" (ebd.) aufweisen oder primär der Leistungsfeststellung dienen.

Die Arbeit mit Portfolios weist gegenüber anderen Formen der Wissens- oder Leistungsfeststellung innerhalb der Lehrerbildung besondere Merkmale auf. Portfolios bieten durch Aufgabenbearbeitungen zu unterschiedlichen Zeitpunkten die Möglichkeit, individuelle Wissensstände und Erklärungsmuster im Verlauf zu dokumentieren und mögliche Veränderungen über einen längeren Zeitraum im Sinne eines *professional growth* (vgl. Richter, 2006) festzustellen. Portfolios sind damit anschlussfähig an das obige Verständnis von Reflexionskompetenz. Zum einen macht die schriftliche Fixierung eines Textes im Portfolio die Re-Interpretation des Erlebten sichtbar und damit für die erziehungswissenschaftliche Analyse zugänglich. Zum anderen ermöglichen Portfolios die Feststellung von Entwicklung. Diese kann sich im Portfolio als Darstellung von *neuem Wissen* ausdrücken (beispielsweise über eine neu kennengelernte Methode) oder als veränderte Interpretation von Erlebnissen zeigen.

8.3 Zur Dimensionierung und Graduierung von Reflexionskompetenz

Ausgehend von der Annahme, dass Reflexionskompetenz eine zentrale Bedingung der Vermittlung von Erfahrung und Wissen und insofern der Ausbildung von Professionalität im Lehrberuf darstellt, geht es im folgenden Abschnitt darum, Reflexionskompetenz für die empirische Analyse von Portfoliotexten Studierender so zu operationalisieren, dass zentrale Dimensionen des Konstrukts hinreichend präzise unterscheidbar werden.
Unserer Analyse ist eine Heuristik unterlegt, die es ermöglichen soll, Reflexionsprozesse zum einen in ihren *sachlichen Bezugspunkten* und zum ande-

ren mit Blick auf mögliche *Qualitätsunterschiede* zu erfassen. Während die erste Untersuchungsperspektive die Frage zu beantworten sucht, auf was sich die Reflexion der Studierenden in ihren Portfoliotexten bezieht, geht es in der zweiten Untersuchungsperspektive darum, in den Texten Hinweise auf ein zunehmend mehrperspektivisches und insofern komplexeres *Reframing* der unterrichtsbezogenen Wahrnehmungs- und Analyseprozesse der Studierenden zu identifizieren.

In sachlicher Hinsicht bezieht sich eine erste zentrale Dimension auf die Frage nach den *Auslösemechanismen* und *Anlässen* der Reflexionsprozesse. Grundsätzlich kann zunächst davon ausgegangen werden, dass entweder *Differenzerfahrungen* oder *Problemstellungen* den Auslöser für Reflexionsprozesse bilden. Von Differenzerfahrung kann beispielsweise dort gesprochen werden, wo mit Reflexion auf Diskrepanzen zwischen den normativen Vorstellungen über Unterricht und das Unterrichten auf der einen Seite und dem tatsächlich wahrgenommen Unterrichtsgeschehen auf der anderen Seite reagiert wird. „Puzzles of practice" (Munby & Russel, 1990) im Sinne wahrgenommener Schwierigkeiten und unmittelbar nicht lösbarer Herausforderungen gelten gerade im Anschluss an Deweys Überlegungen zu professionellem Lehrerhandeln (vgl. Dewey, 1929, 2001) als ein zweiter zentraler Auslösemechanismus für Reflexion.

Zudem sind zwei Referenzen als mögliche Anlässe von Reflexion zu unterscheiden: Reflexion kann erstens anlassbezogen durch *Erlebnisse* z.B. aus der eigenen Schulbiographie motiviert sein, die eine Fragestellung aufwerfen und das weitere Nachdenken über Unterrichten auslösen und bestimmen. Nachdenken über Unterricht kann seinen Anlass aber zweitens auch in unterschiedlichen Formen des *Wissens* haben. Hier ist dann weiter zu differenzieren zwischen akademischem Wissen, bei dem die Reflexion über Unterricht Bezugnahmen auf erziehungswissenschaftliche Theorien und Forschungsergebnisse erkennen lassen müsste und Formen subjektiver Theorien bzw. Überzeugungen, die zwar mit der Gewissheit verleihenden Autorität von Wissen artikuliert werden können, jedoch nicht mit Bezug auf wissenschaftliche Theoreme und Befunde begründet werden müssen.

Für die empiriefähige Differenzierung von Reflexionskompetenz ist neben der Frage nach Auslösemechanismen und Anlässen die *inhaltliche Dimensionierung des Wissens* eine zweite zentrale Operationalisierungsaufgabe: Welches sind die erziehungswissenschaftlichen Wissensbestände, die in der Deutung von Unterricht Verwendung finden? Die US-amerikanischen Professionsforscher Ken Zeichner und Daniel Liston (1996) schlagen die Unterscheidung von fünf Wissenstraditionen vor, durch die das reflektierende Räsonieren über Unterricht inhaltlich bestimmbar wird:

1. Mit dem Begriff *academic tradition* bezeichnen sie eine Wissenstradition, die ihren Fokus als „content based approach" (S. 54) auf die fachlich bestimmten Unterrichtsgegenstände und deren didaktische Repräsentation richtet. Liston & Zeichner schließen explizit an Lee Shulmans (1987) Unterscheidung zwischen *content knowledge* und *pedagogical content knowledge* an und betonen die fachbezogenen Vermittlungsprozesse. Bei Unterrichtsreflexion auf der Basis dieser Wissenstradition geht es um den Unterrichtsinhalt und dessen unterrichtliche Repräsentation.

2. Eine zweite Wissenstradition in der Unterrichtsreflexion, Liston & Zeichner bezeichnen diese als *social efficiency tradition*, rückt die Frage der Wirksamkeit bestimmter Vermittlungsstrategien in den Vordergrund. Garant dieser Tradition sind Forschungsbefunde, in Bezug auf die unterstellt wird, sie könnten lernwirksame Steuerungsstrategien begründen. Diese technologieaffine Argumentation kann zudem in Kombination mit einem Reflexionstypus auftreten, der den Lehrer als entscheidende Steuerungsvariable im Unterrichtsgeschehen ansieht („Auf den Lehrer kommt es an").

3. In der *developmentalist tradition* als dritter Wissenstradition rückt dagegen der Lerner in den Fokus der Unterrichtsreflexion. Die Berücksichtigung des je individuellen Entwicklungsstandes der Schüler spielt in dieser Reflexionstradition eine ebenso zentrale Rolle wie die Einbeziehung von deren je partikularen soziokulturellen Ausgangslagen.

4. Die *social reconstructionist tradition* bezeichnet eine vierte Reflexionstradition, die auf Wissen über die sozialen, politischen, kulturellen und historischen Bedingungen des Unterrichts gegründet ist. Unterricht ist in dieser Art von Reflexion, so Liston & Zeichner, immer sozial situiertes Geschehen, nie nur das individuelle Produkt von Lehrer- und Schüleraktivitäten.

5. Mit *generic tradition* schließlich bezeichnen Liston & Zeichner eine Tradition von Unterrichtsreflexion, die ohne spezifische Hervorhebung einzelner Wissensaspekte die Bedeutung von Reflexion als solche betont. Reflexion wird in dieser Tradition als prinzipielles Instrument von Kompetenzentwicklung angesehen[1].

Deutlich ist an dieser Typologie ihre kulturelle Verankerung im angloamerikanischen Wissenshaushalt der Erziehungswissenschaften zu erkennen. Adaptionen an erziehungswissenschaftlich-pädagogische Wissensdiskurse in Deutschland sind jedoch möglich. So ist etwa nicht auszuschließen, dass sich der lernerzentrierte Reflexionstypus, den Liston & Zeichner vor allem ent-

---

[1] Liston & Zeichner (1996) ziehen diesen Anspruch aufgrund der fehlenden Anbindung an professionelle Wissensressourcen stark in Zweifel.

wicklungspsychologisch konstruieren, in Deutschland mit reformpädagogischen Semantiken der Schülerorientierung amalgamiert.

Will man die *Qualität von unterrichtsbezogener Reflexion* differenziert erfassen, stößt man in einschlägigen Debatten zum Thema *reflective teaching* immer wieder auf den *Graduierungsvorschlag* von Neville Hatton und David Smith (1995). Entwickelt an studentischen Unterrichtsberichten unterscheiden Hatton & Smith vier Stufen reflektierenden Schreibens:

1. Die reinen *Beschreibungen* von Unterrichtssachverhalten und -geschehnissen, die als natürlich gegeben dargestellt werden, ohne dass Einordnungs- und Erklärungsversuche für notwendig erachtet werden.
2. Die *beschreibende Reflexion*, in der Unterrichtsereignisse mit Verweis auf persönliche Urteile oder akademisches Wissen gedeutet und gerechtfertigt werden.
3. Für die Stufe *dialogischer Reflexion* ist nach Hatton & Smith eine distanzierte Außenperspektive charakteristisch, die nicht nur mit hypothetischen Alternativen der Erklärung von Unterrichtsereignissen experimentiert, sondern auch explizite Abwägungen von konkurrierenden Deutungsperspektiven oder Unterrichtsansprüchen enthält.
4. Diese drei graduell unterscheidbaren Stufen unterrichtsbezogener Reflexionskompetenz ergänzen Hatton & Smith um die Stufe der *kritischen Reflexion*, für die jedoch fraglich ist, ob sie tatsächlich eine formal höherstufige Form der Reflexion darstellt. Für kritisches Reflektieren sei zum einen die Berücksichtigung historischer, sozialer und politischer Kontexte kennzeichnend[2], zum anderen hinterfrage kritische Reflexion die etablierten Zielsetzungen und habitualisierten Praktiken der eigenen Profession[3].

In empirischen Untersuchungen zur Reflexionskompetenz hat sich diese Operationalisierung jedoch als zu wenig auflösungsstark erwiesen, da die Stufen 3 und 4 bei Lehramtsstudierenden nur in Ausnahmefällen vorkommen (vgl. z.B. Brandenburg, 2008; Leonard & Rihm, 2011; Moon, 2004). Auch ist zu fragen, ob die bei Hatton & Smith fehlende Unterscheidung zwischen subjektiven und wissenschaftlichen Bezugnahmen nicht bedeutsamer für die Graduierung von Reflexionskompetenz ist. Leonhard & Rihm (2011) haben diesen Einwänden Rechnung zu tragen versucht und ihr ebenfalls auf Hatton

---

[2] Insofern weist diese Stufe eher *inhaltliche* Parallelen zu dem von Liston & Zeichner (1996) als *reconstructivist* bezeichneten Reflexionstypus auf.
[3] Hier stellt sich die Frage, ob dies nicht genau die Merkmale sind, die bereits auf der Stufe dialogischer Reflexion mit der Einnahme einer distanzierten Außenperspektive verbunden sind.

& Smith zurückgehendes Graduierungsmodell intern differenziert. Die Stufe 2 – *beschreibende Reflexion* – differenzieren sie danach aus, ob die Reflexion von Unterricht auf einer oder mehreren Annahmen beruht und in welchem Maße diese Annahmen durch begründende Argumentation explizit gemacht werden. Für die Ausdifferenzierung der Stufe 3 – *dialogische Reflexion* – ist zum einen entscheidend, welcher Wissenstypus zur abwägenden Deutung von Unterricht herangezogen wird: nur subjektive Theorien oder auch erziehungswissenschaftliches Wissen. Zum anderen spiele eine wichtige Rolle, ob die Reflektierenden in der Lage sind, die Deutungsperspektiven bei der Abwägung zwischen konkurrierenden Erklärungen/Einordnungen zu wechseln.

Anschließend an das bereits von Hatton & Smith hervorgehobene Unterscheidungskriterium zwischen beschreibender und dialogischer Reflexion sowie an einen Strang im jüngeren Professionalisierungsdiskurs zum Umgang mit Ungewissheit im Lehrerhandeln (vgl. Helsper, 2003; Kade & Seiter, 2003; Meseth, Proske & Radtke, 2012) konnten wir nach ersten explorativen Interpretationen unseres Untersuchungsmaterials eine weitere Graduierungsmöglichkeit des Konstrukts Reflexionskompetenz identifizieren. Diese Unterscheidung betrifft die Differenz zwischen einer *schließenden* und einer *abwägenden Reflexion von Unterricht und Lehrerhandeln* und fließt – wie in Abschnitt 8.4.2 genauer erläutert – in die sowohl theoriegeleitete wie gegenüber den Daten offene Analyse mit ein.

Insgesamt verstehen wir die hier vorgestellten Dimensionierungen und Graduierungen von Reflexionskompetenz nicht als ein abgeschlossenes Kompetenzmodell, sondern als untersuchungsleitende Heuristik, von der aus die qualitativen Analysen der Portfoliotexte der Studierenden ihren Ausgang genommen haben.

8.4 Das Untersuchungsdesign

8.4.1 Kontext und Materialgrundlage der Untersuchung

Gegenstand unserer Untersuchung sind Portfolios, die von Studierenden im Rahmen eines *Modellstudiengangs* im Kollegformat zwischen 2009 und 2011 an der Universität zu Köln erstellt wurden. Ziel des Modellkollegs war die Erprobung eines Curriculums für die neue Lehrerausbildung in Köln, die sich an den von der KMK formulierten „Kernkompetenzen" des Lehrerhandelns orientiert, dazu Hospitationen an Kooperationsschulen mit Inhalten universitärer Lehrveranstaltungen verzahnt und insbesondere die Förderung der Reflexionskompetenz der Studierenden in den Blick nimmt (vgl. Artmann et al., 2010; Herzmann, König & Artmann, 2012).

Die Portfolios der Studierenden enthalten neben weiteren Dokumenten sogenannte *Arbeitstheorien* über die im jeweiligen Semester curricular im Vordergrund stehenden Kompetenzen des Lehrerhandelns. Gegenstand unserer Untersuchung sind die Arbeitstheorien über *Unterrichten*, das als Modul im dritten Semester behandelt wurde. Die Studierenden erhielten im ersten Semester einen einführenden Informationstext („Was ist eine Arbeitstheorie?"), der Entstehung und Bedeutung *Subjektiver Theorien* für das Lehrerhandeln erläutert und auf die Notwendigkeit aufmerksam macht, sich dieser *Subjektiven Theorien* bewusst zu werden. Auf der Basis dieses Informationstextes erhielten die Studierenden in jedem Semester eine spezifische Arbeitsanweisung zur Formulierung ihrer Arbeitstheorien über das im Semester behandelte Modul, in der hier interessierenden Untersuchung zur Basiskompetenz des Unterrichtens.

Mit Hilfe von Leitfragen wurden die Studierenden zu Beginn des Semesters aufgefordert, eine *Erste Arbeitstheorie* zu formulieren. Dazu konnten sie sowohl auf Unterrichtserfahrungen aus der eigenen Schulzeit als auch aus ihren Präsenzphasen an den Praxisschulen zurückgreifen. Die Leitfragen fokussierten auf persönliche Einschätzungen von gutem bzw. schlechtem Unterricht, allgemeine Unterrichtsziele, bisheriges Wissen über Unterricht, die eingeschätzte Verantwortung der Lehrperson für die Steuerung von Unterricht, eine Einschätzung der eigenen Lehrfähigkeiten sowie der eigenen Lernziele für das Modul *Unterrichten*.

Am Ende des Semesters formulierten die Studierenden eine *Zweite Arbeitstheorie*, die vor dem Hintergrund des im Laufe des Semesters an den Praxisschulen Erlebten sowie des in Lehrveranstaltungen erworbenen Wissens (neue) Antworten auf die Leitfragen hervorbringen sollte. Hilfestellung erhielten die Studierenden dabei erneut durch *Reflexionsfragen*, die mögliche Veränderungen in ihrer Sichtweise auf Unterricht und Lehrerrolle ansprachen. Vor dem Hintergrund unserer Eingangsüberlegungen zur Portfolioarbeit können die Arbeitstheorien verstanden werden als offene Schreibanlässe, die Lern- und Reflexionsprozesse der Studierenden fördern sollen.

Eine grundsätzliche Herausforderung für die Analyse von Reflexionsdokumenten wie den von uns untersuchten Arbeitstheorien der Studierenden ist im Vorgang der Verschriftlichung gedanklicher Auseinandersetzungen zu sehen (vgl. Hatton & Smith, 1995). Das Verhältnis zwischen Gedachtem und Geschriebenem lässt sich prinzipiell nicht eindeutig bestimmen, insofern beide Formate nicht den gleichen „Produktionslogiken" folgen. Bei der empirischen Rekonstruktion sind deshalb die Erwartungen, die an die Ausführungen der Studierenden gerichtet werden, in die Analyse mit einzubeziehen. Zum einen ist zu vermuten, dass die Textsorte einen Einfluss auf die Darstellung und den Inhalt der Reflexion ausübt. In den Arbeitstheorien waren die Studierenden, wie dargestellt, aufgefordert, ihre individuellen Erfahrungen und Vorstellungen für die Reflexion über Unterricht zu nutzen, so dass von einer gewissen Normativität des Textes auszugehen ist, da *subjektive* Theorien nur begrenzt erläuterungsbedürftig und begründungspflichtig sind. Zum anderen könnte das Wissen der Studierenden um die Besprechung der Arbeitstheorien mit ihren Mentor(inn)en am Semesterende zu einem Schreiben im Sinne sozialer Erwünschtheit führen.

8.4.2 Fragestellungen und methodisches Vorgehen der Untersuchung

Grundlage der empirischen Analyse ist die im vorherigen Abschnitt beschriebene theoriegeleitete Heuristik, die sich ursprünglich auf drei Untersuchungsdimensionen konzentrierte:

- *Auslösemechanismen* von Reflexion entlang der Unterscheidung zwischen erlebnis- und wissensbezogenen Anlässen,
- *inhaltliche Dimensionierung* entlang der Unterscheidung der fünf Wissenstraditionen (*academic tradition, efficiency tradition, developmentalist tradition, social reconstructivist tradition* oder *generic tradition*),
- *qualitative Graduierung* entlang der vier Reflexionsstufen.

Auf der Basis dieser drei Dimensionen wurden die Portfoliodokumente in Anlehnung an die methodologischen Anregungen von Kelle & Kluge (2010) untersucht, denen es um ein sowohl theoriegeleitetes wie gegenüber den Daten offenes Analyseverfahren geht. Die Analyse wurde dabei zunächst individuell an den Dokumenten entwickelt und dann diskursiv im Autorenteam und in einer angeschlossenen Forschungswerkstatt präzisiert. Aus den über die Arbeitstheorien zu „gutem Unterricht" generierten Daten (insgesamt handelte es sich um 57 Portfolios von Studierenden, die jeweils zwei Arbeitstheorien enthielten) erfolgte in einem ersten Analyseschritt durch ein theoretical sampling die *Fallauswahl*. Unter dem theoretical sampling verstehen wir den Vergleich bzw. die Kontrastierung von Untersuchungseinheiten, „die hinsichtlich theoretisch bedeutsamer Merkmale entweder relevante Unterschiede oder große Ähnlichkeiten aufweisen" (ebd., S. 48). Ähnlichkeiten wiesen die Fälle beispielsweise dadurch auf, dass die Studierenden als Reflexionsanlässe lernbiographische Erfahrungen formulierten, die sie in negativer Weise von Erwartungen an guten Unterricht abgrenzten. Unterschiede zwischen den Texten der Studierenden ließen sich vor allem hinsichtlich ihres Grades der Explikation erziehungswissenschaftlichen Wissens ausmachen.

Die auf diese Weise ausgewählten 16 Fälle[4] wurden im zweiten Analyse-schritt einer *Einzelfallanalyse* unterzogen, die sich sowohl auf inhaltliche Aspekte der Beschreibung von Unterricht als auch auf die Qualität der Reflexion der Studierenden konzentrierte. Zunächst erfolgte induktiv in den Texten der Studierenden eine Markierung von Stichworten, die auf Begriffe und erste Konzeptualisierungen von Unterricht verweisen, wie etwa *Motivation*, *Klassenmanagement* und *Schülerorientierung*. Ausgehend von diesen Stichworten erfolgte dann unter Zuhilfenahme der oben stehenden Untersuchungsdimensionen (Auslösemechanismen, Wissenstraditionen, Reflexionsstufen) eine theoriegeleitete Identifikation fallspezifischer Reflexionsformen der Studierenden. Dazu wurden die identifizierten Begriffe und Konzeptualisierungen der Studierenden eingeordnet, beispielsweise in die Wissenstradition der *social efficiency tradition* oder der *developmentalist tradition*. Hinsichtlich der Reflexionsqualität der Studierenden wurde unterschieden, inwiefern es sich um reine Beschreibung, beschreibende Reflexion oder eine distanziert dialogische Reflexion handelt.

Im nun folgenden dritten Analyseschritt, dem *Fallvergleich*, konnte zunächst festgestellt werden, dass sich die Reflexionen der Studierenden lediglich auf den beiden ersten von Hatton & Smith beschriebenen Niveaustufen befinden, sich die komplexeren Reflexionsformen in den Daten hingegen nicht finden lassen: Die Reflexionen der Studierenden zeichnen sich überwiegend durch reine Beschreibungen und beschreibende Reflexionen aus.

Wie in Abschnitt 8.3 bereits angedeutet, bot sich in den ersten datengeleiteten Voranalysen unseres Untersuchungsmaterials eine weitere Unterscheidung an, die eine spezifische Differenz im Modus der Argumentation der Studierenden sichtbar macht: Danach lässt sich in ihren Reflexionen ein schließender von einem abwägenden Modus der Unterrichtsreflexion unterscheiden mit den argumentativen Polen „Bestätigung/Selbstvergewisserung eigener handlungsnaher Überzeugungen" versus „handlungsoffenes Bedenken von Prämissen, Bedingungen und Folgen eigener Handlungsstrategien":

1. Als *schließende Reflexion von Unterricht* lässt sich eine Argumentation qualifizieren, die die Wahrnehmung und Analyse von Unterricht entweder auf die Rechtfertigung der vorfindbaren und präskriptiv für gut (oder schlecht) bewerteten Unterrichtsmuster/-prozesse eng führt oder sich auf die Feststellung von handlungssichernden Gewissheiten im Lehrerhandeln konzentriert.

---

[4] Dabei entspricht ein Fall jeweils einem Portfolio bzw. Studierenden mit jeweils zwei Dokumenten (Erste und Zweite Arbeitstheorie).

2. Dagegen kann eine *Unterrichtsreflexion* als *abwägend* gelten, wenn die Wahrnehmung und Analyse von Unterricht nicht nur regelmäßig unterschiedliche Betrachtungsperspektiven einbezieht, sondern sich in der Einnahme einer außengeleiteten Beobachterrolle zurückhält gegenüber expliziten und eindeutigen Schlussfolgerungen/Urteilen über „guten" Unterricht und „richtiges" Lehrerhandeln. Diese Zurückhaltung im Sinne normativ-präskriptiver Zuschreibungen wird auch daran erkennbar, dass, wenn solche Schlussfolgerungen/Urteile vorgenommen werden, diese im Modus von wissensbezogenen Argumentationen gestützt werden, die Bedingungszusammenhänge der Urteile ebenso erkennen lassen wie Geltungsgründe.

In Anlehnung an Reichertz' (2003) Verständnis des abduktiven Schlussfolgerns ist diese Differenz der Argumentationsmodi in die weitere theoretische Modellierung von Reflexionskompetenz mit einzubeziehen.

8.5 Reflexion als Erzeugung von Gewissheit: Argumentationsmuster und Verlaufsformen studentischer Reflexionsprozesse über Unterricht

Die mit dem Portfolio eingeführte *Erste* und *Zweite Arbeitstheorie* ging von der Annahme aus, dass sich das Wissen der Studierenden und ihre Reflexion über Unterricht bzw. ihre spätere Profession vom Beginn zum Ende des Semesters verändern und dass diese Entwicklung in den Arbeitstheorien sichtbar wird. Als Lerngelegenheiten für die intendierten Entwicklungen können einerseits das im Seminar vermittelte Wissen und andererseits die Praxiserfahrungen der Studierenden in der Schule benannt werden.

Diese Entwicklungshypothese, die nicht zuletzt das Portfolio im Sinne des beschriebenen *professional growth* (vgl. Richter, 2006) legitimiert, finden wir durch die Analysen der Arbeitstheorien jedoch nur teilweise bestätigt. Der zentrale Befund unserer Analysen auf der Ebene der Argumentationsmuster ist vielmehr, dass die Studierenden die Lerngelegenheiten Seminarwissen und Praxiserfahrungen ausschließlich im Modus der oben dargestellten schließenden Argumentation als Selbstvergewisserung eigener Überzeugungen bearbeiten.

Die anfänglich formulierten Fragen oder die zu Beginn des Semesters dargelegten Haltungen der Studierenden kommen (zwar in den Fällen unterschiedlich) durch spezifische Praxiserfahrungen, manchmal auch durch das im Seminar vermittelte Wissen in Bewegung bzw. werden kurzzeitig irritiert. In der *Zweiten Arbeitstheorie* zeigt sich dann aber in allen Fällen das Bemühen, der anfänglichen Frage mit einer klaren Antwort zu begegnen bzw. mit einer eindeutigen Gewissheit die eigene Reflexion zu Unterricht abzuschließen. Die angestellten Reflexionen verbleiben zudem vor allem auf dem Niveau der „beschreibenden Reflexion", eher selten werden Annahmen expliziert und in einen begründeten Argumentationsmodus überführt – wie Leonhard & Rihm (2011) in ihrer Ausdifferenzierung der beschreibenden Reflexion als zusätzliche Qualifizierung der Reflexionskompetenz vorschlagen. Auch auf der Ebene der identifizierten Wissensbestandteile zeigt sich, dass die Studierenden in der Tradition der *social efficiency* vor allem bemüht sind, über die lehrerbezogene Steuerung des Unterrichtsgeschehens Handlungssicherheit zu erlangen.

Um die dennoch vorhandene Varianz der Reflexionsbemühungen der Studierenden zu illustrieren, sollen nun zwei Fälle, nennen wir sie *Ida* und *Lars*, vorgestellt werden, die neben der Gemeinsamkeit eines letztlich schließenden Argumentationsmusters als kontrastiv zu bezeichnen sind.

Ida

In ihrer *Ersten Arbeitstheorie* nimmt Ida ihre eigene Schulbiographie zum Anlass ihrer Reflexion über guten Unterricht. Im Modus einer reinen Beschreibung schildert sie darin ihre Erfahrungen als Schülerin mit „unmotivierten und desinteressierten Lehrern, die weder für die Schüler, noch für den eigenen Unterricht Begeisterung aufbringen konnten" und ergänzt ohne weitere Erklärung, dass „man merkte, dass der selbe Unterrichtsstoff jedes Jahr wiederholt" und „der Unterricht schlecht bis gar nicht organisiert" wurde. Diese biographischen Erfahrungen verknüpft sie in ihrer *Zweiten Arbeitstheorie* rudimentär mit Elementen des im Seminar angebotenen Wissens (hier: die „Merkmale guten Unterrichts" nach Helmke). In ihrer Darstellung zeigt sich ein durchgehendes Muster, nämlich die abwechselnde Schilderung eines Problems bzw. einer Frage mit unmittelbar anschließender Lösung bzw. Antwort. Inhaltlich folgt Ida der Wissenstradition der *social efficiency*: Die eigene Motivation als Lehrerin ist für sie der Garant lernwirksamen Unterrichts („Guter Unterricht kennzeichnet sich immer auch durch motivierte und gute Lehrer, die so überhaupt erst in der Lage sind, ihre Schüler zu motivieren und mit Begeisterung zu unterrichten."). Dabei bezieht sich Ida vor allem auf die Erfahrung ihrer ersten eigenen Unterrichtsstunde, die sie im Laufe des Semesters vorbereitet und an ihrer Praxisschule durchgeführt hat. Ein ähnlicher, der Tradition der *social efficiency* folgender Ansatz lässt sich auch bei einer anderen Studentin, Katharina, finden. Im Unterschied zu der (aus Praxiserfahrungen gewonnenen) Motivierungsfigur Idas beschreibt Katharina jedoch eine Stärkung der unterrichtsbezogenen Handlungssicherheit durch die Seminarinhalte, wobei sie insbesondere auf die Steuerungsstrategien des

Classroom Managements verweist („Ein adäquates Klassenmanagement ist für den Lernerfolg der Schüler, aber auch für den Lehrerfolg des Lehrers sehr wichtig. Der Lehrer sollte den Überblick über die Schüleraktivitäten behalten, so dass der Unterricht möglichst störungsfrei ablaufen kann."). Als Stärkung der Handlungssicherheit lässt sich Katharinas Reflexion insofern rekonstruieren, als sie das Seminarwissen für die Antizipation einer gelingenden, im Sinne einer störungsarmen Unterrichtspraxis nutzt.

Lars

Lars nimmt in der *Ersten Arbeitstheorie* eine Gewissheit zum Ausgangspunkt seiner Unterrichtsreflexion. Diese Gewissheit ist auch bei ihm das Ergebnis eigener lernbiographischer Erfahrungen (vor allem einer Negativerfahrung mit einer ehemaligen Physiklehrerin), aus denen Lars die Überzeugung entwickelt, dass dem Lehrer als Person eine entscheidende Funktion für gelingenden Unterricht zukommt. Dafür legt Lars bereits in der *Ersten Arbeitstheorie* eine Art „Eid" auf sein späteres Lehrersein ab: „Ich als angehender Lehrer will möglichst motivierend auf meine Schülerinnen und Schüler wirken und möchte ihr eigenes Interesse wecken. Dies geschieht in erster Linie über meine Person als Lehrer." Inhaltlich stellt Lars Schülerorientierung und Individualisierung als zentrale Aufgaben der Lehrperson heraus, sodass man Lars' Erste Unterrichtstheorie der *developmentalist tradition* zugehörig beschreiben könnte, die von der Annahme ausgeht, „that the natural development of the learner provides the basis for determining what should be taught to students and how it should be taught" (Liston & Zeichner, 1996, S. 57-58). Argumentativ bewegt sich Lars' Reflexion zwischen abwägend und explizierend einerseits, insofern er transparent macht, welche Erfahrungen zu welchen Konsequenzen in seiner Unterrichtstheorie geführt haben. Exemplarisch wägt er etwa die Unterrichtsprinzipien Strukturierung/Vorbereitung auf der einen und Anpassungsfähigkeit/Flexibilität auf der anderen Seite ab. Andererseits werden sowohl die selbstreflexive Haltung als auch die Schüler- und Lernprozessorientierung zur unhinterfragbaren Größe in Lars' Professionsverständnis. Diese haben für ihn eine solche Eindeutigkeit, dass sie ihn immer wieder zu quasi bekenntnishaften Ich-Formeln bringen („Ich habe die Verantwortung, mich dem Teamprozess anzupassen und ihn mit zu gestalten.").

Die *Zweite Arbeitstheorie* schließt in inhaltlicher Hinsicht unmittelbar an das Ende der *Ersten Arbeitstheorie* an, insofern Lars die Reflexionskompetenz eines Lehrers „als wichtigste Bedingung für Unterricht" markiert. Anders als in der *Ersten Arbeitstheorie* bilden nun jedoch nicht mehr schulbiographische Erfahrungen den Referenzpunkt von Lars' Reflexion, sondern Überlegungen zur Bedeutung theoretischer Modellierungen des Unterrichts für die Verbesserung der Reflexionskompetenz. Argumentativ nimmt Lars' *Zweite Arbeitstheorie* explizit theoretisches Wissen aus den Seminaren auf (*Lerntheorien, entwicklungspsychologische Modellvorstellungen, pädagogischer Konstruktivismus*). Lars' Argumentation ist hier formal an eine wissenschaftliche Erörterung angelehnt und als „beschreibende Reflexion" zu qualifizieren, die die eigenen Annahmen in einen wissenschaftlich begründeten Zusammenhang zu überführen sucht. Dennoch besteht das zentrale Merkmal der *Zweiten Arbeitstheorie* nicht im „Dass", sondern im „Wie" der theoriebezogenen Wissensaneignung. Als Kriterium für die Brauchbarkeit theoretischen Wissens definiert Lars dessen Reflexionstauglichkeit. Das Wissen müsse der Reflexion erlauben, den Horizont zu erweitern und Handlungsalternativen im pädagogischen Alltag aufzeigen. Im Umkehrschluss erteilt er theoretischen Konzepten eine Absage, die diesem Orientierungs- und Flexibilitätsanspruch bezogen auf das pädagogische Handeln nicht genügen: „Ein theoretisches Modell, welches zu formal und unbeweglich in seiner Handhabung ist, kann ich nicht gebrauchen". Damit bleiben Lars' Reflexionen über Unterricht, auch wenn sie nicht ausschließlich erlebnisorientiert angelegt sind und sich explizit auf Seminarwissen beziehen, in einem hohem Maße von einer grundlegenden *Gewissheit* und *Eindeutigkeit* über die praktischen Aufgaben und Orientierungspunkte sowie die theoretischen Grundlagen des Lehrerhandelns gekennzeichnet. Fragen, Zweifel oder Problemstellungen werden in einer letztlich schließenden Argumentation in sein konstruktivistisches Verständnis von Lehrerreflexion als Basis professionellen Unterrichtens überführt.

8.6 Zusammenfassung und Diskussion

Zusammenfassend lassen sich in den analysierten Fällen als Reflexionsanlässe vor allem lernbiographische und aktuelle schulbezogene Ereignisse ausmachen, selten wissensbezogene Anlässe. Die Darstellung dieser Ereignisse ist bereits in der *Ersten Arbeitstheorie* häufig mit Gewissheiten über „guten" Unterricht und „richtiges" Lehrerhandeln verknüpft. Bei den Reflexionen über Unterricht werden dann Diskrepanzen zwischen diesen Gewissheiten und den Beobachtungen von Unterricht zum Anlass für die Reflexionsanstrengungen der Studierenden. Diese Diskrepanzen werden aber in allen Fällen im Modus einer schließenden Argumentation bearbeitet, d.h. die im Laufe des Semesters gemachten Praxiserfahrungen oder das im Seminar neu erworbene Wissen werden nicht im Sinne des von Neuweg (2004) beschriebenen „analytischen Habitus" genutzt, um unterrichtsbezogene Überzeugungen, Erwartungen und Deutungen abwägend zu reflektieren. Die Studierenden lassen sich im Modul *Unterrichten* zwar durchaus auf neue Erfahrungen und neue Wissensbereiche ein, es gelingt ihnen aber nicht – zumindest in den dargelegten *Arbeitstheorien* – Erfahrungen und Wissen im Modus einer dialogischen Reflexion miteinander so zu verzahnen, dass widersprüchliche Unterrichtsansprüche oder konkurrierende Deutungen eines Unterrichtsereignisses zugelassen werden. Am Ende dient das Wissen entweder der Stabilisierung der nun als fundiert erscheinenden Überzeugungen oder aber das Wissen wird als nicht erfahrungstauglich und damit als nicht nützlich für die Praxis zurückgewiesen.

Zu den Gründen für dieses in allen untersuchten Fällen gefundene schließende Argumentationsmuster lassen sich folgende Überlegungen anstellen: Mit der Textsorte der Arbeitstheorie ist, wie wir bereits dargelegt haben, eine Normativität im Schreibprozess angelegt, da die Studierenden ausdrücklich aufgefordert sind, ihre subjektiven Einschätzungen und Haltungen über Unterricht darzulegen – es sei denn, die Studierenden nehmen auf zuvor erworbenes Wissen Bezug und weisen dies als solches aus. Erst in der *Zweiten Arbeitstheorie* ist eine argumentative Verknüpfung von anfänglichen Einstellungen mit den Lernangeboten im Seminar bzw. in der Unterrichtspraxis erwartbar. Der im Modul *Unterrichten* formulierte Arbeitsauftrag für die Studierenden ist, wie ausgeführt, einerseits eher offen formuliert. Andererseits ist mit dem Fokus auf die „Subjektiven Theorien" der Studierenden zu berücksichtigen, dass externe, methodisch kontrollierte und materialbasierte Referenzen auf den Gegenstand der Reflexion unwahrscheinlicher sind. Die Studierenden waren eben nicht aufgefordert, beispielsweise anhand von Fallanalysen ihre Vorstellungen von gutem Unterricht zu qualifizieren oder aber anhand von Unterrichtstheorien ihre Einschätzungen zu Unterricht zu begründen. Videographierte (Unterrichts-) Fälle und Unterrichtstheorien waren zwar Lehrinhalte des Seminars, in den Vorgaben zu den Arbeitstheorien werden diese aber nicht explizit abgefragt.

Dass das schriftliche Fixieren des Gedachten einerseits sowie die Textsorte Portfolio andererseits Begrenzungen des Reflektierens bedingen können, haben wir mit dem Hinweis auf die unterschiedlichen Produktionslogiken des Denkens und Schreibens sowie mit dem Problem der Normativität bereits benannt. Ein weiterer Grund für das schließende Argumentationsmuster der Studierenden könnte darüber hinaus auch in der Zielorientierung liegen, mit der die neue Lehrerbildung angetreten ist. Wenn im Sinne von Kompetenzorientierung die Ausbildung stärker von den Handlungsanforderungen des späteren Unterrichtens her strukturiert ist, liegt es nahe, dass zunächst Handlungssicherheit für die Bewältigung von Praxis hergestellt werden muss und der argumentativ abwägende, verschiedene Optionen problematisierende akademische Habitus bei diesem Bemühen, Sicherheit zu erzeugen, möglicherweise wenig zielführend ist. Inwiefern die neue Lehrerbildung mit ihrer dominanten Ausrichtung auf die Handlungserfordernisse in Schule und Unterricht derartige Nebenfolgen erzeugt, soll hier nicht vorschnell beantwortet, zumindest aber als mögliches Problem benannt werden. Die inhaltliche Präferenz der Studierenden in ihrer Reflexion von Unterricht für die effizienz- und für die lernerorientierten Wissenstraditionen spiegelt zudem die auch in den gegenwärtigen Modulbeschreibungen deutlich zum Ausdruck gebrachten Redensformen über Unterricht wider. Geht es in der einen darum, den Lehrer als kompetenten Lenker des Unterrichtsgeschehens zu konturieren, setzt die andere Redensform explizit auf Aushandlung mit den Schülern, um die notwendige Motivation und Partizipation zu gewährleisten. Die Dimensionierung und Graduierung von Reflexionskompetenz, wie wir sie für unsere Heuristik entwickelt haben, bildet sich in unseren explorativen Analysen nur ausschnitthaft ab. Es ist nicht auszuschließen, dass diese Begrenztheit auch durch die Textsorte *Arbeitstheorie* bedingt ist. Die Analyse weiterer Portfoliodokumente mit anderen, stärker gegenstandsbezogenen, materialbasierten und methodisch kontrollierten Aufgabenstellungen könnte dazu führen, dass differenziertere Reflexionsformen der Studierenden im Umgang mit professionellen Herausforderungen des Unterrichtens sichtbar werden. Zudem würden weitergehende Analysen eine Schärfung der bisher entwickelten theoretischen Modellierung von Reflexionskompetenz erlauben.

Literatur

Artmann, M., Herzmann, P., Karduck, S. & König, J. (2010). Das Kölner Modellkolleg Bildungswissenschaften: Konzeption und Evaluationsdesign einer kompetenzorientierten Lehrerbildung. In K. Faulstich-Christ, R. Lersch & K. Moegling (Hrsg.), *Kompetenzorientierung in Theorie, Forschung und Praxis. Sekundarstufen I und II* (S. 256-274). Immenhausen bei Kassel: Prolog-Verlag.

Brandenburg, R. (2008). *Powerful Pedagogy. Self-Study of a Teacher Educator's Practice.* Dordrecht et al.: Springer.

Dewey, J. (1929/2001). *Die Suche nach Gewißheit.* Übersetzt von M. Suhr. Frankfurt/M.: Suhrkamp.

Gläser-Zikuda, M., Rohde, J. & Schlomske, N. (2010). Empirische Studien zum Lerntagebuch- und Portfolio-Ansatz im Bildungskontext – ein Überblick. In M. Gläser-Zikuda (Hrsg.), *Lerntagebuch und Portfolio aus empirischer Sicht* (S. 3-34). Landau: Verlag Empirische Pädagogik.

Hascher, T. (2010). Lernen verstehen und begleiten – Welchen Beitrag leisten Tagebuch und Portfolio?. In M. Gläser-Zikuda (Hrsg.), *Lerntagebuch und Portfolio aus empirischer Sicht* (S. 166-180). Landau: Verlag Empirische Pädagogik.

Hatton, N. & Smith, D. (1995). Reflection in Teacher Education. Towards definition and implementation. *Teaching and Teacher Education, 11*(1), pp. 33-49.

Helsper, W. (2003). Ungewissheit im Lehrerhandeln als Aufgabe der Lehrerbildung. In Ders., R. Hörster & J. Kade (Hrsg.), *Ungewissheit. Pädagogische Felder im Modernisierungsprozess* (S. 142-161). Weilerswist: Velbrück Wissenschaft.

Herzmann, P., König, J. & Artmann, M. (2012). Das Modellkolleg Bildungswissenschaften: Zum geplanten und realisierten Curriculum in der neuen Lehrerausbildung. *Schulpädagogik online*, 5(3). http://www.schulpaedagogik-heute.de/conimg/33.pdf [26.04.2012].

Herzog, W. & Makarova, E. (2011). Anforderungen an und Leitbilder für den Lehrerberuf. In E. Terhart, H. Bennewitz & M. Rothland (Hrsg.), *Handbuch der Forschung zum Lehrerberuf* (S. 63-78). Münster: Waxmann Verlag.

Kade, J. & Seitter, W. (2003). Jenseits des Goldstandards. Über Erziehung und Bildung unter den Bedingungen von Nicht-Wissen, Ungewissheit, Risiko und Vertrauen. In W. Helsper, R. Hörster & J. Kade (Hrsg.), *Ungewissheit. Pädagogische Felder im Modernisierungsprozess* (S. 50-72). Weilerswist: Velbrück Wissenschaft.

Kelle, U. & Kluge, S. (2010). *Vom Einzelfall zum Typus. Fallvergleich und Fallkontrastierung in der qualitativen Sozialforschung*. Wiesbaden: VS.

Leonhard, T. & Rihm, T. (2011). Erhöhung der Reflexionskompetenz durch Begleitveranstaltungen zum Schulpraktikum? – Konzeption und Ergebnisse eines Pilotprojekts mit Lehramtsstudierenden. *Lehrerbildung auf dem Prüfstand, 4*(2), S. 240-270.

Liston, D. & Zeichner, K. (1996). *Reflective Teaching. An Introduction*. New York/London: Routledge.

Meseth, W., Proske, M. & Radtke, F.-O. (2012). Kontrolliertes Laissez-faire. Auf dem Weg zu einer kontingenzgewärtigen Unterrichtstheorie. *Zeitschrift für Pädagogik, 58*, S. 223-241.

Moon, J. A. (2004). *A Handbook of Reflective And Experimential Learning. Theory And Practice*. Oxon/New York: RoutledgeFalmer.

Munby, H. & Russel, T. (1990). Metaphor in the study of teachers' professional knowledge. *Theory into Practice, 29*(2), pp. 116-121.

Neuweg, H. G. (2004). Figuren der Relationierung von Lehrerwissen und Lehrerkönnen. In Hackl, B. & Neuweg, H. G. (Hrsg.), *Zur Professionalisierung pädagogischen Handelns* (S. 1-26). Münster, Hamburg: LIT-Verlag.

Neuweg, H. G. (2005). Emergenzbedingungen pädagogischer Könnerschaft. In H. Heid & C. Harteis (Hrsg.), *Verwertbarkeit. Ein Qualitätskriterium (erziehungs-)wissenschaftlichen Wissens?* (S. 205-227). Wiesbaden: VS-Verlag.

Neuweg, H. G. (2011). Das Wissen der Wissensvermittler. Problemstellungen, Befunde und Perspektiven der Forschung zum Lehrerwissen. In E. Terhart, H. Bennewitz & M. Rothland (Hrsg.), *Handbuch der Forschung zum Lehrerberuf* (S. 451-477). Münster: Waxmann.

Radtke, F.-O. (1996). *Wissen und Können. Grundlagen der wissenschaftlichen Lehrerbildung*. Opladen: Leske + Budrich.

Reichertz, J. (2003). *Die Abduktion in der qualitativen Sozialforschung*. Opladen: Leske+ Budrich.

Richter, A. (2006). Portfolios im universitären Kontext: Wann, wo, wie? Eine andere Bewertungsgrundlage im Seminarraum. In I. Brunner, T. Häcker & F. Winter (Hrsg.), *Das Handbuch Portfolioarbeit. Konzepte – Anregungen – Erfahrungen aus Schule und Lehrerbildung* (S. 234-241). Seelze-Velber: Kallmeyer bei Friedrich.

Schön, D. (1983). *The reflective practitioner*. New York: Basic Books.

Shulman, L. S. (1987). Knowledge and Teaching: Foundations of the New Reform. *Harvard Educational Review, 57*(1), S. 1–23.

Terhart, E. (2007). Lehrer. In H.-E. Tenorth & R. Tippelt (Hrsg.), *Beltz Lexikon Pädagogik* (S. 458-461). Weinheim, Basel: Beltz.

Wade, R. & Yarbrough, D. (1996). Portfolios: A Tool for Reflective Thinking in Teacher Education. *Teaching and Teacher Education, 12*(1), pp. 63-79.

Andrea Reinartz

9 Unterrichtsskripts im Kontext allgemeindidaktisch orientierter Schulpraktika

9.1 Problemhorizont: Stabilität vs. Instabilität von Unterrichtsmustern im Rahmen schulpraktischer Studien

Im Mittelpunkt des Interesses bei der Durchführung schulpraktischer Studien steht für Lehramtsstudierende laut Befragungen in der Regel das *eigene Tätigsein als Unterrichtende* (vgl. zusammenfassend Müller, 2010). Zu dieser Tendenz passen aktuelle Wirksamkeitsstudien für die erste, universitäre Phase der Lehrerbildung, die zeigen, dass sich Lehramtsstudierende am ehesten einen *Kompetenzzuwachs im Bereich des Unterrichtens* bescheinigen, insbesondere bezüglich der Gestaltung und der Methoden des Unterrichts. Andere Kompetenz- und Tätigkeitsbereiche treten demgegenüber deutlich in den Hintergrund (vgl. Gröschner & Müller in diesem Band; Gröschner, Schmitt & Seidel, 2013; Cramer, 2012; Hascher 2011a; Larcher et al., 2010; Schneider & Bodensohn, 2010; Müller, 2010; Schroeter, 2009; Gehrmann, 2007; Schubarth et al., 2006).

Welches Potential der von Lehramtsstudierenden an Praktikumsschulen durchgeführte Unterricht aber tatsächlich als *Lerngelegenheit* in punkto Unterrichtsgestaltung entfalten kann, ist umstritten (vgl. Hascher, 2011b). So zieht beispielsweise das Forscherteam an der PH Weingarten mit Blick auf die Analyse des videographierten Unterrichts von Studierenden im Modellversuch „Praxisjahr" ein eher ernüchterndes Fazit, denn die „Ergebnisse dokumentieren ein für das Praxisfeld Schule typisches, sehr stabiles Unterrichtsmuster, [in] das [man] in der Praxis schnell einsozialisiert wird" (Dörr, Kucharz & Küster, 2009, S. 153; vgl. auch Müller & Dieck, 2011).

Sollte es tatsächlich zu einer *frühen Verfestigung eines bestimmten Unterrichtsmusters bzw. -skripts* im Unterricht von Praktikanten kommen, erschiene dies aus der Perspektive universitärer Lehrerbildung heraus zumindest ambivalent, ist doch gerade das In-Frage-Stellen und „Aufbrechen" impliziter Handlungsroutinen ein Ziel der Lehrerausbildung in der ersten Phase (vgl. z.B. Petrik, 2009). Zudem dominierte in der empirischen Unterrichtsforschung schon früh die Erkenntnis, dass allzu starre didaktisch-methodische

„Monokulturen" (vgl. Hage et al., 1985) wenig förderlich für das Lernen der Schüler sind (vgl. auch Helmke, 2009; Hugener, 2009). Vor diesem Hintergrund ist es daher angebracht, auch einmal die schriftliche Dokumentation des Unterrichts von Lehramtsstudierenden in ihren Praktikumsbelegen im Hinblick auf die Problematik eines verfestigten Unterrichtsmusters genauer zu untersuchen, denn diesbezügliche Arbeiten fehlen bis dato. Als Theorierahmen bietet sich dabei das Konstrukt des *Unterrichtsskripts* aus der empirischen Lehr-Lern-Forschung an.

9.2 Unterrichtsskripts von Lehrpersonen und Lehramtsstudierenden als Gegenstand empirischer Forschung

Unterrichtsskripts bzw. -skripte sind „stereotype Handlungsabläufe im Unterricht, von denen die Beteiligten eine gemeinsame Vorstellung haben" (Dalehefte, 2006, S. 164), d.h. es handelt sich um „fallbasierte Vorstellungen zum Unterrichtsablauf" (Tulodziecki, Herzig & Blömeke, 2009, S. 199). Im Rahmen von Studien zur Unterrichtsqualität werden die Begriffe *Unterrichtsskript* und *Inszenierungsmuster* teilweise synonym verwendet. Sie bezeichnen

> „die beobachtbaren Oberflächenformen und -merkmale [...] des Unterrichtsgeschehens, das heißt die Sozialformen, die unterschiedlichen inhaltsbezogenen Lehrer- und Schüleraktivitäten und vor allem deren Funktion im Lernprozess in ihrer Anordnung im zeitlichen Verlauf des Unterrichts" (Hugener, 2008, S. 11).

Kiel (2012) sieht in der Forschung zu Unterrichtsskripts eine Weiterentwicklung der „traditionellen Auseinandersetzung mit der Artikulation von Unterricht" (ebd., S. 34) in der Allgemeinen Didaktik. Allerdings bezieht sich die Skriptforschung bisher vorrangig auf den Mathematikunterricht und den naturwissenschaftlichen Unterricht (vgl. die Übersicht bei Seidel, 2011). Inwieweit diese Ergebnisse auch auf andere Fächer übertragbar sind, ist fragwürdig (vgl. Kiel, 2011).

Dass neben Unterrichtsvideos als bevorzugter Datenquelle auch die Analyse der schriftlichen „qualitativen Beschreibungen des Verlaufs alltäglicher, oft gehaltener [Unterrichts]stunden" (Reusser & Pauli, 2003, S. 245) durch Lehrpersonen sinnvoll ist, zeigt das umfangreiche Projekt des Züricher Forschungsteams um Kurt Reusser zu typischen Inszenierungsmustern des Mathematikunterrichts (vgl. zuletzt Reusser, Pauli & Waldis, 2010). Ausgangspunkt der Videoanalysen des Forscherteams waren u.a. die *Unterrichtsskizzierungen* von schweizerischen und deutschen Lehrpersonen. Diese lassen darauf schließen, dass Mathematik-Lehrpersonen unterschiedliche „Choreographien" des Unterrichts zur Verfügung stehen – je nachdem, ob es sich um eine thematisch *einführende* oder *vertiefende* Unterrichtsstunde handelt (vgl. Reusser & Pauli, 2003). Innerhalb der beiden untersuchten Skript-Gruppen gibt es laut Reusser & Pauli (2003) verschiedene Varianten, die nicht länderspezifisch sind, sondern vielmehr verschiedenen pädagogischen „Kulturen" entsprechen: So lassen sich die Einführungsskripts vor allem dahingehend unterscheiden, ob die Lehrperson ein *fragend-entwickelndes* oder ein *problemlösend-entdeckenden Vorgehen* im Unterricht beabsichtigt. Bei den Vertiefungsskripts lässt sich u.a. *Wochenplanarbeit* von *Klassenunterricht* abgrenzen. Anhand ihrer Videoanalysen arbeiten die Forscher zudem heraus, dass repetitive, wenig komplexe Aufgaben den Unterricht dominieren (vgl. Reusser & Pauli, 2010).

Dass sich die Skripts von Lehrpersonen, die in Unterrichtsentwicklungsprozesse involviert sind, von denjenigen anderer Lehrpersonen unterscheiden, vermutet neben dem Züricher Forschungsteam u.a. auch Seidel (2011) in Bezug auf Dalehefte (2007) für den naturwissenschaftlichen Unterricht. Typisch für den Unterricht dieser Personengruppe ist offenbar der Einsatz von wenigen bzw. sinnvoll dosierten Aktivitäten zugunsten einer aktiveren Lernbegleitung von Seiten der Lehrperson (vgl. Seidel, 2011). Dafür lassen sich sogar höhere Lerneffekte bei den Schülern nachweisen (vgl. ebd.), wohingegen dies für das problemlösend-entdeckende Muster in Abgrenzung zum fragendentwickelnden Muster bisher nicht eindeutig gelang.

Welchen „Choreographien" der von *Praktikanten* geplante bzw. durchgeführte Unterricht folgt, ist kein Thema der bisher vorliegenden Studien zur Unterrichtsqualität, sondern lässt sich derzeit höchstens aus dem Kontext praktikumsbezogener Studien innerhalb der Lehrerbildungsforschung heraus beantworten. Hier kann insbesondere an folgende Arbeiten angeknüpft werden:

Elsner (2010) hat im Rahmen einer Studierenden-Befragung zum *Fachpraktikum Englisch* an acht verschiedenen Hochschulen u.a. untersucht, welche Unterrichtsformen die Praktikanten im Unterricht der Mentoren vorrangig beobachten konnten und wie sie ihre Praktikumserfahrungen bewerten. Dabei ist interessant, dass der Grad der Zufriedenheit mit dem Praktikum gerade bei denjenigen der 192 Befragten signifikant höher ist, die im Vergleich zu anderen Befragten weniger offenen und handlungsorientierten Unterricht und dafür stärker *lehrwerksorientierten Unterricht* gesehen haben. Elsner vermutet dazu, dass den Studierenden

> „die Schemata der stark gelenkten und durchstrukturierten Unterrichtsstunden als rezeptgleiche Vorlagen für ihre eigene Unterrichtsplanung mehr Sicherheit bieten als Unterrichtsstunden, deren Verlauf sich nur schwer in eine formelhafte Planungsstruktur [...] einpassen lässt" (ebd., S. 44).

Die einleitend erwähnte *Videostudie zum Unterricht von Studierenden* innerhalb des Modellversuchs „Praxisjahr Biberach" (vgl. Dieck et al., 2009) bestätigt ebenfalls die Vorliebe der Studierenden bzw. ihrer Mentoren für ein „klassisches" Unterrichtsmuster. Sie bezieht sich nur auf eine sehr kleine Fallzahl von Personen (n=11) und enthält primär Aufzeichnungen von Grundschulunterricht zu verschiedenen Messzeitpunkten. Der dokumentierte Unterricht ist „stark durch Einführungen und das Bearbeiten von Aufgabenstellungen geprägt" (Dörr, Kucharz & Küster, 2009, S. 145). In ihm „dominiert das für Deutschland typische fragend-entwickelnde Unterrichtsgespräch" (ebd., S. 146) sowie ein hoher Anteil an Still- bzw. Einzelarbeit, während Gruppenarbeit nur selten und Partnerarbeit sogar gar nicht vorkommt. Dabei dürfte allerdings nicht nur der Schulartbezug, sondern auch der thematische bzw. fachliche Bezug des Unterrichts (z.B. Kunst) als Einflussfaktor eine Rolle spielen, der von den Forschern weitgehend unberücksichtigt bleibt. Die Forscher schlussfolgern, dass das von den Studierenden praktizierte *traditionelle Unterrichtsmuster* „typisch für das Verhalten von Personen in Beobachtungssituationen ist" (ebd., S. 156).

Dass es bei aller hohen Stabilität des Unterrichtsskripts dennoch zu einer nicht sichtbaren Veränderung des Unterrichts auf der Tiefenstruktur gekommen sein kann, impliziert die Auswertung von schriftlichen Befragungen und Leitfadeninterviews zu verschiedenen Messzeitpunkten im Rahmen des Projekts: Die 26 Teilnehmer am Modellversuch berichten am Ende des Praxisjahres u.a., dass sie sich nun bei der Planung besser und stärker in die Schüler hineinversetzen und die verschiedenen Unterrichtsphasen gezielter mit Blick auf ihre jeweilige Funktion gestalten (vgl. Kucharz, 2009).

Videostudien zum Praktikumsunterricht von Lehramtsstudierenden wie die gerade zitierte sind bisher kaum verfügbar. Dies gilt – überraschenderweise – auch für *Dokumentenanalysen* von Praktikumsbelegen. So gehört doch die *schriftliche Unterrichtsvorbereitung und -reflexion* in der Regel zu den Dokumentations- und Analyseaufgaben, die Studierende im Rahmen der schulpraktischen Studien ableisten müssen, um das entsprechende Studienmodul zu bestehen (vgl. Arnold et al., 2011). Die Besonderheit der Texte besteht darin, dass es sich um performative „Vorzeige-Dokumente" handelt, die in der Regel auf die Erwartungshaltung des Adressaten (d.h. primär des universitären Betreuers) zugeschnitten sind, etwa indem sie vorführen, dass universitär vermitteltes Wissen die Praxis anleiten kann (vgl. dazu die argumentationsanalytische Fallstudie von Bommes, Dewe & Radtke, 1996). Ihr Inhalt darf also nicht einfach mit der Planungs- und Unterrichtsrealität im Praktikum verwechselt werden oder uneingeschränkt als Indikator für den *Kompetenzstand* des Studierenden verwendet werden.

Vorliegende Inhaltsanalysen der von Studierenden verschriftlichten Unterrichtsvor- und -nachbereitung aus dem Praktikum dienen deshalb vor allem der *Evaluation bestimmter Ausbildungs- und Seminarkonzepte*, d.h. im Vordergrund steht ein Soll-Ist-Vergleich zwischen den studentischen Texten und normativen Vorgaben aus der Allgemeinen Didaktik bzw. Fachdidaktik (vgl. z.B. Nauck, 1996; Albisser & Keller-Schneider, 2010; Gassmann, 2012). Bereits in den 1990er Jahren hat Nauck (1996) in einer Evaluation der sogenannten „Didaktischen Akten" zum Allgemeinen Schulpraktikum (3. Semester) von Lehramtsstudierenden für Grund- und Hauptschule an der TU Braunschweig u.a. die methodischen Variationen in 36 Stundenentwürfen ausgewertet.[1] Nauck charakterisiert den geplanten Unterricht der Studierenden als *straff organisiert und kurzschrittig* und listet verschiedene Gründe dafür auf. Dazu gehört vor allem der Fokus auf in sich abgeschlossene 45-Minuten-Planungen im Praktikum. Die Unterrichtsphasen wechseln zügig (im Schnitt drei bis sechs Wechsel), Methodenwechsel im Bereich der Sozialformen, Lehrverfahren und Medien werden dagegen nur selten festgestellt. Die Qualität und Länge der sogenannten „Methodischen Analyse" erscheint Nauck im Vergleich zu anderen Teilen der Planungsentwürfe (beispielsweise Sach- oder Bedingungsanalyse) hoch; offenbar sei dies ein Teil des Stundenentwurfs, der den Studierenden eher entgegenkomme. Nauck bemängelt aber, dass die Studierenden ihre Einzelüberlegungen nicht – im Sinne der offenbar zugrunde gelegten Interdependenzthese aus der Lerntheoretischen Didaktik – aufeinander beziehen (vgl. Nauck, 1996).

In einer aktuellen, umfangreichen Studie zu Aufgabenschwierigkeiten bei der Unterrichtsplanung in den ersten beiden erziehungswissenschaftlich ausgerichteten Schulpraxisphasen an der Universität Hildesheim problematisiert Gassmann (2012) dagegen die *fehlende Differenziertheit der methodischen Begründungen und Planungsentscheidungen* in den von ihr untersuchten ´didaktischen Akten´ in 25 Fällen. So seien die im Rahmen eines universitären Beurteilungskataloges zur Bewertung der Qualität von Stundenentwürfen geforderten diesbezüglichen Ansprüche (z.B. Begründung von Methodenwechsel und Abfolgeentscheidungen in der geplanten Stunde) zum ersten Messzeitpunkt (nach einem zweiwöchigen, allgemeindidaktisch ausgerichteten Blockpraktikum) kaum wiederzufinden. Die mit den Studierenden durchgeführten Interviews belegen zugleich, dass unterrichtsmethodische Entscheidungen bei den ersten Unterrichtsversuchen „zentral durch das schulspezifi-

---

[1] Zu drei weiteren Fallstudien aus den 1990er Jahren, in denen u.a. die Planungsschwierigkeiten von nur einem bis maximal sechs Novizen untersucht werden, gibt Gassmann (2012) Auskunft.

sche Setting und die Praktikumslehrpersonen beeinflusst" (Gassmann, 2012, S. 370) erscheinen. Die Lehramtsstudierenden spiegeln, dass sie zunächst nur *wenig Entscheidungsspielraum bei der Unterrichtsstrukturierung* haben. Aber schon zum zweiten Messzeitpunkt, d.h. nach Abschluss des vierwöchigen Allgemeinen Schulpraktikums mit weiteren Unterrichtsversuchen der Studierenden, zeigt sich hier eine interessante Veränderung: So berichten Studierende im Interview u.a. von einer „Abkehr vom rein lehrerzentrierten Unterricht" (ebd., S. 384) bei ihrer Unterrichtstätigkeit. Zudem gibt es in den ´didaktischen Akten´ Hinweise darauf, dass den Studierenden im Allgemeinen Schulpraktikum mehr Freiheit bei der unterrichtsmethodischen Strukturierung der Stunde zugestanden wird (vgl. ebd.).

Zusammenfassend lässt sich festhalten: Inwieweit die in universitären Praxisphasen von Praktikanten durchgeführten bzw. schriftlich dokumentierten Unterrichtsstunden einem bestimmten Unterrichtsskript folgen und wie stabil dieses ist, lässt sich anhand der vorliegenden Studien noch nicht ausreichend beantworten. Die vorliegenden Studien stützen aber die Annahme, dass Studierende gerade bei der unterrichtsmethodischen Gestaltung zunächst auf „Sicherheit" setzen und sich eng an den Unterrichtsmustern ihrer Mentoren in der Praktikumsschule orientieren (müssen). Ein konkreterer Abgleich mit Kategorien aus der *Forschung zu Unterrichtsskripts* findet in den vorliegenden Studien zum Praktikumsunterricht von Lehramtsstudierenden bisher nur marginal statt. Zudem bleibt der *Fächerbezug* des untersuchten Praktikumsunterrichts in den vorliegenden Studien mit kleiner Fallzahl (notwendigerweise) weitgehend unberücksichtigt.

9.3 Pilotstudie zur Analyse von Unterrichtsskripts in Stundenentwürfen

9.3.1 Forschungsfragen

Im Forschungsprojekt *UmPra* (*U*nterrichts*m*uster im *Pra*ktikum) am Lehrstuhl für Allgemeine Didaktik und Empirische Unterrichtsforschung an der TU Dresden (Prof. Dr. Axel Gehrmann) werden Strukturmuster innerhalb des von Lehramtsstudierenden durchgeführten Praktikumsunterrichts unter Rückbezug auf die Forschung zu Unterrichtsskripts genauer untersucht (Projektleitung Dr. Andrea Reinartz). Dabei werden verschiedene *Unterrichtsfächer und Schulstufen* gezielter in den Blick genommen. Das Projekt leistet damit einen Beitrag zur Bearbeitung der oben beschriebenen Forschungslücke. Gleichzeitig werden die Daten auch zur internen Evaluation des Konzepts der Schulpraktischen Studien an der TU Dresden genutzt.

Zunächst wurden im Rahmen einer Pilotstudie 62 schriftliche *Unterrichts-entwürfe* aus den Praktikumsbelegen zum allgemeindidaktisch orientierten Blockpraktikum A zum Ende des dritten Semesters im Bachelor-Studiengang Allgemeinbildende Schule *inhaltsanalytisch* untersucht, um das Potential für eine größer angelegte Studie zu verschiedenen Messzeitpunkten auszuloten. Im Zentrum der Pilotstudie standen folgende Forschungsfragen:

1. *Welche Unterrichtsmuster dominieren in den Stundenentwürfen aus dem Blockpraktikum A, bezogen auf verschiedene Fächer und Schulstufen?*
2. *Unter welchen Bedingungen gibt es Abweichungen vom üblichen didaktisch-methodischen „Drehbuch" einer Praktikumsstunde?*
3. *Wie wird die unterrichtsmethodische Gestaltung im Kontext der Praktikumsituation von den Lehramtsstudierenden kommentiert?*

9.3.2 Entstehungskontext der analysierten Dokumente

Das vierwöchige *Blockpraktikum A* im Bachelor-Studiengang Allgemeinbildende Schulen an der TU Dresden wird vom Lehrstuhl für Allgemeine Didaktik und Empirische Unterrichtsforschung verantwortet. Es findet in der Regel am Ende des dritten Semesters statt und stellt nach dem Grundpraktikum im ersten Semester die zweite Praxisphase innerhalb des Studiums dar. Die Studierenden sind u.a. herausgefordert, an ihrer Praktikumsschule mindestens zwei Stunden – nach Ermessen des betreuenden Mentors vor Ort auch mehr – begleiteten Unterricht zu planen, durchzuführen und zu reflektieren.

Das entsprechende Modul verfolgt u.a. die Zielsetzung, dass die Studierenden erste Kenntnisse aus dem Bereich der Unterrichtsforschung und der Allgemeinen Didaktik auf die Planung und Reflexion des von ihnen im Praktikum durchgeführten Unterrichts beziehen können. In speziellen Lehrveranstaltungen zur *Gestaltung unterrichtlicher Lehr-Lern-Arrangements*, die dem Blockpraktikum A im März 2011 vorausgingen, wurden u.a. verschiedene unterrichtsmethodische Konzepte (Direkte Instruktion, Kooperatives Lernen, Offener Unterricht) vorgestellt und verschiedene Sozial- und Aktionsformen in der Seminarpraxis erprobt. Ein Schwerpunkt lag auf der Analyse und Erprobung kooperativer Lernphasen innerhalb frontal gesteuerter Unterrichtssettings (vgl. u.a. Brüning & Saum, 2006, 2009). Nach Abschluss des Blockpraktikums A fertigten die Studierenden einen Praktikumsbeleg als nicht benotete Prüfungsleistung für das *Modul BA-ABS BW3* an. Er enthält u.a. eine schriftliche Unterrichtsvor- und -nachbereitung zu einer selbst gehaltenen Praktikumsstunde.

9.3.3 Stichprobe

Die für die Pilotstudie genutzte *Gelegenheitsstichprobe* stammt aus einer Gesamtheit von 241 Stundenentwürfen, die zu Beginn des Sommersemesters 2011 als Teil des Praktikumsbeleges zum Blockpraktikum A an der TU Dresden eingereicht wurden (Umfang der Dokumente: jeweils ca. 7-10 Seiten plus Anhang mit Unterrichtsmaterialien). Das wichtigste Auswahlkriterium bei der Zusammenstellung der Fälle zur Untersuchung von Unterrichtsskripts waren die von dem betreffenden Immatrikulationsjahrgang 2009/10 am häufigsten studierten fünf Fächer *Geschichte (Ge), Deutsch (D), Englisch (E), Ethik (Eth) und Mathematik (M)*. Zu jedem dieser studierten Fächer wurden 10 Stundenentwürfe und -reflexionen gezogen, die sich auf Unterrichtsversuche an weiterführenden Schulen beziehen. Um eine Kontrastierung von Unterrichtsskripts in der Grundschule und an weiterführenden Schulen zu ermöglichen, wurden aus den 38 Grundschul-Berichten innerhalb der 241 Belege zusätzlich 12 Stundenentwürfe gezogen (vgl. Tab. 1).

	Grundschule	Mittelschule, Sekundarschule, Gesamtschule	Gymnasium	
Deutsch	4	3	7	14
Englisch	4	3	7	14
Mathematik	4	4	6	14
Ethik	-	4	6	10
Geschichte	-	4	6	10
	12	18	32	62

Tab. 1: Gelegenheitsstichprobe aus 241 Stundenentwürfen aus dem Blockpraktikum A, BA-ABS, März 2011, TU Dresden

Der Anteil der Stundenentwürfe für die Grundschule innerhalb der Stichprobe liegt mit 19% etwas höher als der Anteil derjenigen Studierenden des Immatrikulationsjahrgangs 2009/10, die laut Befragung im Herbst 2010 das GS-Lehramt anstrebten (13%).

Es wurde darauf geachtet, dass der Anteil weiblicher und männlicher Verfasser der ausgewählten 62 Berichte ungefähr der Verteilung innerhalb des Immatrikulationsjahrgangs (68% w, 32% m) entspricht. Zudem wurde versucht, die ausgewählten Berichte so zu streuen, dass nicht Studierende aus einer bestimmten Lehrveranstaltung im Modul BA-ABS BW2, in dem die Planung von Unterricht mit Blick auf das Blockpraktikum A besprochen und erprobt wurde, überproportional häufig vertreten waren.

Innerhalb der Stichprobe gibt es nur drei Stundenplanungen, die an einer Praktikumsschule in privater Trägerschaft mit besonderem reformpädagogischem Konzept entstanden. Dies muss sicher besonders berücksichtigt werden, wenn es um die Frage der Häufigkeit des Auftretens selbstgesteuerter Schülertätigkeit im Praktikumsunterricht der Lehramtsstudierenden geht.

Eine Untersuchung der Verteilung der gezogenen 62 Stundenplanungen auf verschiedene Jahrgangsstufen ergab, dass diese nicht gleichmäßig ist. Für die Grundschule ist eine *Dominanz der mittleren Klassen 2 und 3* festzustellen. An den Mittelschulen und Gymnasien beziehen sich die meisten der verschriftlichten Unterrichtsplanungen auf die *unteren Klassen 5 bis 8* (63% der gesamten Stichprobe). Diese Verteilung ist nicht überraschend – ist doch zu vermuten, dass die Mentoren insbesondere diejenigen Praktikanten, die noch wenig Unterrichtserfahrung haben, selten in Klassen unterrichten lassen, die sich in einer schullaufbahntechnisch besonders entscheidenden Situation (Anfangssituation, anstehende Abschlussprüfungen, Übergang an weiterführende Schule) befinden.

9.3.4 Kategoriensystem

Die *deduktive* Inhaltsanalyse der 62 Stundenentwürfe erfolgte in Anlehnung an zentrale Kategorien aus der *Forschung zu Unterrichtsskripts*. Hierbei wurde vor allem auf die oben beschriebenen zentralen Ergebnisse der inhaltsanalytischen Auswertung sogenannter „Lektionsbeschreibungen" von Mathematiklehrpersonen durch Reusser & Pauli (2003; vgl. auch Reusser et al., 2010) zurückgegriffen. Es erfolgten u.a. Kodierungen zur Dauer und Funktion der Stunde innerhalb einer größeren Unterrichteinheit, zur Häufigkeit und zeitlichen Anordnung bestimmter Sozial- und Aktionsformen sowie des Medieneinsatzes. Flankierend dazu wurden sowohl die von den Praktikanten geplanten Schüler- und Lehrer-Aktivitäten als auch zentrale Argumentationsmuster in den unterrichtsmethodischen Begründungen *induktiv* kategorisiert. Diese zunächst recht breit angelegte Vorgehensweise bei der Kategorisierung des Materials im Rahmen der Pilotstudie diente dazu, ein für den weiteren Verlauf des Forschungsprojektes geeignetes, forschungsmethodisch solides und bewältigbares Kategoriensystem zu finden. Es sollte insbesondere untersucht werden, ob die von Reusser & Pauli (2003) übernommenen Kategorien aus Lektionsbeschreibungen für Mathematik auch für die Analyse von Gestaltungsmustern im Praktikumsunterricht *anderer* Fächer als Mathematik geeignet sind.

9.4   Erste Ergebnisse

Die im Folgenden berichteten ersten Ergebnisse der Pilotstudie beziehen sich primär auf Teile der deduktiven und induktiven Kategorisierung zur ersten Forschungsfrage (*Dominanz bestimmter Unterrichtsmuster im Praktikumsunterricht*).

9.4.1   Dauer der geplanten Unterrichtsstunde

Die Verteilung der Stichprobe nach Dauer der geplanten Unterrichtsstunde zeigt im Vergleich zu der oben beschriebenen Studie von Nauck (1996) eine leichte Verschiebung weg vom 45-Minuten-Rhythmus hin zum 90-Minuten-Rhythmus. *Fast ein Drittel* der gezogenen Stundenplanungen enthält eine Unterrichtsstrukturierung für eine *90-minütige Doppelstunde* (19 von 62). Zu den 90-minütigen Stundenplanungen zählen Unterrichtsstunden *in allen untersuchten Unterrichtsfächern*. Sie beziehen sich fast ausschließlich auf die weiterführenden Schularten und nur in einem Fall auf die Grundschule. Darüber hinaus befinden sich in der Stichprobe auch noch zwei Stundenentwürfe für 50 Minuten innerhalb einer regulären 90-minütigen Doppelstunde sowie je ein Stundenentwurf für 60 sowie für 120 Minuten.

9.4.2   Stundentypus: Einführung vs. Vertiefung

Die *Mehrzahl* der dokumentierten Stundenplanungen in der Stichprobe bezieht sich explizit auf die *„Einführung" eines neuen thematischen Aspekts* (43 von 62 Fällen) innerhalb einer größeren Planungseinheit des Mentors. So fallen in den Erläuterungen zur Funktion der geplanten Stunde nur in 14 Fällen eindeutig davon abweichende Begriffe wie z.B. „Übungsstunde" (D 107), „Wiederholungs- und Abschlussstunde" (E 19), „Auswertungsstunde" (Eth 61), „Fortsetzung" (Ge 43). Dieses Teilergebnis erscheint insofern plausibel, als mit einer thematisch neu ausgerichteten Stunde für den Praktikanten mehr Vorlauf und Unabhängigkeit bei der Planung und somit leichtere Startbedingungen gegeben sind. Die Kategorien „Übung" und „Wiederholung" zur Beschreibung des Schwerpunktes der Stunde finden sich erwartungsgemäß in Bezug auf Deutsch-, Mathematik- und Englischunterricht. Da in nur fünf Fällen keine eindeutige Zuordnung zu den Kategorien „Einführung" und „Vertiefung" erfolgen konnte, erscheint die Dimension „Stundentypus" folglich als eine für die Analyse von Praktikumsunterricht in *verschiedenen* Fächern und Klassenstufen brauchbare. Die von Reusser & Pauli (2003) verwendete Kategorie „Vertiefungsstunde" sollte aber mit Blick auf den Praktikumsunterricht in verschiedenen Unterrichtsfächern zukünftig weiter ausgeschärft werden (vgl. Tab. 2).

Stundentypus – Funktion der Stunde	Beispiele aus den Stundenentwürfen
Einführung einer neuen Thematik:	
in 43 von 62 Fällen (ca. 69,5 %) davon: 11 x Beginn einer neuen Unterrichtsreihe, 19 x thematische Anknüpfung an vorherige Std.	- „…handelt es sich um eine Einführungs- stunde." (Eth 57) - „eine Einführungsstunde zur…" (Ge 50) - „Einführung in ein neues Thema" (D 106)
Vertiefung im Sinne von: *Wiederholung, Übung, Festigung, Anwen-* *dung, Auswertung*	
in 14 von 62 Fällen (ca. 22,5 %) davon: 3 x Beginn einer neuen Unterrichtsreihe, 7 x länger als 45 Min.	- „ein Wiederholungsthema" (D 29) - „eine Übungsstunde" (M 103) - „soll das bereits vorhandene Wissen erwei- tert und gefestigt werden" (E16) - „eine Fortsetzung der Stunde am Dienstag" (Ge 49)
Mischtypus, keine eindeutige Zuordnung mög- *lich:*	
in 5 von 62 Fällen (ca. 8 %)	- „möglichst viel Zeit für das Üben…wird der neue Kongruenzsatz …eingeführt." (M 35)

Tab. 2: Stundentypus – Einführungsstunde oder Vertiefungsstunde?

Auffällig ist, dass die Hälfte der Stunden, die eine Variante von „Vertiefung" darstellen, mehr als 45 Minuten umfasst. Hier könnte ein Zusammenhang bestehen, der genauer untersucht werden sollte. Denkbar ist unter anderem, dass sich Studierende, denen nicht nur 45 Minuten Unterrichtätigkeit am Stück, sondern bereits eine 90minütige Unterrichtsstunde anvertraut wird, eher an ein planerisch zumeist voraussetzungsvolleres und zeitaufwändigeres Anwendungs- oder Auswertungsszenarios heranwagen.

9.4.3 Unterrichtsmuster in Einführungsstunden

Pauli & Reusser (2003) unterscheiden in Bezug auf die von ihnen untersuchten Mathematik-Lektionen vorrangig zwischen einer *fragend-entwickelnden* und einer *problemlösend-entdeckenden Variante* von Einführungsstunden. *Darbietender Unterricht* tritt demgegenüber in den Hintergrund. Eine solch eindeutige Kontrastierung zwischen zwei Mustern ist in der hier untersuchten Stichprobe von Praktikumsunterricht in verschiedenen Fächern nicht festzustellen. So gibt es neben dem am häufigsten praktizierten *fragend-entwickelnden Verfahren* (22 von 43 Fälle) durchaus einzelne, wenn auch wenige Fälle von darbietendem Unterricht (8 von 43). In Bezug auf den darbietenden Unterricht zeichnet sich innerhalb der Stichprobe allerdings eine klare *fächerspezifische Tendenz* ab. So lässt sich das darbietende Verfahren in fünf von acht Fällen einem Stundenentwurf im Fach *Englisch* zuordnen, in dem es vorrangig um *Wortschatzerarbeitung* geht. Dass die Studierenden bei der Erarbeitung neuen Vokabulars *darbietend* vorgehen, liegt in der „Natur der Sache". In anderen Unterrichtsfächern – so ist zu vermuten – stellt ein rein darbietendes Verfahren im Praktikumsunterricht eine Ausnahme dar. Hier wird das fragend-entwickelnde Inszenierungsmuster bevorzugt.

Für die wenigen Stundenentwürfe, in denen eine weitgehend auf Selbsttätigkeit der Schüler ausgerichtete Erarbeitung neuer Informationen stattfindet (ebenfalls 8 von 43), erweist sich die Kategorie „problemlösend-entdeckend" als zu eng gefasst, da nicht in jedem Fall eine Problemorientierung des Unterrichts auszumachen ist. Treffender erscheint für diese Gruppe, in der die Fächer Ethik, Geschichte, Deutsch und Mathematik vertreten sind, eine Kategorisierung des geplanten Inszenierungsmusters als *„aufgebendes Verfahren"* (vgl. Klingberg, 1984).

Daneben verbleibt noch eine Gruppe von fünf Fällen, die als *Mischtypen* zu bezeichnen sind, da sie sich weder einem rein darbietenden noch fragend-entwickelnden noch aufgebenden Muster zuordnen lassen. Hierzu gehören beispielsweise Stundenplanungen, in denen mehrere thematische Aspekte zum Tragen kommen, von denen der eine fragend-entwickelnd und der andere von den Schülern selbstständig-entdeckend erarbeitet werden soll oder solche, in denen der Praktikant ein Verfahren ins Zentrum der Erarbeitungsphase setzt, das zwischen einem darbietenden Vortrag und einem fragend-entwickelnden Unterrichtsgespräch changiert (vgl. Tab. 3).

Inszenierungsmuster in Einführungs-stunden	Beispiele
Darbietendes Verfahren:	
in 8 von 43 Fällen (ca.18,5%) davon: 5 x Englisch (Schwerpunkt: Wortschatz)	„Die klassische Methode des Lehrervortrags eignet sich meiner Meinung nach am besten dafür..." (Ge 44)
Fragend-entwickelndes Verfahren:	
in 22 von 43 Fällen (ca. 51 %)	„erarbeiten wir im Schüler-Lehrer-Gespräch die Merkmale..." (D 30)
Aufgebendes Verfahren:	
in 8 von 43 (ca. 18,5 %) davon: 1 x Stationsarbeit (D 25)	„Die Schüler arbeiten im wesentlichen Teil der Stunde selbstständig... (D 23)
Mischtypus, keine eindeutige Zuordnung:	
in 5 von 43 Fällen (ca. 11,5 %)	„müssen sich die Schüler ... selbst Gedanken machen....; ... werde ich den Schülern vorführen..." (M 37)

Tab. 3: Inszenierungsmuster in Einführungsstunden

Analysiert man die in den Stundenentwürfen vorhandenen methodischen Begründungen, so wird deutlich, welche *Gründe* von den Studierenden für die häufige Entscheidung zugunsten eines fragend-entwickelnden Vorgehens angeführt werden. Das gewählte Vorgehen wird vor allem mit den *Lernvoraussetzungen* der Schüler begründet, etwa wenn argumentiert wird, dass das gelenkte Unterrichtsgespräch „bekannt und beliebt" (Eth 53) sei oder dass „das Textverstehen [bezogen auf eine Fremdsprache] den Schülern noch Schwierigkeiten bereitet" (E 21) und man die Schüler deshalb beim Verstehensaufbau im Frontalunterricht aktiv unterstützen wolle. In diesem Kontext werden auch Gründe angeführt, die in der *Praktikumssituation* selbst liegen, etwa wenn eine Praktikantin „gerade in einer Klasse, die man nicht kennt" (E 13) dem gelenkten Unterrichtsgespräch gegenüber offeneren Gestaltungsformen

des Unterrichts den Vorzug gibt. Schließlich gibt es auch Studierende, die an-
führen, vor allem aus *didaktischer Überzeugung* fragend-entwickelnden Unterricht zu bevorzugen, etwa da sie dieser ihrer Meinung nach „als unge-
schriebener didaktischer Standard…bewährt" (M 41) habe.
Mit Blick auf die Zielorientierung der meisten Praktikumsstunden ist die fragend-entwickelnde Vorgehensweise ebenfalls durchaus nachvollziehbar, geht
es doch in vielen Stunden mit thematisch einführendem Charakter vorder-
gründig um Wissensaufbau, insbesondere im Bereich der Begriffsbildung (M
39: „Was macht ein Trapez aus?", Eth 59: „Was ist eine Sekte?", D 31: „Was
ist ein Kurzkrimi?").

9.4.4 Integration von Einzel-, Partner- und Gruppenarbeit

In Bezug auf die 14 verschriftlichten Unterrichtsplanungen, in denen es primär um die unterrichtliche *Vertiefung* von bereits Erlerntem geht, war zu erwarten, dass sich darunter auch Stunden mit längeren Phasen individualisierten bzw. kooperativen Lernens finden lassen. Doch auch hier dominiert die
gemeinsame Arbeit der ganzen Klasse in einem *frontalen Setting*. Lediglich
in 3 von 14 Fällen innerhalb der Gruppe der vertiefenden Stunden hat der
Praktikant einen Stundenablauf geplant, der nicht hauptsächlich aus Klassenunterricht, sondern mindestens zur Hälfte der Zeit in Form von kooperativen
oder anderweitig individualisierten Lernphasen stattfindet. Das von Pauli &
Reusser (2003) verifizierte Unterrrichtsmuster des Vertiefens von Stoff in
Form von *Wochenplanarbeit* ist in den gezogenen Stundenentwürfen sogar
überhaupt *nicht enthalten*. Dieses Teilergebnis passt zu der Tatsache, dass offener Unterricht in Form von *Stationsarbeit* in der Gruppe der Einführungsstunden auch nur *in einem einzigen Fall* vertreten ist.
Bezüglich der Integration von Einzel-, Partner- und Gruppenarbeit in die Unterrichtsplanungen aller gezogenen 62 Fälle fällt Folgendes auf:
Einzelarbeit (EA) wird wesentlich häufiger in den Unterrichtsverlauf integriert als Partnerarbeit (PA) oder Gruppenarbeit (GA) (vgl. Abb. 1). Dennoch
liegt der Anteil der Stundenplanungen, in die *kooperative Lernphasen* einge-
plant sind, insgesamt bei der *Hälfte der Fälle* (vgl. Abb. 1) und ist damit wesentlich größer als in anderen Studien zur Praxis des Einsatzes verschiedener
Sozialformen im Unterricht. So liegt dieser in der Studie zum Modellversuch
Praxisjahr Biberach beispielsweise bei weit unter 10% (vgl. Dörr, Kucharz &
Küster, 2009). Nur zwei Entwürfe enthalten weder Einzel- noch Partner-
noch Gruppenarbeit. Partnerarbeit, die ganz selten arbeitsteilig, sondern fast
immer *arbeitsgleich* angelegt ist, dient vorrangig dazu, das im Hauptteil der
Stunde gemeinsam Erarbeitete kurz zu *festigen*. Dazu werden häufig unter 10
Minuten veranschlagt.

Insgesamt ist es jedoch schwierig, den genauen Zeitanteil von Einzel- und Partnerarbeit im Planungsentwurf der Studierenden festzustellen, weil die Angaben in der Verlaufsplanungstabelle häufig ungenau sind und in der methodischen Begründung deutlich gemacht wird, dass dieser *Zeitanteil flexibel* geplant wird. In der Gruppe der Stundenplanungen mit Partnerarbeit dominieren die Unterrichtsfächer *Englisch und Deutsch*, bei der Gruppenarbeit ist innerhalb der Stichprobe auffallend viel *Geschichtsunterricht* dabei und nur eine Unterrichtsstunde aus der Schulart Grundschule. Auffällig ist auch, dass fast alle Stundenplanungen, in denen Gruppenarbeit vorkommt, *länger als 45 Minuten* sind. Neben dem Fächerbezug liegt also auch hier wiederum ein Indiz dafür vor, dass sich die zeitliche Rahmung des Praktikumsunterrichts (90 statt 45 Minuten), nicht unwesentlich auf das Unterrichtsskript auswirken könnte (vgl. dazu auch Wackermann et al., 2010).

Überraschend erscheint mit Blick auf das Seminarangebot vor dem Blockpraktikum, dass die Studierenden für ihre eingeplanten Phasen mit Partner- oder Gruppenarbeit kaum auf typische *Handlungsmuster des sogenannten „Kooperativen Lernens"*, etwa in Anlehnung an Brüning & Saum (2008), zurückgreifen, obwohl diese Handlungsmuster in den Lehrveranstaltungen als Möglichkeiten einer effektiven Gestaltung kooperativer Lernphasen thematisiert und praktiziert wurden. So findet sich in der Stichprobe jeweils nur eine Stundenplanung, in die die Methoden „Denken-Austauschen-Vorstellen", das „Gruppenpuzzle" und der „Galeriespaziergang" integriert wurden.

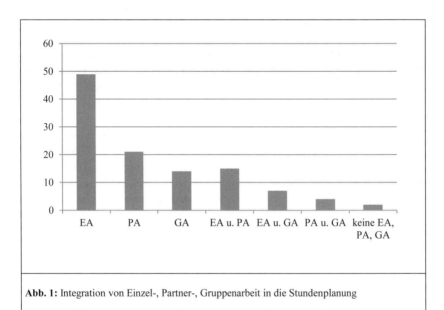

Abb. 1: Integration von Einzel-, Partner-, Gruppenarbeit in die Stundenplanung

9.4.5   Unterrichtseinstiege

Die methodischen Begründungen der Studierenden enthalten auffallend lange Passagen zur Erläuterung der Phase des Unterrichtseinstiegs. Es ist zu vermuten, dass gerade diese Phase mit *viel Bedacht* geplant wird, vor allem um eine „Motivierung" (vgl. z.b. M 38, Eth 55) der Schüler für den Unterricht mit Praktikant zu ermöglichen. Auffallend oft – und nicht nur in der Grundschule – werden Anschauungsgegenstände mitgebracht (7-mal Alltagsobjekte, 2-mal Modelle); in fünf Fällen wird mit einem Rätsel begonnen. In der Grundschule spielt eine große Rolle, dass der Stundeneinstieg an „den Gewohnheiten der Klasse" (E 108) ausgerichtet ist, während in einzelnen Planungsentwürfen für die Mittelschule und das Gymnasium z.T. auch eine bewusste *Abweichung* vom üblichen „Drehbuch" des Unterrichts inszeniert wird, beispielsweise in folgendem Fall „Anders als üblich stellt der Lehrer kein Vorbild dar, sondern verfremdet [in seinem Vortrag] die Ballade, um die Kreativität der Schüler zu wahren und herauszufordern" (D 26).

Während die Besprechung von *Hausaufgaben* laut Skriptforschung zum Mathematikunterricht an deutschen Schulen zum Stundenbeginn generell eine große Rolle spielt (vgl. z.b. Pauli & Reusser, 2003), gibt es in der Stichprobe *nur fünf Stundenentwürfe*, in denen die Hausaufgabenbesprechung Teil des Stundenanfangs ist (dreimal Mathematik, einmal Deutsch, einmal Ethik). Dieses Ergebnis ist nicht überraschend, denn es passt zur Dominanz von Praktikumsstunden, in denen Studierende mit ihrer Stunde thematisch relativ unbelastet agieren können, indem sie neu ansetzen (vgl. Abschnitt 9.4.2). Sehr häufig besteht die Einstiegsphase aus einer kurzen *Lehrerinformation* zum Stundenthema bzw. –ablauf – ganz im Sinne des Unterrichtsprozessmerkmals „Klarheit" innerhalb des Helmkeschen Angebots-Nutzungs-Modells – und einer darauf folgenden *Tafelbilderarbeitung* (11-mal zur Sammlung von Vorwissen oder Ideen, 7-mal zur Wiederholung früherer Stundeninhalte). Im Grundschulbereich beginnen die Studierenden häufig auch zunächst mit einem Ritual (Lied, tägliche Übung).

Nur in ca. einem Fünftel der Fälle planen die Studierenden eine *individuelle Denkphase* zur Vorbereitung der gemeinsamen Erarbeitung der Thematik im Plenum ein. Diese erneute Bevorzugung der gemeinsamen Interaktion kommt sicherlich dem Bedürfnis der Studierenden nach direktem Kontakt zu der ihnen relativ fremden Lerngruppe entgegen, erscheint aber mit Blick auf die Aktivierung möglichst aller Schüler durchaus problematisch, stabilisiert sich doch hier eine Unterrichtsgestaltung, die Schüler mit langsamem Lerntempo eher wenig fördert.

9.4.6 Typisches „Skript" einer Praktikumsstunde

Zusammenfassend lässt sich festhalten: Die untersuchten 62 Stundenplanungen von Lehramtsstudierenden des dritten Semesters im Blockpraktikum folgen weitgehend fächer- und schulartübergreifend folgendem *Unterrichtsskript*:

Die Stunde dient in der Regel der Einführung in einen neuen thematischen Aspekt (Fokus auf Wissenserwerb) innerhalb einer größeren Unterrichtsreihe und hat folgende Phasen:

1) *Einstieg:* vorrangig im Plenum, anschaulich und vielfältig gestaltet, Nennung des Themas, oft mit Tafeleinsatz, nur ganz selten Hausaufgabenbesprechung;

2) *Hauptteil der Stunde:* Erarbeitung in Form eines gelenkten Unterrichtsgesprächs (im Fach Englisch häufig auch stärker darbietendes Verfahren), oft verbunden mit Erstellung eines Tafelbildes, anschließend häufig kurze Einzelarbeit (seltener auch: arbeitsgleiche Partnerarbeit) zur Festigung;

3) *Abschluss* der Stunde: häufig Tafelabschrieb zur Ergebnissicherung oder Vergleich von Arbeitsergebnissen im Plenum, teilweise spielerische Aktion im Plenum, fast nie Hausaufgaben.

9.5 Resümee

Die bisherige Auswertung von Unterrichtsplanungen Lehramtsstudierender im Rahmen des Forschungsprojektes *UmPra* (Unterrichtsmuster im Praktikum) an der TU Dresden ergibt, dass die Unterrichtsinszenierung der Blockpraktikanten an Regelschulen in den ersten Semestern quer durch verschiedene Unterrichtsfächer und Schulstufen hindurch relativ gleichförmig ist und dabei vorrangig einem traditionellen „Drehbuch" folgt. Als zentrale *unterrichtsmethodische Konstante* erweist sich ein weitgehend fragend-entwickelndes Vorgehen, das schon Hage et al. (1985) vor fast dreißig Jahren als dominantes Merkmal der Unterrichtschoreographie an deutschen Schulen herausstellten.

Gleichzeitig muss betont werden, dass wohl auch die besondere „Vorführsituation" im Praktikum die Dominanz des Unterrichtsgesprächs und der Tafelbilderarbeitung verstärkt. Dies spiegeln zum einen die ausgewerteten methodischen Begründungen zur Stundenplanung, aber auch die schriftlichen Reflexionen des tatsächlichen Stundenverlaufes aus Studierendensicht wider – Studierende wollen gerade zu Beginn ihres Studiums bestätigt sehen, ob sie in der *direkten Interaktion* mit den Schülern vor der Klasse bestehen können. Insofern hat Praktikumsunterricht immer auch den Charakter einer „Selbstinszenierung" des Praktikanten.

In Bezug auf thematisch einführende Stunden, in denen es um den Aufbau von Wissensstrukturen geht, erscheint das bevorzugte methodische Vorgehen der Studierenden nicht unvernünftig, abgesehen von der Tatsache, dass die Schüler vor der Erarbeitungsphase grundsätzlich nur kollektiv aktiviert werden. Durchaus problematisch bleibt dagegen das weitgehende Fehlen längerer kooperativer bzw. offener gestalteter Lernformen in den Unterrichtsstunden, die stärker übenden oder anwendungsbezogenen Charakter haben. Gerade in der weiteren Erprobung und Flexibilisierung geeigneter Unterrichtsmuster für solche Vertiefungsstunden müsste demnach ein besonderes Augenmerk der Praxisphasen und Begleitveranstaltungen in den späteren Semestern liegen, um wenig lernförderliche Unterrichtsstrukturen bewusst zu machen und aufzubrechen.

Ob und wie sich die beschriebenen Muster im Laufe weiterer Praxisphasen im Lehramtsstudium verändern, sollte im Rahmen einer Fortsetzung der Studie in den Blick genommen werden. Die in *UmPra* bisher verwendeten Kategorien aus der Skriptforschung haben sich nur teilweise als tragfähig für die Analyse einer Stichprobe erwiesen, in der auch gesellschaftswissenschaftliche und sprachliche Fächer vertreten sind. Hier müssen zukünftig weitere Ausdifferenzierungen mit Hilfe der induktiv ermittelten Kategorien vorgenommen werden. Zudem sollte auch die Fallzahl weiter erhöht werden, um die sich bereits abzeichnenden Einflüsse von Variablen wie „Unterrichtsfach" und „Dauer der Unterrichtsstunde" auf die zwischen Mentor und Praktikant verabredete Unterrichtschoreographie zu untersuchen. Zudem wäre interessant, die von den Studierenden für die Praktikumsdokumentation ausgewählten Unterrichtsstrukturierungen mit weiteren, von den Studierenden *nicht* im Praktikumsbeleg verschriftlichten Unterrichtsversuchen zu kontrastieren.

Literatur

Albisser, S. & Keller-Schneider, M. (2010). Entwicklung der Unterrichtskompetenz – Bedeutung von Professionswissen, Überzeugungen und Dispositionen im Prozess des Unterrichten Lernens. In A. Gehrmann & U. Hericks (Hrsg.), *Bildungsstandards und Kompetenzmodelle* (S. 129-144). Bad Heilbrunn: Klinkhardt.

Arnold, K.-H., Hascher, T., Messner, R., Niggli, A., Patry, J.-L. & Rahm, S. (Hrsg.) (2011). *Empowerment durch Schulpraktika.* Bad Heilbrunn: Klinkhardt.

Bommes, M., Dewe, B. & Radtke, F.-O. (1996). *Sozialwissenschaften und Lehramt. Der Umgang mit sozialwissenschaftlichen Theorieangeboten in der Lehrerausbildung. Studien zur Erziehungswissenschaft und Bildungsforschung 4.* Opladen: Leske + Budrich.

Brüning, L. & Saum, T. (2008). Individuelle Förderung durch Kooperatives Lernen. In I. Kunze & C. Solzbacher (Hrsg.), *Individuelle Förderung in der Sekundarstufe I und II* (S. 83-90). Baltmannsweiler: Schneider Verlag Hohengehren.

Cramer, C. (2012). *Entwicklung von Professionalität in der Lehrerbildung. Empirische Befunde zu Eingangsbedingungen, Prozessmerkmalen und Ausbildungserfahrungen Lehramtsstudierender.* Bad Heilbrunn: Klinkhardt.

Dalehefte, I.M. (2006). *Unterrichtsskripts – ein multikriterialer Ansatz. Eine Videostudie zum Zusammenspiel von Mustern unterrichtlicher Aktivitäten, Zielorientierung und prozessorientierter Lernbegleitung.* Kiel: Elektronische Dissertation der Kieler Universitätsbibliothek.

Dieck, M., Dörr, G, Kucharz, D., Küster, O.; Müller, K., Reinhoffer, B., Rosenberger, T.; Schnebel, S. & Bohl, T. (Hrsg.) (2009). *Kompetenzentwicklung von Lehramtsstudierenden während des Praktikums. Erkenntnisse aus dem Modellversuch Praxisjahr Biberach.* Baltmannsweiler: Schneider Verlag Hohengehren.

Dörr, G., Kucharz, D. & Küster, O. (2009). Eine längsschnittliche Videostudie zur Untersuchung der Entwicklung unterrichtlicher Handlungskompetenzen in verlängerten Praxisphasen. In M. Dieck, G. Dörr, D. Kucharz, O. Küster, K. Müller, B. Reinhoffer, T. Rosenberger, S. Schnebel & T. Bohl (Hrsg.), *Kompetenzentwicklung von Lehramtsstudierenden während des Praktikums. Erkenntnisse aus dem Modellversuch Praxisjahr Biberach* (S. 127-160). Baltmannsweiler: Schneider Verlag Hohengehren.

Elsner, D. (2010). Planungs-, Unterrichts- und Reflexionskompetenz erwerben? Das Fachpraktikum Englisch im Urteil von Studierenden. In C. Altmayer, G. Mehlhorn & C. Neveling (Hrsg.), *Grenzen überschreiten: sprachlich - fachlich kulturell. Dokumentation zum 23. Kongress für Fremdsprachendidaktik der Deutschen Gesellschaft für Fremdsprachenforschung (DGFF) Leipzig, 30. September - 3. Oktober 2009* (S. 39-50). Baltmannsweiler: Schneider Verlag Hohengehren.

Floß, P., Gleser, C., Rotermund, M. & Winter, A. (2012) (Hrsg.). *Das allgemeindidaktische Schulpraktikum. Schulpädagogisches Orientierungswissen und Anregungen zum forschenden Lernen in der Schule.* Stuttgart: Raabe.

Gassmann, C. (2012). *Erlebte Aufgabenschwierigkeit bei der Unterrichtsplanung. Eine qualitativ-inhaltsanalytische Studie zu den Praktikumsphasen der universitären Lehrerbildung.* Wiesbaden: Springer VS.

Gehrmann, A. (2007). Kompetenzentwicklung im Lehramtsstudium. Eine Untersuchung an der Universität Rostock. In M. Lüders & J. Wissinger (Hrsg.), *Forschung zur Lehrerbildung. Kompetenzentwicklung und Programmevaluation* (S. 85-102). Münster: Waxmann.

Gröschner, A., Schmitt, C. & Seidel, T. (2013). Veränderung subjektiver Kompetenzeinschätzungen von Lehramtsstudierenden im Praxissemester. *Zeitschrift für Pädagogische Psychologie, 27*(1-2), S. 77-86.

Hage, K., Bischoff, H., Dichanz, H., Eubel, K.-D., Oehlschläger, H-J. & Schwittmann, D. (1985). *Das Methoden-Repertoire von Lehrern. Eine Untersuchung zum Schulalltag der Sekundarstufe I.* Opladen: Leske+Budrich.

Hascher, T. (2011a). Forschung zur Wirksamkeit der Lehrerbildung. In E. Terhart, H. Bennewitz & M. Rothland (Hrsg.), *Handbuch der Forschung zum Lehrerberuf* (S. 418-440). Münster: Waxmann.

Hascher, T. (2011b). „Vom Mythos 'Praktikum' ... und der Gefahr verpasster Lerngelegenheiten. *Journal für Lehrerinnen- und Lehrerbildung 11*(3), S. 8-16.

Helmke, A. (2009). *Unterrichtsqualität und Lehrerprofessionalität. Diagnose, Evaluation und Verbesserung des Unterrichts.* Seelze-Velber: Klett/Kallmeyer.

Hugener, I. (2008). *Inszenierungsmuster im Unterricht und Lernqualität.* Münster: Waxmann.

Kiel, E. (2012). Strukturierung. In E. Kiel (Hrsg.), *Unterricht sehen, analysieren, gestalten. 2* (S. 21-36). Bad Heilbrunn: Klinkhardt.

Kucharz, D. (2009). Zusammenfassende Diskussion der Ergebnisse. In M. Dieck, G. Dörr, D. Kucharz, O. Küster, K. Müller, B. Reinhoffer, T. Rosenberger, S. Schnebel & T. Bohl (Hrsg.), *Kompetenzentwicklung von Lehramtsstudierenden während des Praktikums. Er-*

kenntnisse aus dem Modellversuch Praxisjahr Biberach (S. 183-198). Baltmannsweiler: Schneider Verlag Hohengehren.

Klingberg, L. (1984). *Einführung in die allgemeine Didaktik.* Berlin: Volk und Wissen.

Larcher, S., Müller, P., Baer, M., Dörr, G., Edelmann, D., Guldimann, T., Kocher, M. & Wyss, C. (2010). Unterrichtskompetenz über die Zeit. Unterrichten lernen zwischen Studienbeginn und Ende des ersten Berufsjahres. In J. Abel & G. Faust (Hrsg.), *Wirkt Lehrerbildung? Antworten aus der empirischen Forschung* (S. 57-72). Münster: Waxmann.

Müller, K. (2010). *Das Praxisjahr in der Lehrerbildung. Empirische Befunde zur Wirksamkeit studienintegrierter Langzeitpraktika.* Bad Heilbrunn: Klinkhardt.

Müller, K. & Dieck, M. (2011). Schulpraxis als Lerngelegenheit? Mehrperspektivische empirische Befunde zu einem Langzeitpraktikum. *Journal für LehrerInnenbildung 11*(3), S. 46-50.

Nauck, J. (1996). Zur Planungs- und Reflexionskompetenz von Studierenden. Inhaltsanalyse Didaktischer Akten zum Allgemeinen Schulpraktikum. In K.-H. Sander (Hrsg.), *Schulpraktische Studien. Erfahrungen mit dem Braunschweiger Modell der Lehrerausbildung* (S. 181-210). Braunschweig: Seminar für Schulpädagogik der TU Braunschweig.

Petrik, A. (2009). „...aber das klappt nicht in der Schulpraxis!" Skizze einer kompetenz- und fallorientierten Hochschuldidaktik für die Politiklehrer-Ausbildung. *Journal of Social Science Education 8*(2), S. 57-80.

Reusser, K. & Pauli, C. (2003). Unterrichtsskripts im schweizerischen und im deutschen Mathematikunterricht. *Unterrichtswissenschaft 31*(3), S. 238-272.

Reusser, K. & Pauli, C. (2010). Abschluss und Bilanz. In K. Reusser, C. Pauli & M. Waldis (Hrsg.), *Unterrichtsgestaltung und Unterrichtsqualität. Ergebnisse einer internationalen und schweizerischen Videostudie zum Mathematikunterricht* (S. 341-358). Münster: Waxmann.

Reusser, K., Pauli, C. & Waldis, M. (Hrsg.) (2010). *Unterrichtsgestaltung und Unterrichtsqualität. Ergebnisse einer internationalen und schweizerischen Videostudie zum Mathematikunterricht.* Münster: Waxmann.

Schneider, C. & Bodensohn, R. (2010). Entwicklung beruflicher Handlungskompetenz in der ersten Phase der Lehrerausbildung. In J. Abel & G. Faust (Hrsg.), *Wirkt Lehrerbildung? Antworten aus der empirischen Forschung* (S. 227-234). Münster: Waxmann.

Schroeter, R. (2009). Der Blick zurück und der Blick nach vorn: Ausbildungs- und berufsbezogene Überzeugungen von Referendaren. In S. Hoppe-Graff, R. Schroeter & C. Wilhelm (Hrsg.), *Das Lehramtsstudium an der Universität Leipzig: Voraussetzungen, Erfahrungen und Probleme aus der Sicht von Studierenden und Referendaren (S. 71-104).* Leipzig: Leipziger Universitätsverlag.

Schubarth, W., Speck, K., Große, U., Seidel, A. & Gemsa, C. (2006). Die zweite Phase der Lehramtsausbildung aus Sicht der Brandenburger Lehramtskandidatinnen und Lehramtskandidaten. Die Potsdamer LAK-Studie 2004/05. In W. Schubarth & P. Pohlenz (Hrsg.), *Qualitätsentwicklung und Evaluation in der Lehrerbildung. Die zweite Phase: Das Referendariat* (S. 13-175). Potsdam: Universitätsverlag.

Seidel, T. (2011). Lehrerhandeln im Unterricht. In E. Terhart, H. Bennewitz & M. Rothland (Hrsg.), *Handbuch der Forschung zum Lehrerberuf* (S. 607-629). Münster: Waxmann.

Tulodziecki, G., Herzig, B. & Blömeke, S. (2009). *Gestaltung von Unterricht.* Bad Heilbrunn: Klinkhardt.

Wackermann, R., Trendel, G. & Fischer, H.E. (2010). Jenseits des forschend-entdeckenden Unterrichtsverfahrens – die Basismodelle des Lehrens und Lernens im naturwissenschaftlichen Unterricht. In T. Bohl, K. Kansteiner-Schänzlin, M. Kleinknecht, B. Kohler & A. Nold (Hrsg.), *Selbstbestimmung und Classroom-Management. Empirische Befunde und Entwicklungsstrategien zum guten Unterricht* (S. 83-92). Bad Heilbrunn: Klinkhardt.

Jean-Marie Weber

10 Zur Beziehung zwischen Praxislehrer und Referendar – Eine Untersuchung aus psychoanalytischer Perspektive

Im Anschluss an ihr Fachstudium bereiten sich luxemburgische Referendare während fünf Trimestern auf ihren zukünftigen Beruf als Sekundarlehrer an der Universität Luxemburg vor. In der alternierenden Ausbildung studieren sie halbtags an der Universität und unterrichten währenddessen zehn Stunden pro Woche. Dabei werden sie von einem Praxislehrer, einem sogenannten Tutor begleitet. Eine abgeschlossene (vgl. Weber, 2008) und eine noch laufende Studie sollten der Problematik nachgehen, wie Referendar und Tutor die Begleitung in der Praxislehre erleben und darauf reagieren. Im Folgenden werden einige Resultate dieser beiden qualitativen Studien vorgestellt, um anschließend einige Bedingungen der Möglichkeit des lehrenden, bildenden „Aktes" in Anlehnung an Lacans Theorie der Psychoanalyse herauszuarbeiten.

10.1 Die Fragestellung

Aufgrund meiner Erfahrungen und der diesbezüglichen Literatur stellt die Praxislehre zur Eingliederung in den Beruf ganz besondere Herausforderungen an die Protagonisten als Subjekt dar (vgl. Blanchard-Laville, 2001). Deshalb scheint mir angebracht, einen klinisch-psychoanalytischen Blick auf die tutorale Beziehung zu werfen. Dies erscheint mir einerseits deshalb wichtig, da die Einführung respektiv die Eingliederung in die Berufswelt des Lehrers immer auch in Bezug zur Libido, zum Genießen und zum Begehren des implizierten Subjektes zu setzen ist. In der Tat hat für Freud (1930) die Arbeit eine große Bedeutung für die Libidoökonomie. Ebenfalls gehe ich bei dieser Untersuchung mit Freud (1930) und Lacan (2005) von der Hypothese des Unbewussten aus. Wir sind nicht „Herr im eigenen Haus".

Die Signifikanten, welche wir in unseren Diskursen gebrauchen, sind mehrdeutig und hören nicht auf, durch gegenseitige Artikulationen neuen Sinn zu produzieren. Wir sind als Subjekt gespalten (vgl. Lacan, 2005) zwischen dem, was wir von uns denken, und dem, was wir unbewusst wissen; was wir als Lehrer wünschen, wollen und machen, bildet nicht unbedingt die vollkommene Kohäsion. Selbst da, wo wir leiden, sind wir eigenartigerweise mit impliziert als Subjekt und genießen.

Der angehende Lehrer erlebt die Ausbildung auch als schwierig und stressig, da er sich in seiner Subjektivität, in seinem Begehren mit den Anforderungen des Anderen, hier vor allem mit der Institution Schule, aber auch mit den Schülern konfrontiert sieht. In der Auseinandersetzung des Referendars als Subjekt mit der Organisation Schule, den Curricula und dem Tutorat kann es zu psychischen Konflikten und Kompromissen kommen. Deren symptomatischer Ausdruck zeigt sich zumindest zeitweise in Form von Dysfunktionen auf der didaktischen Ebene wie auch im Bezug zu den Schülern. Deswegen führt die Lehrerbildung nicht lediglich zur Bildung von professionalisierten Gesten, sondern bringt sehr oft auch bedeutende Transformationen auf der Ebene der Subjektivität mit sich, wie ein Referendar auch bestätigt: „Wenn ich die Filmaufzeichnungen vom Anfang und jetzt vergleiche, habe ich den Eindruck, zwei verschiedenen Personen zu begegnen, die nichts mehr miteinander zu tun haben" (R: Daniel).

Die hier kurz vorgestellten Studien fokussieren folgende spezifische Fragen: *Wie reagieren die Tutoren auf die Anfragen, Ansprüche und Widerstände der Referendare? Wie unterstützen Praxislehrer die Reflexivität des Referendars? Wie erleben die Referendare die Beziehung zum Tutor? Wie erklären sich Leiden, Dysfunktionen, Symptome innerhalb dieses Begleitungsprozesses?*

Die Untersuchungen basieren auf halboffenen Interviews, welche einerseits mit neun Tutoren und andererseits mit acht Referendaren durchgeführt wurden. Die Tutoren wurden jeweils viermal, die Referendare dreimal innerhalb der Ausbildungszeit von fünf Semestern interviewt. Die Interviews, welche teils in französischer und teils in luxemburgischer Sprache geführt wurden, wurden transkribiert und sind für diese Publikation ins Deutsche übersetzt worden. Den theoretischen Hintergrund meiner Untersuchung bildet Lacans (2005) Sicht der psychischen Register: des *Imaginären*, des *Symbolischen* und des *Realen*. Was versteht Lacan genau darunter?

Für ihn entwickelt das sechs bis acht Monate alte Kind während des Spiegelstadiums ein Bild von sich und ist davon fasziniert. Aufgrund von weiteren Spiegelungen, Imitationen und imaginären Identifizierungen fährt der kleine Mensch fort, sein Ich-Ideal zu konstruieren. Auch der Erwachsene entwickelt noch Bilder von sich und dem anderen und ist weiterhin mit seinem eigenen Bild, das er abgibt, beschäftigt. Dies nennt Lacan die *imaginäre* Ordnung. Man vergleicht sich mit anderen, sucht nach Anerkennung, Bestätigung des Ich-Ideals und riskiert, in dieser Dualität gefangen zu bleiben. Fällt die Anerkennung aus, kommt es zu Rivalitätsgefühlen und Hass.

Andererseits erfährt sich schon das Kind als Angesprochener und Sprechender. Die Sprache gilt ihm als Gabe, die ihm vorausgeht und Beziehungen stiftet. Sie ist das große Andere, das dem Subjekt in mehrfacher Weise inkarniert begegnet: In Gestalt der Mutter, des Vaters, des Lehrers, des anderen insgesamt. Als mit seinem Namen und Vornamen angesprochenes Wesen sieht sich das Kind immer in eine *symbolische* Ordnung, die Trennung der Generationen, d.h. das Prinzip der Filiation (vgl. Legendre, 1990) oder andere Ordnungssysteme und Diskurse gestellt, als sprechendes Subjekt gesetzt und gefordert. Es erfährt die Mehrdeutigkeit der Sprache und somit die Möglichkeit, imaginäre Fixierungen und Verkennungen aufzubrechen, seine Bedürfnisse und Ansprüche in Begehren zu übersetzen. Durch die Mehrdeutigkeit, die Verknüpfung und gegenseitige Differenzierung der Signifikanten, wie auch die sprachliche Regulierung von Präsenz und Absenz von Objekten, sieht das Subjekt sich von Nicht-Wissen, also Unbewusstem bestimmt.

Letztlich ist das Individuum immer auch mit der Tatsache konfrontiert, dass nicht alles in uns und außerhalb von uns beobachtbar, fiktionalisierbar, symbolisierbar und erreichbar ist. Dies nennt Lacan das *Reale*. Darunter subsumiert er zum Beispiel unsere Triebe, das, worum es uns im Genießen geht, das Objekt in uns (Objekt a), das letztlich unser Begehren antreibt. All das gilt letztlich als uns konstituierende Leerstelle.

Diese drei Register des Psychischen sind für Lacan strukturell miteinander verbunden. Sie geben sich gegenseitig Halt, auch durch die gegenseitige Durchlöcherung. Lacan zeigt, dass sie wie die Ringe in einem borromäischen Knoten so verbunden sind, dass, wenn einer von ihnen geöffnet wird, alle drei unabhängig voneinander sind (vgl. Lacan, 1975).

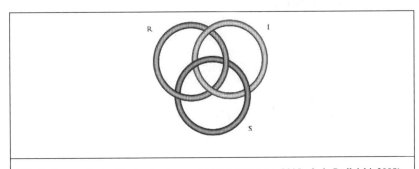

Abb. 1: Borromäischer Knoten der Lacanschen Triade (Lacan, 2005, zit. in Podlejski, 2008)

Das Subjekt des Begehrens und/oder des nach Absolutheit strebenden Genießens konstituiert sich unterschiedlich durch die drei Register. Es ist schon von erheblicher Bedeutung, welchen Bezug der Einzelne zu den drei psychischen Registern entwickeln kann und wie er sie verbindet. Von daher schien es mir aus klinischer Sicht interessant zu sein, zu untersuchen, wie Tutoren und Referendare als Subjekte mit dem eigenen Anspruch, Begehren und Genießen sowie dem ihrer Referendare umgehen. Aufgrund der Lacanschen Triade vom Symbolischen, Imaginären und Realen ging ich bei diesen Forschungen von der Annahme aus, dass Tutor und Referendar in der Schule mit vielen Überraschungen, fremdartigem oder sogar sinnlos scheinendem eigenem und oder anderer Handeln konfrontiert sind. Dieses sie affektierende Reale versuchen sie durch Handeln auf der imaginären Ebene, etwa durch die gefühlvolle Gestaltung der Beziehung zum anderen und durch die symbolische Ordnung, d.h. durch institutionelle Kader und durch Wissensproduktion, in den Griff zu bekommen. Jeder tut dies auf seine singuläre Art und Weise, was sich im je eigenen Stil eines Protagonisten aber auch in Symptomen ausdrückt.

Die Interpretation orientierte sich an Lacans Auffassung vom Subjekt als sprachliches Wesen. Leitend waren der Unterschied von Gesagtem und Sprechakt. Es geht somit um die Frage, warum wurde etwas in dieser Art und an dieser Stelle gesagt? Wo gibt es Brüche oder Wiederholungen im Erzählen, wo Widersprüche bzw. Konflikte? Wie lassen sich diese möglicherweise erklären? Welches sind die Signifikanten welche das Subjekt bestimmen? Gibt es im Laufe der Untersuchung Änderungen auf der Ebene der Signifikanten bei den einzelnen Protagonisten?

10.2   Die tutorale Beziehung und ihre möglichen Dysfunktionen

Die Auswertung der Interviews hat ergeben, dass die Tutoren mit großem Engagement ihrer Funktion nachgingen. Und trotzdem kann es zeitweise dazu kommen, dass ein psychisches Register ein gewisses Übergewicht erreicht, so dass sich Leiden, also Dysfunktionen, sowohl beim Tutoren wie beim Referendar entwickeln. Es waren aber auch diese „Krisen", welche den Tutoren erlaubt haben, sich anders zu verankern und die Begleitung anders anzugehen.

10.2.1 Das imaginäre Ideal-Ich und seine möglichen Deklinationen

In der ersten Untersuchung mit den Tutoren ist vor allem die Bedeutung des *Imaginären* in den Interviews aufgefallen. So braucht der Referendar das andere Ich als Spiegelbild, den Schüler, Praxislehrer und Kollegen um zu wissen, wie er in seiner neuen Funktion wirkt, wie er seine pädagogische Praxis entwickeln kann. In der Kommunikation mit dem Anderen kann er sein professionelles und personelles Selbstbild entwickeln. Dies bestätigt sich zum Beispiel, wenn eine Tutorin sagt: „Ich versuche ihm ein Spiegel zu sein, einen Spiegel zu geben" (T: Marianne). Eine andere sagt: „Für ihn bin ich wie Gott, die Mutter [...] er ahmt sogar meine Art in der Klasse mich zu bewegen nach" (T: Vivianne).

Aber auch der Referendar wird vom Praxislehrer als Spiegel erlebt. „Das erlaubt mir, auch mich selbst besser zu sehen; [...] und hie und da sehe ich wie zwanzig Jahre Beruf mich geformt haben. Ich fühle mich aufgewertet" (T: Henri H.). Ein anderer Tutor sagt diesbezüglich: „Wenn man so eine Referendarin vor sich sieht, dann sieht man die eigenen Fehler und Schwachstellen. Und, ich bin mir bewusst geworden, dass ein Lehrer sehr fragil, sehr fragil ist. Ich habe im Anschluss daran bei mir selbst meine Schwachstellen gesucht" (T: Henri H.).

Aufgrund solcher und vieler anderer Aussagen kann man behaupten, dass die Beziehung zwischen Tutor und Referendar auch stark vom sich gegenseitig Spiegeln, von Vorstellungen, also vom *Imaginären* geprägt ist. Kein Wunder, wenn man bedenkt, dass der Tutor in der Regel während Monaten wenigstens eine Unterrichtseinheit pro Woche den Referendar beim Unterrichten beobachtet und mit ihm den Stundenablauf anschließend bespricht. Dabei versuchen beide Protagonisten zu erfahren, wer der andere ist und sind versucht zu glauben, dass er das ist, was sie sehen oder annehmen. Sie benutzen insofern das Register des *Imaginären*.

Dabei kann sich auf Seiten des Tutors der Wunsch entwickeln, einen lebendigen und „vollkommenen Spiegel" darzustellen, wie es auch Rousseau (1762) gegenüber Emile versucht hat. So berichtet eine Tutorin: „Ich habe mein Beobachtungsraster und notiere alles" (T: Marianne). Auch konnte ich in einigen Interviews mit Tutoren den Wunsch rekonstruieren, „als Mutter zu beschützen" (T: Marianne), oder aufgrund „eigener Erfahrungen" ein „Vorbild" zu sein. Von daher sind dann auch Aussagen wie Folgende zu verstehen: „Höre zu, ich unterrichte, ich leite den Unterricht, du setzt dich hinten in den Klassensaal und du schaust mir zu!" (T: Pierre Frank).

Dabei besteht bei manchen Tutoren bewusst oder unbewusst der Wille, seinen eigenen Stil oder seine Konzeption von Unterricht durch den Referendar zu reproduzieren: „Ich werde ihn näher begleiten, ich habe seinen Unterricht an seiner Stelle gegeben, vielleicht muss ich das öfter tun?" (T: Pierre Frank). Bei manchem zeigt sich der Wunsch, alles im Griff zu behalten: „Ich beobachte alles, alles, alles" (T: Jeanne). Ein gewisses Anpeilen der Vollendung von Anfang an zeigt sich auch, wenn ein Tutor sagt: „Ich wollte seine

Unterrichtssituationen sehen und von Anfang an diese Manipulation, ich habe ihn gezwungen es so zu machen wie im Schlussexamen" (T: David).

Verschiedene erleben dabei sogar ein Gefühl von Allmacht: „Es reicht ein einziges Wort oder dass ich eine Bemerkung mache […] ja sogar meine reale Präsenz reicht, so wie beim Souffleur im Theater" (T: Henri H.). Es zeigt sich also hier, dass manche Tutoren auch stark vom Ideal-Ich ausgehen. Der Referendar soll ihnen teilweise auch ihr Können, ihre Vorstellungen widerspiegeln und bestätigen.

Das Ideal-Ich zeigt sich auch noch in einer anderen Form, und zwar in dem Diskurs der Gleichheit respektive der Autonomie, in welche die Tutoren sich einschreiben, um die Tutoratsbeziehung zu bestimmen. Es zeigt sich der immerwährende Versuch, eine illusorische Einheit herzustellen: Die Differenz der Position zwischen Tutor und Referendar wird mehr oder weniger ausgeklammert. Der Referendar wird eher als Kollege und in seiner Autonomie gesehen: „Für mich ist das Tutorat eine Begleitung und keine (Aus)bildung" (T: David) oder „Ich habe den Referendaren nichts zu vorzuschreiben" (T: Castor).

Aufgrund der Interviews ist vor allem auch ein „Diskurs der Freundschaft" aufgefallen. Dieser Diskurs ist permanent präsent, aber umso mehr, desto mehr der Tutor befürchtet, dass es Probleme in der Begleitung geben kann oder der Signifikant, der den Referendar weiterbringen könnte, sich nicht einstellt. Wie sieht diese „Freundschaft" und „Liebe" aus? Wie wird sie in den Diskursen der Tutoren begründet?

Es geht den Tutoren dabei zunächst um Unterstützung: „Das Tutorat ist so was wie ein großes Kopfkissen. Ich verstehe meine Arbeit als Tutorin wie die einer Mutter […]; um ihn zu schützen in Situationen, in denen er ausgeliefert ist – gegenüber der Direktion, gegenüber Kollegen oder Schülern" (T: Marianne). Des Weiteren behaupten einige Tutoren, dass man Freundschaft und Wissensvermittlung nicht trennen kann: „Man kann das nicht trennen. Man hat mit einer Person zu tun […] ich interessierte mich für sie und ihr Leben; da ich wollte, dass sie sich weiterentwickelt […]; es ist eine Art von Leidenschaft" (T: Pascale).

Manchen Tutoren kommt es auch darauf an, Gemeinschaften zu bilden: „Was mich am meisten interessiert, ist die persönliche Beziehung zu den Referendaren. Ich kenne deren Freunde […]. Wir gehen zusammen aus. Das ist wichtig, auch für die spätere Zusammenarbeit unter Kollegen vom Fach" (T: David). Ein anderer Tutor berichtet: „Hie und da blicken wir uns kurz an […] es besteht eine Art Komplizenschaft zwischen uns."

Für einige Tutoren gilt freundschaftliches Verhalten auch als Verteidigungsstrategie gegen mögliche Aggressionen des Referendars: „Es ist schon von

großem Vorteil, wenn die Beziehung freundschaftlicher Art ist"
(T: Marianne). Letztlich zeigt dieser Diskurs auch, dass es auf Seiten des Tutors auch oft um
Anerkennung geht: „Sie sagte, [unsere Beziehung sei] freundschaftlicher Art
[…] ich kann also sehr zufrieden sein."
Man merkt also, dass manche Tutoren Seduktion und Suggestion benutzen,
um den Ausbildungsprozess zu unterstützen. Aus psychoanalytischer Sicht
bedeutet dies, dass der Tutor sich den unbewussten Übertragungsmechanis-
mus zu Nutze machen will. Allerdings kann das zu manchen Problemen führen.

10.2.2 Die Problematik der dualen imaginären Beziehung

Das mehr oder weniger stark ausgeprägte Streben nach Einheit oder der un-
bewusste Wunsch beim Tutor, sich als Lehrer zu reproduzieren, impliziert,
wie Lacan (1975) es ausdrückt, eine „Verkennung" der Andersheit. Dies aber
kann zu manchen Problemen innerhalb des Ausbildungsprozesses führen:
Aufgrund seiner starken imaginären Bindung an den Referendar kann der en-
gagierte und zuvorkommende Tutor ein starkes Gefühl von Frustrationen erleben: „Wenn der Tutor das Gefühl hat, zu Mauern zu sprechen, dass nichts
rüberkommt, dass man den Eindruck hat, die Arbeit sei umsonst; wenn man
sich sagen muss, dass ich es nicht fertig bringe, dem anderen etwas beizu-
bringen […]." Und weiter: „Man ist frustriert […] man fühlt sich nutzlos"
(T: Ernst). Ein anderer Tutor, welcher sich auch eher an einer Stelle des Ide-
al-Ichs sah, behauptet: „Ich erlebe dieses Jahr als einen persönlichen Misserfolg" (T: Pierre Frank).
Agiert der Tutor vor allem vom Ideal-Ich aus, kann das gegenseitige Spiegeln
ebenfalls zu Aggressivität und Eifersucht führen. Um sein positives Selbstbild aufrecht zu erhalten, macht sich der Tutor zum Beispiel auf die Suche
nach Mängeln beim Referendar: „Schauen Sie sich doch mal die Referendarin an, welche ich dieses Jahr hatte. Sie hätte zwei oder drei Kollegen einfach
fertig gemacht. Denn, wenn die gesehen hätten, was diese Referendarin fer-
tigbringt […] ich suche ihren Schwachpunkt" (T: Jeanne).
Die freundschaftliche duale Beziehung kann aber auch zu Problemen bei der
Bewertung des Ausbildungsprozesses führen, wie einige Tutoren berichteten:
„Ich hatte Angst, ihm weh zu tun" oder „Ich hatte Angst, meine Meinung
während der Prüfung zu sagen, ein kleines B-Moll auszusprechen" (T: Jeanne). Ein anderer Tutor behauptet: „Ich würde nie riskieren, mich auf ein anderes Niveau als meine Referendare zu setzen" (T: Castor). Somit führt eine
gewisse Fusion zu Konfusionen im Evaluierungsprozess. Man fragt sich, ob
es teilweise nicht sogar zu einem Bündnis der Verneinung kommt: „Ich habe

seine Probleme (Gewalt gegenüber Schülern) nie in einem Bericht erwähnt, da dies psychologisch ist" (T: Castor).

Freundschaftliche Beziehungen führen in manchen Fällen zu äußerst schwierigen Situationen, wenn das Referendariat mit einem Misserfolg endet: „Ich bin wirklich verstört. Ich fühle mich schlecht in meiner Haut, wenn ich ihr begegne [...] wir meiden uns" (T: Pascale). Letztlich zeigt sich auch, dass eine auf Dualität aufbauende Beziehung der Aggressivität eines Referendars kaum Stand halten kann: „Tutor sein ist eine Gelegenheit jung zu bleiben. Aber, wenn du auf einen boshaften Referendar triffst, einen harten Kerl [...] dazu bin ich unfähig [...]. Er fand meine Art zu sein einfach null [...] ich werde Sie nicht respektieren, sagte er mir, ich hätte nie einen Lehrer respektiert, der nicht absolut streng ist [...]" (T: Jeanne). Hier wie in anderen Fällen fragt man sich, ob der Referendar nicht nach der Überwindung des dominant Imaginären, also nach der Ordnung des Symbolischen strebt (vgl. Lacan, 1966).

Bisher haben wir gesehen, dass Begleitung stark vom Spiegeln, vom *Imaginären*, dem Erhalt und der Weiterentwicklung eines positiven Selbstbildes abhängt. Die freundschaftliche und teilweise fusionsartige Gestaltung der Tutoratsbeziehung soll auch Angst angesichts der Fremdheit des anderen und der schulischen Realität insgesamt abwenden. Dies weist auch auf das *Reale* der Lacanschen Triade hin. In Situationen, Handlungen, Affekten, welche für uns keinen Sinn ergeben, erscheint das Reale. So etwa wenn eine Klasse einem Referendar einen Pornofilm schenkt oder wenn ein Tutor wegen des Chaos in einer Klasse den Saal fluchtartig verlässt, da er es nicht mehr aushält. Auch wenn, wie oben berichtet, durch einen „harten Kerl" ein Riss ins symbolische Netzwerk (Zizek, 2008, S. 99) kommt, tritt das Reale in Erscheinung.

10.3   Erwartungen und Erleben der Referendare

Mittels einer noch laufenden Studie möchte ich der Frage nachgehen, wie der Referendar die Begleitung durch einen Tutor erlebt. Wie wirkt sich die Beziehung auf den Referendar aus?

In den Interviews zeigt sich zunächst, dass der Berufswunsch der Referendare eine bedeutende Rolle im Ausbildungsprozess spielt. So erfahren wir von einem Studenten, dass er sich schon als Kind wünschte: „Grundschullehrer [zu] werden [...] Wissen den Kindern [zu] vermitteln, zu beobachten wie sie lernen wollen, wie sie etwas hinzulernen wollen, [...] einen etwas [zu] lehren." Eine Referendarin bemerkt: „Ich hatte eine exzellente Lehrerin, welche mir den Wunsch, französische Literatur zu unterrichten übertrug. Das tat sie auf eine solch begeisternde Art, dass sie nicht anders konnte, als dieses Interesse bei uns zu erwecken, aufzuerwecken." Hier zeigt sich, wie das eigene Begehren mit dem „Begehren des Anderen" zusammenhängt (vgl. Lacan, 1986).

Die Interviews machen deutlich, wie die Referendare sich zunächst im Mangel erleben. So sprechen sie von ihren Mängeln auf der Ebene der „tools", der Mittel, um Unterricht zu gestalten und Schulklassen zu leiten. Auf einer anderen Ebene spielen aber immer auch die Vorstellungen, Überzeugungen oder Ängste bezüglich der Frage mit: „Bin ich für den Lehrerberuf gemacht?"

Daraus erwachsen einerseits Anfragen sowie Ansprüche an die Tutoren. So erwarten die Referendare sich vom Tutor Rezepte, „Unterrichtsmaterialien", „Taktiken" und „Strategien", die „ganze Lösung" oder den „sicheren Weg", das Diplom zu erlangen. Hier scheint gelegentlich das Register des *Imaginären* durch, wenn vom Referendar in der Übertragung die sicher funktionierende Lösung von seinem Tutor erwartet wird.

Die Referendare adressieren auch ihren Anspruch an den Tutor, endlich als Lehrer „anerkannt zu werden": „Irgendwann möchte man sich auch Pädagoge nennen". Hier drückt sich auch der Ruf nach einem symbolischen Platz innerhalb der Institution, durch den Signifikanten „Pädagoge" aus.

Dieses Begehren, verbunden mit früheren *imaginären* oder *symbolischen* Identifikationen, kann aufgrund der Übertragungssituation, welche die tutorale Beziehung darstellen kann, intra-subjektive und inter-subjektive Konflikte hervorbringen. So, wenn ein Referendar im Gegensatz zu seinem Tutor es für wichtig hält, nicht „alles bis zur letzten Minute hin zu planen" und dann abzuspulen, sondern „leere Stellen" vorsieht, um kreativ sein zu können und den Schülern eine Möglichkeit des Subjektseins zu lassen: „Sie mag keine weißen Stellen im Unterricht. Ich mag das, ich habe keine Angst vor der Leere."

Die Referendare suchen in ihrer neuen Lebenssituation insgesamt nach neuen Orientierungspunkten, nach Meistersignifikanten, nach Idealen, welche ihnen Orientierung geben können. Mancher versucht zunächst, den Stil des Tutors nachzuahmen, was schief geht, da der Stil etwas ganz Singuläres ist. Andere „picken sich lediglich einen Zug heraus", um die eigene Lehreridentität zu entwickeln, so zum Beispiel dessen „Verantwortungsgefühl": „Ich werde nicht das Ebenbild meines Tutors. Denn ansonsten weiß ich nicht, wer ich bin." Aber die Arbeitsdisziplin hat diese Referendarin von ihren Tutoren übernommen. So kommen bei ihr die „Meistersignifikanten" „gute Organisation" und „Selbstdisziplin" immer wieder in ihren drei Interviews vor. Man hat den Eindruck, dass hier jemand auf dem Weg des Erwachsenwerdens (vgl. Moscovitz, 2006) vorankam: „Irgendetwas hat sich geändert", sagt sie.

Zu der „Passion" zum Fach gesellte sich die Kompetenz, sich und die Arbeit zu „organisieren".

Wenn anfangs wegen der Suche nach pädagogischem Wissen und der professionellen Identität das Übertragungsphänomen sehr stark ist, zeigt sich bei den interviewten Referendaren, dass sie schließlich davon loskommen, den Tutor an eine Stelle der Allmacht und des Allwissens zu stellen und sie somit ihrem eigenen Begehren, Sein und ihrem eigenen Stil näher kommen können: „das zeigt mir schon: ich habe schon etwas aufgebaut, wie ich bin. Ich habe meine Ideen ... we teach who we are" (R: Josée). Die Referendare wünschen sich jemanden, der ihnen Rückhalt gibt: „allein die Idee, dass er da ist, bedeutete schon recht viel." In dem Sinne erwähnen die Referendare als positive Effekte, wenn Tutoren nicht nur kritisieren, sondern sie sich „dank der Erklärungen des Tutors vorstellen können", wie man eine Klasse begleitet und leitet, wie man den Unterricht plant, strukturiert, durchzieht und reflektiert. Wenn dem nicht so ist, kommt es bei einigen zur Enttäuschung: „Er macht es sich hie und da auch etwas sehr einfach und das ist etwas traurig [...] es ist jetzt nicht das große Vorbild für später." „Er nahm mich nie mit in seinen Unterricht. Das war sofort klar von Anfang an." Als Behinderung erleben es Referendare, wenn Tutoren nicht genügend konzeptuell „informiert" sind oder bewusst die theoretischen Diskurse der Universität ignorieren.

Die Ängste vor Tutoren können äußerst stark ausfallen. So berichtet ein Referendar, dass er „von Anfang an intimidiert war". Erst am Schluss der Ausbildung spricht er davon, keine Angst mehr vor dem Tutor zu haben, nachdem er „seinen Bericht gelesen hat". Schwierigkeiten bereitet es Referendaren, wenn sie Unterricht so gestalten müssen, wie es der Tutor vorschreibt, wenn sie vor allem ein *imaginäres* Spiegelbild nachahmen müssen: „Du machst es, wie ich will, ob du einverstanden bist oder nicht." Referendare erleben es des Weiteren als schwierig, wenn es zu keinem Dialog kommt, wenn Tutoren „ihre Machtposition" mit ins Spiel bringen: „Es ist dir ja bewusst, dass ich einen Bericht über dich schreibe". Bei manchem wird dadurch das Selbstbewusstsein gehörig destabilisiert.

Manche Referendare erleben eine gewisse „Hilflosigkeit", Situationen zu verstehen, zu *symbolisieren* und zu verändern. Die Unmöglichkeit, Situationen in der Klasse oder der tutoralen Beziehung zu symbolisieren, kann sich aufgrund der eigenen Biographie auch so traumatisieren, dass es zu starken „Existenzängsten" kommt. Hier zeigt sich dann das *Reale* in seiner traumatischen Eigenschaft. Das Gefühl, vom Tutor nicht unterstützt zu werden, von ihm auch auf der psychischen Ebene abhängig zu sein, nicht zu wissen, was er von einem denkt und begehrt, bringt manchen Referendar dazu, einen „Arzt" aufzusuchen, oder „sich während einiger Wochen krankschreiben zu lassen" (R: Simone).

10.4 Psychische Bedingung der Möglichkeit des „bildenden" Aktes

Wir haben bisher feststellen können, dass die psychischen Dimensionen des Symbolischen, Imaginären und Realen auch bei Bildungsprozessen wesentlich mitspielen. Deshalb möchte ich hypothesenartig einige Überlegungen aus psychoanalytischer Sicht zu den Bedingungen der Möglichkeiten des formativen, d.h. des bildenden Aktes formulieren.

10.4.1 Das imaginäre Register

Man konnte aufgrund der Interviews feststellen, dass manche Referendare von ihrem Tutor erwarten, dass er Vorbild ist. Sie wünschen sich vielfach vom Tutor „eine Unterstützung durch Hinweise auf wertvolle Unterrichtsmaterialien", oder „Erklärungen, wie man es besser machen kann", „Strategien und Techniken bezüglich der Disziplin in der Klasse" (R: Eva). Insbesondere am Anfang „nimmt das viel Stress weg", wenn der angehende Lehrer zum Beispiel „nicht alle Materialien selbst suchen muss" (R: Eva). Was laut den Aussagen einiger Novizen noch wichtiger scheint ist der Wunsch, „Anerkennung zu finden", „ermutigt zu werden, wenn es schwierig wird". Verschiedene Studenten brauchen stärker als andere das Gefühl, in eine Gemeinschaft, ein Lehrerkollegium aufgenommen zu werden.

Besonders in schwierigen Situationen braucht es der Student, wieder „narzissisiert" zu werden, wie Claudine Blanchard-Laville (2011) dies ausdrückt. Dabei geht es nicht darum, dass er seine Verteidigungsmechanismen verstärkt, sondern, dass er sein Ich-Ideal weiter entwickeln und sich Orientierung verschaffen kann. Dabei bleibt es natürlich wichtig, dass der Tutor den Referendar nicht braucht, um sein eignes Ideal-Ich zu stärken.

Als Tutor kann man unterstützen und sollte auf die Ansprüche des Referendars eingehen. Man sollte sich dabei der Übertragungsliebe, der Liebe, welche an den gerichtet wird, dem Wissen unterstellt wird (vgl. Lacan, 1975, 1964), als menschliches Phänomen bewusst sein. Im Sinne Lacans muss der Tutor dem Referendar und sich selbst auch klar machen können, dass er in der „Gegenliebe" nur das geben kann, was er nicht hat und was der andere nicht will (vgl. Lacan, 2001). Er hat eben nicht die Lösung, wie sein Referendar Subjektivität und Beruf zusammenbringen kann. Indem er somit dem Mangel Platz lässt, fördert der Tutor den Referendaren darin, vom Subjektsein, dem eigenen Begehren auszugehen und sich so auch zum reflexiven Praktiker zu entwickeln. Letztere sind besonders dankbar, wenn sie „durch Gespräche mit ihrem Tutor lernen, eine reflexive Haltung einzunehmen" (R: Claire).

10.4.2 Das symbolische Register

Das Tutorat, wie alle anderen Beziehungen zwischen Menschen, ist durch ein Drittes mediatisiert. Da ist zunächst einmal die Sprache, dann sind es auch Gesetze und Reglementierungen, Konventionen, welche die tutorale Dyade instituieren und sie mediatisieren.

Deshalb sollte der Tutor anerkennen, dass er seine Funktion nicht nach eigenem Gutdünken erfüllen kann. Er muss sich bewusst sein, dass er eine Funktion wahrnimmt, welche in der *symbolischen* Ordnung verankert ist, bei der es um die Transmission eines Berufes als Drittem geht. Er ist also an einen *symbolischen* Platz gestellt worden: es gibt andere Vorstellungen zum Lehrerberuf und Orientierungspunkte zum Professionalisierungsprozess als die Seinigen. Mit ihnen muss er sich auseinandersetzen. Dies ist auch der Wunsch der Referendare: der Tutor soll „sich mit den theoretischen Konzepten der Universität auseinandergesetzt haben" (R: Ivon).

Der betreffende Praxislehrer nimmt durch seine Nomination als Tutor durch die Universität einen asymmetrischen Platz ein, indem Evaluierungsprozesse zu stark subjektiviert werden. Versteht der Tutor sich nicht imaginär als der, welcher immer schon alles über Unterricht weiß, sondern sich auf Wissen als Drittes referiert, dann können Situationen kreativ interpretiert und durch pädagogische Akte verändert werden. Dies impliziert natürlich, dass er auch seinen Referendar an die Stelle des Subjektes setzt, an die Stelle dessen, der in eigenem Namen sprechen und seinen Weg in den Beruf im Dialog selbst suchen darf. Damit kann die Transmission der *symbolischen* Ordnung und „Kastration" des pädagogischen Berufes und nicht lediglich von sichtbaren professionellen Gesten geschehen. Wichtig ist dabei, dass Tutor wie Referendar ihr „persönliches" und „professionelles" Ich-Ideal durch „neue Ideen, Begriffe" und Werte erweitern. Das Ich-Ideal als Drittes hilft Triebhaftes zu sublimieren, nicht andauernd aus einer narzisstischen Dualität heraus zu kommunizieren und zu agieren. Diese Verankerung im *Symbolischen* erschwert das Abgleiten in narzisstische Ansprüche auf Macht und auf Anerkennung.

Diese Art, dem Referendar zu begegnen, zu begehren, dass letzterer seinen eignen Weg findet, beeinflusst möglicherweise auch dessen Bildungsprozess. So kann der Referendar sich weg von der imaginären Imitation zur symbolischen Identifikation bewegen. Neue Signifikanten, welche mit dem Begehren des Referendars artikulierbar werden, können ins Spiel kommen und eine gewisse Transformation, heißt: Bildung herbeiführen. Hier zeigt sich dann auch, dass Bildung immer auch das Zulassen von „Entbildung" benötigt, wie Karl-Josef Pazzini (2010) im Anschluss an Meister Eckhart aufweist. Von solchem Generieren sprach begeistert eine Referendarin, welche im „respektvollen, argumentativen Austausch" mit ihren Tutoren „Freiheit" erfuhr und Bildungsprozesse im Nachhinein erkannte.

10.4.3 Das Register des Realen

Wir sind heutzutage, durch den dominanten Diskurs der Wissenschaften, darauf aus, alles begreifen zu müssen. Doch dem ist nicht so, weder im Allgemeinen noch in einer Schulklasse. Selbst erfahrene Lehrer haben oft erlebt, wie sie von Schülern überrascht werden, wie sie Situationen und Schüler falsch eingeschätzt oder missverstanden haben. So begegnen Referendare auch Tutoren in deren „Sprachlosigkeit" in bestimmten Situationen. Das Tutorat sollte deswegen ein Ort sein, wo dem Nicht-Wissen und der Überraschung ein Platz eingeräumt wird. Man muss nicht sofort eine Antwort parat haben. Wichtiger ist zunächst, eine Position des engagierten „Sich–Ergreifen-Lassens" anzunehmen, wie Alain Badiou (2010) es ausdrückt. Der Tutor muss also fähig sein, mit dem Unfassbaren, mit Nicht-Wissen umzugehen. Er hält es zunächst einmal aus, wenn seine eigenen Schüler oder seine Referendare immer wieder dieselben Fehler symptomatisch wiederholen. Er bringt es fertig, Vorstellungen, die blockieren, zu „durchlöchern" und etwa dem Referendar, der in Schwierigkeiten ist, eine Subjektivität zu unterstellen, mittels derer dieser seinen Weg suchen und neue Signifikanten, neue Möglichkeiten finden kann. Er kann mit Mangel umgehen und kann somit möglicherweise dem Referendar das übermitteln, was er nicht hat.

10.4.4 Das Tutorat als unmöglicher Beruf

Die psychischen Bedingungen der Möglichkeit des Ausbildungsaktes hängen von der subjektiven Verbindung der drei psychischen Register ab. Jeder Tutor hat seine Art, diese zu verbinden. Der formative Akt geschieht da, wo das Erarbeiten von professionellen Gesten mit dem Wissen verbunden ist, dass Lehren einen unmöglichen Beruf darstellt, dass Schüler also keine Objekte sind, die mit den geeigneten Methoden als Wissende produzierbar sind. Sowohl den Schülern wie Referendaren muss also ein Freiraum für ihre Subjektivität bewahrt werden. Dem steht nicht entgegen, dass der Tutor, respektive der Lehrer, dem Zögling das Genießen, sei es im Nichtstun, im Aktionismus oder im Ausleben unterschiedlicher Allmachtsphantasien, untersagt. Solche Akte sind dann möglich, wenn der Tutor, respektive der Lehrer, über die Determiniertheit der Situation hinaus sich bewusst oder unbewusst von seinem Begehren leiten lässt und es wagt, den Kandidaten zu zeigen, dass er sich für andere Wege und Signifikanten öffnen muss.

Dies aber geht alles nicht von selbst. Der Tutor braucht einen Raum der Mediation, in welchem er seinen Fragen nachgehen kann. Ein Institut für Lehrerbildung muss Orte und Zeiten der Mediation anbieten, welche sowohl dem Tutor wie dem Referendar die Möglichkeit bieten, aus der Dualität auszusteigen, das heißt: zu triangulieren. Dies geschieht auch für Tutoren seit Jahren an der Universität Luxemburg. Ab Herbst 2013 wird dazu auch ein *Certificate of Advanced Studies* angeboten. In der Tat ist es für den Tutor wichtig, das Echo auf das eigene Sprechen zu hören und somit Distanz gegenüber psychischen und diskursiven Abhängigkeiten bezüglich des eigenen Handelns zu gewinnen. Es ist wichtig, dass er sich als „Nicht-Alles" (Lacan) annehmen kann. Um echte Verantwortung übernehmen zu können, muss er wie Heidegger (1972, S. 263) es aufzeigte, den eigenen Tod im Sinne der eigenen Begrenztheit und Singularität annehmen: „Der Tod gehört nicht indifferent nur dem eigenen Dasein zu, sondern er beansprucht dieses als einzelnes."

10.5 Schlussfolgerung

Mir scheinen die hier sehr komprimiert dargestellten Dysfunktionen aufzuzeigen, dass Lacans Konzeptualisierung des „psychischen Apparates" einen psychoanalytischen Beitrag zum Verständnis des sozialen Bezuges und seiner möglichen Symptome innerhalb des Referendariats liefern kann. Damit konnten wenigstens ansatzweise auch die psychischen Bedingungen der Möglichkeit des Ausbildungsaktes angedacht werden.

Das Tutorat besteht nicht einfach in der Weitergabe von professionellen Gesten und Wissen. Es ist vor allem auch von der Begegnung als strukturellem Geschehen bestimmt. Sicher, der Tutor muss auf die imaginären Ansprüche auf Anerkennung seitens der Referendare eingehen. Er kann auch Seduktion und Suggestion als Formen des imaginären Registers einsetzen, wenn sie mit dem symbolischen Register, also mit dem Ich-Ideal artikuliert sind. Ist er sich der Gefahren der Dualität und der eigenen Alterität bewusst, kann er dem Referendar besser helfen, die eigene Singularität mit den Anforderungen des Bildungsauftrages zu verbinden. Psychisch gesehen geschieht demnach Lehrerbildung dort, wo beiderseits Selbst- und Fremdbilder des imaginären Ichs durch den in Gang gesetzten Subjektivierungsprozess von neuen Signifikanten durchlöchert werden können, womit psychische Freiräume zu kreativem Handeln entstehen. Voraussetzung hierfür ist aber auch, dass beide, der Referendar wie der Tutor, das *„Reale* als Unmögliches" im Blick haben, und somit einsehen, dass Lernende keine Maschinen sind. Für die Tutoren wie die Lehrer gilt wohl auch heute noch folgendes Wort von Hannah Arendt (1994, S. 276):

„In der Erziehung entscheidet sich auch, ob wir unsere Kinder genug lieben, um sie weder aus unserer Welt auszustoßen und sich selbst zu überlassen, noch ihnen ihre Chance, etwas Neues, von uns nicht Erwartetes, zu unternehmen, aus der Hand zu schlagen, sondern sie für ihre Aufgabe der Erneuerung einer gemeinsamen Welt vorzubereiten."

Literatur

Arendt, H. (1994). *Zwischen Vergangenheit und Zukunft. Übungen im politischen Denken I.* München, Zürich: Pieper.

Badiou, A. & Tarby, F. (2010). *La philosophie et l'évènement.* Paris: Editions Germina.

Blanchard-Laville, C., Nadot S. (2000). *Malaise dans la formation des enseignants.* Paris: L'Harmattan.

Blanchard-Laville, C. (2011). Pour un accompagnement clinique groupal du travail enseignant. *Nouvelle revue de psychosociologie. 11*, Ramonville Saint-Agne: Eres.

Freud, S. (1930). *Das Unbehagen in der Kultur. Gesammelte Werke, Bd. XIV.* Frankfurt am Main: Fischer.

Heidegger, M. (1972). *Sein und Zeit.* Tübingen: Max Niemeyer.

Lacan, J. (1959-1960). *Le séminaire Livre VII, L'éthique de la psychanalyse.* Paris: Editions du Seuil.

Lacan, J. (1960-1961). *Le séminaire Livre VIII, Le transfert.* Paris: Editions du Seuil.

Lacan, J. (1966). *Ecrits.* Paris: Editions du Seuil.

Lacan, J. (1973). *Le Séminaire, Livre XI, Les quatre concepts fondamentaux de la psychanalyse.* Paris: Editions du Seuil.

Lacan, J. (1975). *Le Séminaire, Livre I, Les écrits techniques de Freud.* Paris: du Seuil.

Lacan, J. (1975). *Le séminaire, Livre XX, Encore.* Paris: Editions du Seuil.

Lacan, J. (1975-1976). *Le séminaire Livre XXIII, Le sinthome.* Paris: Editions du Seuil, 2005.

Lacan, J. (2005). *Des Noms-du-Père.* Paris: Editions du Seuil.

Legendre, P. (1990). *Leçons IV, suite 2: Filiation. – Fondements généalogique de la psychanalyse par Alexandra Papageorgiou –Legendre.* Paris: Fayard.

Moscovitz, J.-J. & Grancher, P. (2006). *Une psychanalyse pour quoi faire ? Entretien avec un analyste.* Paris: Grancher.

Pazzini, K.-J. (2010). Bildung von Gesellschaft als Bildung von Generationen. In A. Liesner & I. Lohmann (Hrsg.), *Gesellschaftliche Bedingungen von Bildung und Erziehung* (S. 43-60). Stuttgart: W. Kohlhammer.

Podlejski, J. (2008). *Passe. Structure et Topologie.* http://www.apjl.org/spip.php?page=archives Pages&id_article=300 [06.05.2013].

Weber, J.-M. (2008). *Le tutorat comme métier impossible et de l'impossible.* Strasbourg: ULP.

Zizek, S. (2008). *Lacan. Eine Einführung.* Frankfurt am Main: Fischer Taschenbuch.

IV Bildungswissenschaften auf dem Prüfstand

Manuela Keller-Schneider

11 Selbstgesteuertes Lernen an der Hochschule – Kompetenzentwicklung und die Bedeutung von individuellen Merkmalen der Studierenden

Diskussionen um eine Optimierung der Lehrerbildung fokussieren auf die Frage, wie Lehrerbildung gestaltet sein soll, um die Kompetenzentwicklung der Studierenden optimal zu fördern. Die Bewältigung der komplexen Anforderungen des Lehrberufs fordert von den Lehrpersonen ein ständiges Austarieren von Bewältigungshandlungen, Zielerhaltung und Zielanpassung vor dem Hintergrund ihrer individuellen Ressourcen. Demzufolge bestimmt die Art der Wahrnehmung von Anforderungen und deren Bearbeitung die Kompetenzentwicklung mit.

Im Zuge der auf Bologna-Strukturen ausgerichteten Studienreform NOVA 09 der einphasigen Lehrerbildung an der Pädagogischen Hochschule Zürich wurden Module geschaffen (genannt Lernfelder), die auf konkrete Situationen im Schulfeld bezogen den Aufbau spezifischer Kompetenzen fördern. Der hohe Selbststeuerungsanteil der Studierenden soll die Auseinandersetzung mit den modulspezifischen Anforderungen intensivieren und damit den Lernertrag steigern.

Im folgenden Beitrag wird aufgezeigt, welche Merkmale der Lehrveranstaltung, des Nutzungsverhaltens und der individuellen Ressourcen der Studierenden den über unterschiedliche Wege erfassten Lernertrag mitbestimmen. Nach Ausführungen zur Studienreform und zum zugrundeliegenden Lernbegriff (11.1) folgen theoriegeleitete Herleitungen der Fragestellung (11.2), Schilderungen des methodischen Vorgehens zur Prüfung dieser Fragstellung (11.3) und Ergebnisse (11.4), die zum Abschluss diskutiert werden (11.5).

11.1 Studienreform und konzeptioneller Rahmen

Reformen der Lehrerbildung beabsichtigen, das Studium dahingehend zu optimieren, dass Lehrpersonen der sprunghaft zunehmenden Komplexität der gleichzeitig zu bewältigenden Anforderungen in der Berufseinstiegsphase gewachsen sind. Der Berufseinstieg stellt Entwicklungsaufgaben (vgl. Keller-

Schneider & Hericks, 2011), die in der Dynamik der Gesamtheit nicht vorweg genommen werden können, auf deren Bearbeitung aber vorbereitet werden kann. Die Studienreform NOVA 09 zielt darauf ab, die Studierenden bereits während des Studiums vor Anforderungen zu stellen, die Ausdifferenzierungen des Wissens auf Anforderungen konkreter Situationen notwendig machen.

Kompetenzentwicklung resultiert nach Weinert (2001) und Chomsky (1981) nicht nur im Aufbau von Professionswissen (vgl. Bromme, 1992; Shulman, 1991), sondern wird durch motivationale und affektive Faktoren mitbestimmt. Gemäß stress- und ressourcentheoretischen (vgl. Hobfoll, 1989; Lazarus & Launier, 1981), wie auch motivations- und kontrolltheoretischen Ansätzen (vgl. Deci & Ryan, 1993; Heckhausen & Schultz, 1985) wirken weitere Komponenten mit (vgl. auch Kompetenzkomponentenmodell der COACTIV-Studie, Baumert & Kunter, 2011).

Eine hohe Qualität von Lehrveranstaltungen stellt eine günstige Voraussetzung für das Lernen dar (vgl. Hattie, 2009), kann den Lernerfolg aber nicht sicherstellen (vgl. Fend, 1998; Helmke, 2003). Die Intensität der Auseinandersetzung und individuelle Merkmale der Lernenden tragen ebenso zum Lernerfolg bei. Durch das didaktische Arrangement der Seminarveranstaltungen und durch den hohen Selbststeuerungsanteil in den „Lernfeldern" wird eine Intensivierung der Auseinandersetzung mit den modulspezifischen Anforderungen angestrebt und damit eine Steigerung des Lernertrags erhofft[1].

Im Folgenden wird der Wissens- und demzufolge auch der Lernbegriff erläutert, welcher der Studienreform zugrunde liegt. Gemäß der Typologie des Lehrerwissens von Shulman (1991) und Bromme (1992) lassen sich drei Wissensarten differenzieren, welche unterschiedliche Akzentuierungen von Lehr-Lernkulturen charakterisieren.

(1) *Propositionales* Wissen (vgl. Shulman, 1991) als Wissen über die Praxis ist explizit erworbenes Wissen und bildet die Basis für professionelles, berufliches Handeln. Propositionales Wissen muss zu beruflichen Erfahrungen und zur beruflichen Identität der Handelnden in Beziehung gesetzt werden (vgl. Dewe & Radtke, 1991), um in subjektive Strukturen eingebunden und auch unter dem Druck vielschichtiger Anforderungen konkreter Situationen handlungswirksam zu werden (vgl. Wahl, 1991).

(2) Demgegenüber wird *fallbezogenes Wissen* als Wissen aus der Praxis durch erprobende Erfahrungen erworben und ist an bestimmte Fälle, Prototypen und prägende Erlebnisse gebunden. Solche Erfahrungen als Lerngele-

---

[1]   Vgl. http://www.phzh.ch/de/Ausbildung/Studieninhalte/Lernfelder

genheiten werden oft auch unbewusst wahrgenommen. Sie haben einen prägenden Einfluss auf das Handeln, auch wenn sie im Widerspruch mit propositionalem Wissen stehen.

(3) *Strategisches Wissen* oder Wissen für die Praxis, welches die Integration der beiden ersten Formen umfasst (vgl. Neuweg, 2011) und in subjektive Denklogiken verankertes Wissen beschreibt, ermöglicht, bestimmte Regeln auf bestimmte Situationen zu adaptieren und konkrete Situationen nach zugrunde liegenden Logiken zu durchleuchten.

Die im Rahmen von NOVA 09 implementierten Lehrveranstaltungen beabsichtigen, das Lernen der Studierenden dahingehend zu fördern, dass im Selbststudium erarbeitetes propositionales Wissen mit erfahrungsbasiertem fallbezogenen Wissen verknüpft wird. Bereits im Studium soll strategisches Wissen und auf begrenzte Verantwortungsräume bezogene Handlungskompetenz erworben werden. Dazu wird eine Verzahnung unterschiedlicher Wissenszugänge angestrebt, die durch eine reflexive Verarbeitung zu subjektiv verankertem Wissen weiter verarbeitet werden kann. Abbildung 1 zeigt, dass fallbezogenes, intuitiv erworbenes und propositionales, in bewussten Lernsituationen erworbenes Wissen zueinander in Beziehung gesetzt werden sollen, um in subjektive Strukturen verankertes strategisches Handlungswissen aufzubauen, welches auch unter dem Druck krisenhafter Situationen nutzbar gemacht werden kann.

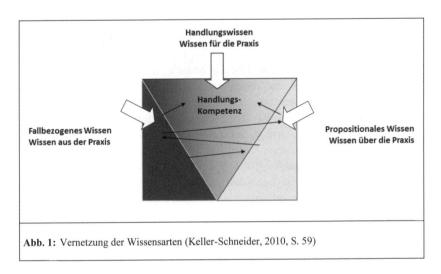

Abb. 1: Vernetzung der Wissensarten (Keller-Schneider, 2010, S. 59)

Die Studierenden der Pädagogischen Hochschule Zürich sind von Beginn an mit der Schulrealität konfrontiert und gefordert, ein neues Rollenbewusstsein im Übergang von Schüler/in zu Lehrer/in zu erlernen und zu entwickeln. Dazu werden während des gesamten Studiums mehrere Praxissequenzen mit zunehmend komplexeren und realitätsnahen Anforderungen angesetzt (vgl. http://praxis.phzh.ch/). Durch die frühe Konfrontation mit der aktuellen Schulwirklichkeit in der Rolle als Lehrer/in wird ein Perspektivenwechsel eingefordert, der auch in auf Eignungskriterien bezogener Selbstreflexion und in Rückmeldegespräche bearbeitet und eingefordert wird (vgl. Hanetseder & Keller-Schneider, 2006).

Mit den durch die Studienreform veränderten Lehr- und Lernbedingungen rückt ein Lernverständnis ins Zentrum, in welchem Wissen als subjektiv im eigenen Kontext verankertes Wissen (Neuweg, 2011) aufgebaut werden soll – und somit nicht als träges oder stilles Wissen auf Vorrat angelegt wird. Studierende sollen Wissen aufbauen, dieses im Schulfeld erproben und sich in irritationsbedingten Prozessen mit Erfahrungen auseinandersetzen, um in der Kompetenzentwicklung voranzukommen (vgl. Combe & Gebhardt, 2009; Keller-Schneider, 2010). Den Lernprozessen als Auseinandersetzung mit Lerninhalten vor dem Hintergrund von Erfahrungen soll Raum gegeben werden; denn Leistung auf der Ebene von Kenntnissen genügen nicht. In den Lehrveranstaltungen werden Lernziele angestrebt, die gemäß den von Anderson und Krathwool (2001) überarbeiteten Bloomschen Taxonomien komplexeren Anforderungen entsprechen und ein Generieren von auf Erkenntnissen gründenden Lernsequenzen anstreben.

11.2   Theoretische Herleitung der Fragestellung

Im Zentrum der Studienreform steht die Absicht, den Kompetenzerwerb der Studierenden zu erhöhen und dabei individuelle Voraussetzung zu berücksichtigen. Handlungskompetenz entsteht im Zusammenwirken mehrerer Kompetenzkomponenten, wobei das Professionswissen eine davon darstellt. Professionswissen allein genügt demzufolge nicht, um den Anforderungen des Berufs gewachsen zu sein. Kognitive, affektive und motivationale Faktoren wirken mit (vgl. Chomsky, 1981; Weinert, 2001). Das Rahmenmodell der Kompetenzentwicklung im berufsbiografischen Verlauf von Keller-Schneider (2010) zeigt, welche intrapsychischen Prozesse die Wahrnehmung von Anforderungen und deren Bearbeitung mitbestimmen und somit die Entwicklung pädagogischer Professionalität gestalten.

In Unterrichtssituationen gestellte Anforderungen an die Lernenden werden von diesen aufgrund ihrer individuellen Ressourcen wahrgenommen, deren Bewältigung wird mittels der zur Verfügung stehenden Ressourcen eingeschätzt. Dabei wirken bereits erworbenes Wissen, Werthaltungen und Überzeugungen, Ziele und Zielkontrolle, wie auch Selbstregulationsprozesse und

Kompetenzüberzeugungen mit. Aktivierbare soziale Ressourcen stellen als Kontextmerkmale potentiell weitere Ressourcen bereit.

Wird eine Anforderung als bedeutsam und als den eigenen Zielen entsprechend eingeschätzt und werden die dafür zur Verfügung stehenden Ressourcen als ausreichend beurteilt, so wird diese Anforderung gemäß stresstheoretischen Zugängen als Herausforderung angenommen und bearbeitet (vgl. Hobfoll, 1989; Lazarus & Launier, 1981). Können die Anforderungen als Routinehandlungen bewältigt werden oder werden sie zurückgewiesen, falls sie *nicht* den eigenen Zielen oder den eigenen Ressourcen entsprechen, so stellen sie keine Herausforderungen dar und erfordern keine Kompetenzentwicklungsschritte (vgl. Keller-Schneider, 2010). Daraus kann gefolgert werden, dass sowohl das Herausforderungspotential einer Lernsituation, wie auch Motive und Überzeugungen der Studierenden und ihre Selbstregulation in der Nutzung der Lernsituationen den Lernertrag mitbestimmen.

Werden Anforderungen als Herausforderungen angenommen, so führt deren Bewältigung in einer beanspruchenden Auseinandersetzung zu neuen Erfahrungen, die in das bisherige Wissen integriert werden und eine Veränderung im Sinne einer Weiterentwicklung der individuellen Ressourcen zu Folge hat. „Erfahrungen sind es, aus welchen das Subjekt immer wieder als ein anderes hervorgeht" (Combe & Gebhard, 2009, S. 550). Erfahrung-machen heißt demnach, Erkenntnisse erwerben, die im konstruktivistischen Sinn in die bestehenden Denkstrukturen integriert als veränderte Disposition für nächste Anforderungen bereit stehen. Nächste Anforderungen werden in einen neuen Rahmen gestellt (vgl. Keller-Schneider, 2010).

Die Qualität der Lehrveranstaltung stellt bedeutende Voraussetzungen für das Lernen der Studierenden dar – der Nutzung von Lerngelegenheiten kommt eine moderierende Funktion zu (vgl. Fend, 1998; Helmke, 2003). Ob in Lehrveranstaltungen gestellte Anforderungen Lernen in intensiver Auseinandersetzung möglich macht und dabei zu Konzeptveränderungen (Möller et al., 2006) führt oder lediglich ein leistungsbezogenes Abarbeiten von Aufgaben darstellt, ist nicht nur eine Frage der Qualität des Unterrichts und des Handelns der Lehrperson (vgl. Hattie, 2009; Helmke, 2003), sondern wird zu einem großen Teil von den Lernenden selbst mitbestimmt.

Wird in das pädagogische Rahmenmodell von Fend & Helmke das psychologische von Keller-Schneider eingefügt (vgl. Abb. 2), so ergibt dies ein theoretisches Modell, welches im Kontext der Lernsituation *dem Annehmen von Anforderungen als Herausforderungen* eine zentrale Bedeutung für den Kompetenzerwerb zuschreibt.

Für eine Transformation der Lehrerbildung stellt sich die Frage, wie eine Lehrveranstaltung gestaltet sein könnte und welche Nutzung bzw. Auseinandersetzung von den Studierenden dazu beitragen könnte, den von der Institu-

tion intendierten Lernertrag zu erreichen. Für die in diesem Beitrag vorgestellte Begleitstudie der Lehrveranstaltung „Lernfeld Lernstrategien und
Lernprozessbegleitung" stellt sich folgende Frage: Inwiefern bestimmen Einschätzungen der Lehrveranstaltung (A) und Nutzungsverhalten (N) wie auch
individuelle Voraussetzungen der Studierenden (R) den intendierten Lernertrag (E) mit?
Die für die Operationalisierung dieser Fragestellung genutzten Hauptfaktoren
werden in Abbildung 2 aufgezeigt.

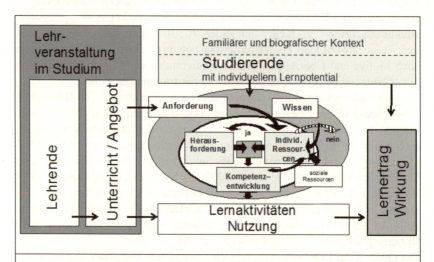

Abb. 2: Rahmenmodell der Anforderungswahrnehmung im Kontext von Unterrichtssituationen (Keller-Schneider, 2012, S. 13), mit Markierungen der operationalisierten Bereiche

11.3 Methodisches Vorgehen

In einer Online-Umfrage im Prä-Post-Design wurden die Studierenden des
Lernfeldes „Lernstrategien und Lernprozessbegleitung" im Frühlingssemes-
ter 2012 (n = 320, Rücklauf rund 85%) über offene Fragen zu ihrem modulspezifischen Wissen, über offene und geschlossene Fragen zu lern- und unterrichtsbezogenen Überzeugungen und mittels geschlossenen Fragen aus bestehenden Instrumenten zu individuellen Merkmalen als Lernvoraussetzungen befragt (vgl. Tab. 1 und Keller-Schneider, 2012). In der Post-Erhebung
wurden zusätzlich Fragen zur Moduleevaluation eingefügt (Rückmeldungen
zur Unterrichtsqualität, zu Einschätzungen des Lernertrags und des eigenen
Engagements). Das Evaluationsdesign folgt dem CIPP-Modell von Stuffle-

beam (1984), welches zwischen Input, Prozess und Outputvariablen unterscheidet.
Für die individuelle Auseinandersetzung mit dem eigenen Lernertrag aus der Lehrveranstaltung werden den Studierenden am Ende des Semesters die Texte der wissens- bzw. überzeugungsbezogenen Fragen und ihre Einschätzungen der Zielerreichung und des Lernverhaltens zurückgegeben. Ein evidenzbasiertes Reflektieren des individuellen Lernertrags wird im Lernbericht als Teil des Leistungsnachweises eingefordert. Damit wird ein Instrument eingeführt, welches den Studierenden ermöglicht, die eigene Entwicklung fassbar zu machen. Eingangsvoraussetzungen können zu Outputergebnissen in Beziehung gesetzt werden, um daraus Veränderungen bzw. Entwicklungen zu erkennen. In subjektive Strukturen integriertes Wissen ist aus der Rückschau oft schwer erkennbar – dieser Vergleich von Input und Output eröffnet den Studierenden die Möglichkeit, die eigene Kompetenzentwicklung nachzuvollziehen.
Für die Klärung der Fragestellung dieses Beitrags wurden verschiede Instrumente eingesetzt (vgl. Tab. 1).
Die Einschätzungen erfolgen auf einer 6-stufigen Skala von 1 = wenig bis 6 = sehr. Nach faktoranalytischen Explorationen wurden eindimensionale Skalen gebildet, die mehrheitlich über genügend hohe Werte der inneren Konsistenz verfügen (Cronbach's Alpha).
Für diese Evaluationsstudie wurden Items zur Einschätzungen der *Lehrveranstaltung* (A), der *Nutzung* durch die Studierenden (N) und der Einschätzung des *Lernertrags* (E) entwickelt (vgl. Keller-Schneider, 2012). Der Lernertrag wurde über vier Zugänge erfasst, wobei die ersten drei in dieser Auswertung genutzt werden: Über subjektive Einschätzungen wird der Lernertrag einerseits individualnormbezogen global (1) und andererseits lernzielbezogen spezifisch (2) erfasst. Die im Leistungsnachweis erzielte Punktzahl resultiert aus der kriteriumsbezogenen Fremdbeurteilung (3) der Dozierenden. Diese Kriterien fokussieren nicht nur auf die fachbezogenen Lernziele im engeren Sinne, sondern beziehen auch die Darlegung der Ergebnisse im Schlussbericht, in der Schlusspräsentation und im Lernbericht in die Beurteilung ein. Die im vierten Zugang über Wissensfragen erfassten und inhaltsanalytisch ausgewerteten Ergebnisse wurden nicht in die Auswertung einbezogen, da die Studierenden die Fragen nicht seriös beantworteten, d.h. den Testcharakter der Fragen nicht angenommen hatten. Die drei genutzten Zugänge messen aus unterschiedlichen Perspektiven unterschiedliche Inhalte an unterschiedlichen Maßstäben – dennoch geben alle Auskunft über das Ausmaß des Lernertrags.

Skala	Beispielitem	α (It.)	M (SD)
Lehrveranstaltung (A)	Die Impulse der Dozierenden haben zur Klärung der Thematik beigetragen	.85 (4)	4.45 (.97)
Nutzung (N), Prozessvariablen			
• Selbststudium	Wie groß war ihr Engagement in Einzelarbeiten?	.76 (4)	4.41 (.75)
• Gruppenarbeit	Wie groß war ihr Engagement in Gruppenarbeiten?	.65 (2)	4.87 (.74)
• Impulse/Beratung durch Dozierende	Wie intensiv haben Sie die Impulse der Dozierenden genutzt?	(1)	4.30 (1.16)
Lernertrag (E), Outputvariablen			
• Globale Selbsteinschätzung	Wie viel haben Sie in diesem Modul allgemein gelernt?	.73 (3)	4.25 (.85)
• Lernzielorientierte Selbsteinschätzung	Sie erkennen Lernstrategien im Handeln der Schüler/innen.	.70 (4)	4.81 (.65)
• Kriteriale Fremdeinschätzung	Anzahl Punkte im Leistungsnachweis	Summe	4.41 (.68)
Individuelle Ressourcen (R), Inputvariablen			
• Absicht Zielerreichung	Ich habe intensiv darauf hingearbeitet, die Lernziele zu erreichen.	(1)	4.41 (1.03)
• Motive als Student/in Lernen	Im Studium geht es mir darum, ... zum Nachdenken angeregt zu werden.	.65 (4)	4.29 (.47)
Achtung/Leistung	... dass mich die andern als fähig erachten.	.82 (4)	1.79 (.76)
Vermeidung	... schwierige Aufgaben zu vermeiden.	.58 (3)	1.97 (.64)
• Allgemeine Selbstwirksamkeitsüberzeugung	Die Lösung schwieriger Problemen gelingt mir, wenn ich mich darum bemühe.	.78 (5)	4.50 (.60)
• Engagement	In der Arbeit verausgabe ich mich stark.	.73 (4)	4.49 (.72)
• Widerstandskraft	Ich kann mich in fast allen Situationen ruhig und bedächtig verhalten.	.61 (4)	4.21 (.69)
• Motive der Schüler Lernen	Schüler/innen ... ... strengen sich an, weil sie etwas dazu lernen möchten.	.66 (4)	3.56 (.56)
Achtung/Leistung	... achten darauf, dass sie von den andern als fähig angesehen werden.	.81 (4)	3.25 (.68)
Vermeidung	... möchten schwierige Aufgaben vermeiden.	.75 (3)	2.75 (.71)

Tab. 1: Eingesetzte Instrumente

Zur Erfassung der *individuellen Ressourcen* der Studierenden (R) werden bestehende Instrumente eingesetzt, teilweise gekürzt und faktorenanalytisch überprüft. Zur Erfassung der *Lern-Leistungsmotive* (der Studierenden und der zugeschriebenen Schülermotive) wird das Instrument SELLMO (vgl. Spinath et al., 2002) eingesetzt. Die faktorenanalytische Skalenprüfung hat jedoch ergeben, dass die dem Instrument zugrunde liegende Faktorenstruktur nicht repliziert werden kann. Die Items bündeln sich in drei Faktoren, die sich mit den Orientierungen auf Lernen im Sinne von Kompetenzerweiterung, auf Leistung im Sinne von sozialer Achtung und auf Vermeidung von schwierigen Anforderungen beschreiben lassen. Zur Erfassung des *Umgangs mit Berufsanforderungen* wird aus dem AVEM von Schaarschmidt & Fischer (2001) je Subskala ein hochladendes Item einbezogen; über eine faktorenanalytische Prüfung der Struktur können die Sekundärdimensionen Engagement und Widerstandskraft repliziert werden. Zur Erfassung der *allgemeinen Selbstwirksamkeit* werden Items aus der Skala von Schwarzer & Jerusalem (1999) eingesetzt.

Mittels Regressionsanalysen wird geprüft, welche Effekte Input- und Prozessvariablen auf den Lernertrag, d.h. auf den Output ausüben.

11.4   Ergebnisse

Im folgenden Kapitel werden die Ausprägungen des Lernertrags über Mittelwerte, Streuungen und Zusammenhänge dargestellt. Anschließend wird der Lernertrag je Erfassungsart nach Effekten von Variablen der Angebotseinschätzung, der Nutzung und der individuellen Merkmale der Studierenden geprüft.

11.4.1 Einschätzungen von Lehrveranstaltung, Nutzung und Lernertrag

Die Mittelwerte von Angebot, Nutzung, Lernertrag und individuellen Merkmalen (Tab. 1) und die Zusammenhänge zwischen den unterschiedlich erfassten Lernerträgen (Tab. 2) werden kurz kommentiert.

Durchschnittlich wird die *Qualität der Lehrveranstaltung* insgesamt als gut eingeschätzt (vgl. Tab. 1). Die Seminarveranstaltungen unterscheiden sich bedeutsam in den Qualitätseinschätzungen[2], d.h. die Qualität wird veranstaltungsspezifisch unterschiedlich erlebt.

---

[2]   GLM = $F_{(16,224)}$ = 3.643; p = .000, η^2 = .206, Teststärke = 1, Min = 3.5, Max = 5.4

Die Mittelwerte des eingeschätzten *Nutzungsverhaltens* der Studierenden liegen ebenfalls in der oberen Skalenhälfte, wobei das Engagement in den Gruppen höher eingeschätzt wird als das Engagement in Einzelarbeit und insbesondere in den dozierendengeleiteten Sequenzen (Plenum, Beratung).

	M (SD).	Globale Selbstein.	Lernzielb. Selbstein.	Kriteriale Fremdein.
Globale Selbsteinschätzung	4.25 (.85)	1		
Lernzielbezogene Selbsteinschätzung	4.81 (.65)	.47**	1	
Kriteriumbezogene Fremdeinschätzung	4.41 (.68)	.08	.02	1

Tab. 2: Statistische Kennwerte und Zusammenhänge des über drei Zugänge erfassten Lernertrags

Die Mittelwerte der drei Werte des *Lernertrags* zeigen, dass die Studierenden sowohl aus der Perspektive der Selbst- wie auch der Fremdbeurteilung betrachtet einen relativ großen Lernertrag aus der Lehrveranstaltung mitnehmen (vgl. Tab. 1 und 2). Die Mittelwerte liegen in der oberen Skalenhälfte. Die Streuungen weisen darauf hin, dass durchaus Unterschiede bestehen. Zwischen den Werten der Selbst- und der Fremdbeurteilungen zeigen sich keine bedeutsamen Zusammenhänge (vgl. Tab. 2), wobei zu beachten ist, dass weitere Faktoren in die Fremdbeurteilung der Schlussarbeit einbezogen wurden. Die summative Fremdbeurteilung (sprich Note) der in Gruppen erstellten Schlussarbeiten sagt aus der Perspektive der Studierenden wenig über ihren subjektiv wahrgenommen Lernertrag aus.

Ein Zusammenhang mittlerer Stärke zeigt sich lediglich zwischen der globalen und der lernzielbezogenen Selbstbeurteilung. Die Einschätzungen klären gegenseitig eine Varianz von rund 25% auf. Das bedeutet, dass je Beurteilungszugang weitere Faktoren zum Tragen kommen. Auf die zu prüfende Fragestellung dieses Beitrags bezogen kann angenommen werden, dass je nach Ausrichtung der Erfassung des Lernertrags je spezifische Faktoren zum Tragen kommen. Diesbezügliche Ergebnisse werden in den nächsten Abschnitten dargelegt.

11.4.2 Subjektive Einschätzung des globalen Lernertrags

In Tabelle 3 werden Ergebnisse der Regressionsanalysen dargestellt, die Auskunft darüber geben, welche Faktoren zur Aufklärung der Varianz des Lernertrags beitragen. In mehreren aufeinander aufbauenden Modellen wird geprüft, inwiefern Merkmale des Angebots, der Nutzung und der individuellen Ressourcen einen Effekt auf den Lernertrag ausüben. Durch den jeweiligen Einbezug weiterer Variablen steigt die aufgeklärte Varianz. Zur Steigerung des subjektiv wahrgenommenen Lernertrags tragen somit sowohl Qualitätsausprägungen des Angebots, die Intensität der Nutzung und individuelle Merkmale der Lernenden bei.

Die positive Einschätzung des Angebots (M1) trägt mit einem bedeutsamen Effekt mittlerer Stärke zur aufgeklärten Varianz von 23% des Lernertrags bei. Wird die Intensität der Nutzung einbezogen (M2), so steigt die Varianz auf 35% an, wobei der Effekt der Qualität der Lehrveranstaltung sinkt. Die von den drei Nutzungsdimensionen ausgehenden Effekte übernehmen einen Teil des Beitrags der Angebotseinschätzung. Werden die Skalen der Volition (Absicht, auf die Lernziele hinzuarbeiten) und der Lern-/Leistungsmotive (M3) und im nächsten Schritt (M4) auch jene der Selbstwirksamkeit und der Selbstregulation (Engagement und Widerstandskraft) eingeführt, so steigt die aufgeklärte Varianz leicht an, auch wenn die Motive keine bedeutsamen Effekte ausüben. Ein größerer Anstieg zeigt sich im nächsten Modell (M5), in welchem zusätzlich zu den bisherigen Variablengruppen auch Überzeugungen zu den Lern-/Leistungsmotiven der Schüler/innen einbezogen werden.

Modell	M1	M2	M3	M4	M5
(R^2, F-Wert, Signifikanzniveau)	23%	35%	38%	39%	43%
	70.13***	32.44***	16.40***	11.11***	10.20***
Lehrveranstaltung (A)	.48**	.30***	.29***	.30***	.28***
Nutzung (N)					
• Selbststudium		.20**	n.s.	n.s.	.17*
• Gruppenarbeit		.12*	.17**	.17**	.15*
• Impulse/Beratung Doz.		.18**	.15*	.13	.10
individuelle Ressourcen (R)					
• Absicht Lernz. erreichen			.12	.13	.10
• Motive als Student/in					
Lernorientiert			n.s.	n.s.	n.s.
Achtung/Leistung			n.s.	n.s.	n.s.
Arbeitsvermeidung			n.s.	n.s.	n.s.
• allgemeine SW				n.s.	n.s.
• Engagement				n.s.	n.s.
• Widerstandskraft				.10	.10
• Motive der Schüler/innen					
Lernorientiert					.13*
Achtung/Leistung					-.18**
Arbeitsvermeidung					.17**

Anmerkung: Betagewichte <.10 werden in der Tabelle nur als n.s. (nicht signifikant) angegeben.

Tab. 3: Effekte auf die globale subjektive Selbsteinschätzung

Eine als gut eingeschätzte Lehrveranstaltung, die Intensität der eigenen Nutzung wie auch eine Sicht auf die Motive der Schüler/innen, die mit den Zielen der Lehrveranstaltung übereinstimmen, tragen zur Steigerung des eigenen Lernertrags bei.

Eine Grundhaltung, die Schüler/innen als lernbereit einschätzt, stärkt den Lernertrag dieser Studierenden.

11.4.3 Lernzielbezogene Selbsteinschätzung

Werden die Effekte von Angebot, Nutzung und Ressourcen auf den lernzielbezogenen Lernertrag geprüft (Tab. 4), so klärt die durchschnittlich als gut eingeschätzte Qualität der Lehrveranstaltung lediglich einen Anteil von 5,5% der Varianz auf (M1).

Modell	M1	M2	M3	M4	M5
(R^2, F-Wert, Signifikanzniveau)	5.5%	21%	34%	41%	41%
	13.91***	16.03***	13.87***	12.04***	9.50*
Lehrveranstaltung (A)	.24**	.n.s.	n.s.	n.s.	n.s.
Nutzung (N)					
• Selbststudium		.27***	n.s.	n.s.	n.s.
• Gruppenarbeit		n.s.	n.s.	n.s.	n.s.
• Impulse/Beratung Doz.		.23**	.20**	.16*	.15*
Ressourcen, Input (R)					
• Absicht LZ erreichen			.29***	.22**	.21**
• Motive als Student/in					
Lernorientiert			.16*	.12*	.12*
Leistungsorientiert			n.s.	n.s.	n.s.
Arbeitsvermeidung			n.s.	n.s.	n.s.
• allgemeine SW				.14**	.14**
• Engagement				n.s.	n.s.
• Widerstandskraft				.14*	.14*
• Überzeug. Schülermotive					
Lernorientiert					n.s.
Leistungsorientiert					n.s.
Arbeitsvermeidung					n.s.

Tab. 4: Effekte auf die lernzielbezogene Selbsteinschätzung

Wird die Intensität der Nutzung einbezogen (M2), so steigt die aufgeklärte Varianz auf 21%; die Intensität des Selbststudiums und die Nutzung von Impulsen der Dozierenden üben bedeutsame Effekte aus. Werden Volition und Motive der Studierenden in die Auswertung einbezogen (M3), so steigt die aufgeklärte Varianz um 13% auf 34% an. Die Absicht die Lernziele zu erreichen nimmt ein bedeutendes Gewicht ein, ebenso geht vom Motiv der Lernorientierung ein bedeutsamer Effekt aus. Unter Einbezug von Selbstwirksamkeit, Engagement und Widerstandskraft steigt die aufgeklärte Varianz um 41% (M4), wobei von der Selbstwirksamkeit und der Widerstandskraft bedeutende aber schwache Effekte ausgehen. Der Einbezug der Überzeugungen bezüglich der Motive der Schüler/innen (M5) trägt nicht zur Erklärung des subjektiv eingeschätzten lernzielbezogenen Lernertrags bei.

Der global eingeschätzte und der auf die Lernziele bezogene Lernertrag werden durch unterschiedliche Faktoren mitbestimmt.

11.4.4 Kriteriumsbezogene Fremdeinschätzung der Schlussarbeiten in Gruppen

Werden die Effekte von Angebot, Nutzung und individuellen Ressourcen auf die durch die Dozierenden erstellte kriteriumsbezogene Fremdbeurteilung des Leistungsnachweises geprüft, so zeigen sich deutlich schwächere Effekte als auf die in Selbstbeurteilung eingeschätzten Lernerträge.

Modell	M1	M2	M3	M4	M5
(R^2, F-Wert, Signifikanz-	5%	6.6%	8%	10%	12%
niveau)	11.73***	4.09*	2.27*	1.94*	1.55
Lehrveranstaltung (A)	.22**	.19**	.15	.14	.14
Nutzung (N)					
• Selbststudium		n.s.	.10	.10	.10
• Gruppenarbeit		n.s.	.20	.12	.10
• Impulse/Beratung Doz.		n.s.	n.s.	n.s.	n.s.
Inputvariablen (R)					
• Absicht LZ erreichen			n.s.	n.s.	n.s.
• Motive als Student/in					
Lernorientiert			n.s.	n.s.	n.s.
Leistungsorientiert			-.18*	-.19*	-.19*
Arbeitsvermeidung			n.s.	n.s.	n.s.
• allgemeine SW				n.s.	n.s.
• Engagement				n.s.	n.s.
• Widerstandskraft				n.s.	n.s.
• Überzeug. Schülermotive					
Lernorientiert					n.s.
Leistungsorientiert					n.s.
Arbeitsvermeidung					n.s.

Tab. 5: Effekte auf die kriteriumsbezogene Fremdeinschätzung

Die Qualität der Lehrveranstaltung klärt den über den Leistungsnachweis beurteilten Lernertrag zu 5% auf (M1). Werden die Nutzungsvariablen einbezogen (M2), so steigt die aufgeklärte Varianz minimal, die Nutzungsvariablen üben aber keine bedeutsamen Effekte aus. Werden Volition und Motive der Studierenden eingeführt (M3), so steigt die aufgeklärte Varianz ebenfalls minimal, wobei das Motiv Leistung zu erbringen, um soziale Achtung zu erhalten, einen negativen Effekt auf den fremdbeurteilten, kriteriumsbezogenen Lernertrag ausübt. Dieser negative, den Lernertrag reduzierende Effekt bleibt erhalten, wenn die weiteren individuellen Merkmale in die Berechnungen einbezogen werden (M4 und M5).

Das Ausmaß des Lernertrags, der über den in Gruppen erbrachten Leistungsnachweis erfasst wird, wird nur geringfügig (12%) durch die Qualität der Lehrveranstaltung, durch die Intensität der Nutzung und durch individuelle Merkmale der Studierenden mitbestimmt.

11.5   Zusammenfassung und Diskussion der Ergebnisse

Die Klärung der Frage, welche Faktoren das Lernen der Studierenden unterstützen, d.h. welche Merkmale zur Erklärung des Lernertrags einer Lehrveranstaltung beitragen, führt zu Ergebnissen, welche darauf hinweisen, dass nicht nur die Qualität der Lehrveranstaltung bedeutend ist – insbesondere, wenn diese variiert[3] – , sondern dass weitere Merkmale wie Nutzung und individuelle Ressourcen den Lernertrag stärken. Qualitativ hochwertige Lehrangebote sind demzufolge notwendige Voraussetzung für einen Lernerfolg, können diesen aber nicht sicherstellen. Für eine Optimierung von Lernergebnissen kann sowohl an der Qualität der Lehrveranstaltung, an der Nutzung durch die Studierenden und an ihren Motiven und Überzeugungen angesetzt werden.

Die Befunde zeigen weiter, dass unterschiedlich erfasste Lernergebnisse durch unterschiedliche Faktoren mitbestimmt werden. Sowohl die Perspektive der Beurteilung (Selbst- vs. Fremdbeurteilung) wie auch die Bezugsnorm der Beurteilung (Individual- vs. Kriterialnorm) erweisen sich als bedeutend. Die Zielsetzung einer Lehrveranstaltung und der zugrunde liegende Lernbegriff können Hinweise zur Wahl der Beurteilungsart geben. Wenn das Vernetzen von objektivem Wissen mit subjektiven Erfahrungen Ziel einer Lehrveranstaltung darstellt, so kommt der Selbstbeurteilung des Lernertrags eine wichtige Rolle zu.

---

[3]   Die in Ergebnissen zu Daten des Studiengangs 2011 (vgl. Keller-Schneider, 2011) publizierten Befunde weisen insbesondere auf die Bedeutung der Nutzung von Angeboten und individuellen Merkmalen der Studierenden hin – in dieser Erhebung konnten aber keine bedeutenden Unterschiede zwischen den einbezogenen Lehrveranstaltungen festgestellt werden.

Sind für das Ausmaß des global erfassten Lernertrags aus der an der Individualnorm orientierten Selbstbeurteilungsperspektive die Qualität des Angebots, die Intensität der Nutzung wie auch Überzeugungen bezüglich der Schülermotive von Bedeutung, so erweisen sich in der kriteriumsbezogenen Selbstbeurteilung die Volition und die Lernmotive der Studierenden wie auch ihre Selbstwirksamkeitsüberzeugung und ihre Widerstandskraft als bedeutend. In beiden Zugängen wird die Varianz des Lernertrags zu über 40% erklärt. Überzeugungen als Eingangsbedingungen, die mit den Zielen der Lehrveranstaltung übereinstimmen, stellen günstige Voraussetzungen für das eigene Lernen dar. Ob sich diese durch die vertiefte Auseinandersetzung mit Lerninhalten verändern, muss weiter geprüft werden.

Ergebnisse, die auf die Bedeutung der Volition, der Lernmotive und dem Bild der Schülermotive verweisen, zeigen auf, dass nicht nur am Aufbau von Professionswissen gearbeitet werden soll, sondern dass auch eine Lernprozessbegleitung der Studierenden, in welcher deren Motive und Überzeugungen angesprochen werden, den Lernertrag stärken kann. Eine Reflexion der Überzeugungen zur motivationalen Grundhaltung der Schüler/innen kann günstige Voraussetzungen für den Lernertrag dieser Lehrveranstaltung darstellen.

Für den Lernprozess günstige individuelle Merkmale, wie mit den Zielen der Lehrveranstaltung übereinstimmende Motive, tragen zur Steigerung des Lernertrags bei. Die in einer kleinen Stichprobe von Studierenden identifizierten Ergebnisse (vgl. Keller-Schneider & Albisser, 2012), welche auf die Bedeutung von lerntheoretischen und entwicklungspsychologischen Überzeugungen und von dispositionalen Merkmalen wie Selbstwirksamkeit, Extraversion und Irritierbarkeit für den Lernerfolg hinweisen, können mit diesen Befunden gestützt werden.

Überzeugungen können als Referenzrahmen dem zu Lernenden Grenzen setzen, wenn diese nicht mit den Modulzielen übereinstimmen. Entsprechende Anforderungen werden nicht in intensiver Auseinandersetzung bearbeitet. In den im Rahmen der Studienreform neu geschaffenen Modulen wird beabsichtigt, in intensiver, lernender Auseinandersetzung Wissen zu erarbeiten und in der Konfrontation mit Erfahrungen auf die eigene Berufstätigkeit hin im subjektiven Verstehen zu verankern. Soll dies gefördert werden, so ist eine Beurteilung so anzusetzen, dass den Konzeptveränderungen der Studierenden wie auch ihren subjektiven Einschätzungen Beachtung gegeben wird.

Eine leistungsbezogene Fremdbeurteilung kann eine allgemeine Vergleichbarkeit ermöglichen, wird aber dem individuellen Bildungsgang der Studierenden eher nicht gerecht und vernachlässigt weiter zu entwickelnde grundlegende Einstellungen.

Wenn Lehrveranstaltungen zu Konzeptveränderungen und zu subjektiv verankertem Wissen beitragen sollen, dann weisen die vorliegenden Ergebnisse daraufhin, dass Lehrveranstaltungen diese Ziele fördern, wenn der individuellen Kontextuierung und Konkretisierung Beachtung geschenkt wird.

Literatur

Anderson, L. W. & Krathwohl, D. R. (Eds.) (2001). *A Taxonomy for Learning, Teaching, and Assessing: A Revision of Bloom's Taxonomy of Educational Objectives*. New York: Longman.

Bromme, R. (1992). *Der Lehrer als Experte. Zur Psychologie des professionellen Wissens*. Bern: Huber.

Combe, A. & Gebhard, U. (2009). Irritation und Phantasie. Zur Möglichkeit von Erfahrungen in schulischen Lernprozessen. *Zeitschrift für Erziehungswissenschaft, 12 (*3), S. 549-571.

Chomsky, N. (1981). *Regeln und Repräsentationen*. Frankfurt: Suhrkamp.

Dewe, B. & Radtke, F.O. (1991). Was wissen Pädagoginnen über ihr Können? Professionstheoretische Überlegungen zum Theorie-Praxis-Problem in der Pädagogik. *Zeitschrift für Pädagogik, 27. Beiheft*, S. 143-162.

Deci, E.L. & Ryan, R.M. (1993). Die Selbstbestimmungstheorie der Motivation und ihre Bedeutung für die Pädagogik. *Zeitschrift für Pädagogik, 39*, S. 223-238.

Fend, H. (1998). *Qualität im Bildungswesen. Schulforschung zu Systembedingungen, Schulprofilen und Lehrerleistung*. Weinheim: Juventa.

Hanetseder, C. & Keller-Schneider, M. (2006). Die Eignungsabklärung an der Pädagogischen Hochschule Zürich. *Beiträge zur Lehrerbildung, 24*(1), S. 110-114.

Hattie, J. (2009). *Visible learning. A synthesis of over 800 meta-analysises relating to achievement*. Oxon: Routledge.

Heckhausen, J. & Schulz, R. (1995). A Life-Span Theory of Control. *Psychological Review 1995, 102(*2), pp. 284-304.

Helmke, A. (2003). *Unterrichtsqualität erfassen, bewerten, verbessern*. Seelze: Kallmeyersche Verlagsbuchhandlung.

Hobfoll, S.E. (1989). Conservation of ressources. A new Attempt at conceptualizing stress. *American Psychologist, 44*, pp. 513-524.

Keller-Schneider, M. (2010). *Entwicklungsaufgaben im Berufseinstieg von Lehrpersonen. Beanspruchung durch berufliche Herausforderungen im Zusammenhang mit Kontext- und Persönlichkeitsmerkmalen*. Münster: Waxmann.

Keller-Schneider, M. (2011). Lehrer/in werden – eine Entwicklungsaufgabe! Kompetenzentwicklung in der Auseinandersetzung mit Wissen und Überzeugungen: *PADUA (Die Fachzeitschrift für Pflegepädagogik), 6*(4), S. 6-14.

Keller-Schneider, M. (2012). *Lernstrategien lehren lernen. Lernertrag im Studium und mitwirkende Faktoren – eine Begleitstudie zum Lernfeld «Lernstrategien und Lernprozessbegleitung» an der PHZH*. Zürich: Pädagogische Hochschule. http://www.phzh.ch/personen/m. keller-schneider.

Keller-Schneider, M. & Albisser, S. (2012). Grenzen des Lernbaren? Ergebnisse einer explorativen Studie zum Erwerb adaptiver Unterrichtskompetenz im Studium. In T. Hascher & G. H. Neuweg (Hrsg.), *Forschung zur (Wirksamkeit der) Lehrer/innen/bildung* (S. 85-103). Wien: LIT-Verlag.

Keller-Schneider, M. & Hericks, U. (2011). Forschungen zum Berufseinstieg. Übergang von der Ausbildung in den Beruf. In E. Terhart, H. Bennewitz & M. Rothland (Hrsg.), *Handbuch der Forschung zum Lehrerberuf* (S. 298-313). Münster: Waxmann.

Kunter, M., Baumert, J., Blum, W., Klusmann, U., Krauss, S. & Neubrand. M. (Hrsg.) (2011). *Professionelle Kompetenz von Lehrkräften. Ergebnisse des Forschungsprogramms COAC-TIV*. Münster: Waxmann.

Lazarus, R.S. & Launier, R. (1981). Stressbezogene Transaktionen zwischen Person und Umwelt. In J.R. Nitsch (Hrsg.), *Stress* (S. 213-259). Bern: Huber.

Möller, K., Hardy, I., Jonen, A., Kleickmann, T. & Blumberg, E. (2006). Naturwissenschaften in der Primarstufe. Zur Förderung konzeptuellen Verständnisses durch Unterricht und zur Wirksamkeit von Lehrerfortbildungen. In M. Prenzel & L. Allolio-Näcke (Hrsg.), *Untersuchungen zur Bildungsqualität von Schule. Abschluss des DFG-Schwerpunktprogrammes* (S. 161-193). Münster: Waxmann.

Neuweg, H.G. (2011). Das Wissen der Wissensvermittler. In E. Terhart, H. Bennewitz & M. Rothland (Hrsg.), *Handbuch der Forschung zum Lehrerberuf* (S. 451-477). Münster: Waxmann.

Schaarschmidt, U. & Fischer, A.W. (2001). *Bewältigungsmuster im Beruf. Persönlichkeitsunterschiede in der Auseinandersetzung mit der Arbeitsbelastung*. Göttingen: Vanderhoeck & Ruprecht.

Spinath, B., Stiensmeier-Pelster, J., Schöne, C. & Dickhäuser, O. (2002). *Die Skalen zur Erfassung von Lern- und Leistungsmotivation (SELLMO)*. Göttingen: Hogrefe.

Shulman, L.S. (1991). Von einer Sache etwas verstehen: Wissensentwicklung bei Lehrern. In E. Terhart (Hrsg.), *Unterrichten als Beruf* (S. 145-160). Köln & Wien: Bohlau.

Stufflebeam, D.L. (1984). CIPP-Model for Programm Evaluation. In G.F.Madaus, M.Sciven & D.J. Stufflebeam (Eds.), Evaluation Model. *Viewpoints on Educational and Human Services Evaluation* (pp. 117-141). Boston: Springer.

Wahl, D. (1991). *Handeln unter Druck*. Weinheim: Deutscher Studienverlag.

Weinert, F.E. (2001). Concept of Competence: A conceptual clarification. In D.S. Rychen & L.H.Salganik (Eds.), *Defining and selecting key competences* (pp. 45-65). Seattle: Hogrefe & Huber.

Colin Cramer, Thorsten Bohl,
Manuela du Bois-Reymond

12 Zum Stellenwert der Vorbereitung angehender Lehrpersonen auf den Umgang mit Bildungsbenachteiligung – Ergebnisse aus Dokumentenanalysen und Experteninterviews in drei Bundesländern

Dieser Beitrag erörtert anhand der Analyse von 23 Dokumenten und neun Experteninterviews in drei Bundesländern (Baden-Württemberg, Nordrhein-Westfalen und Sachsen), in welchem Ausmaß angehende Lehrpersonen in der Lehrerbildung potenziell auf den Umgang mit sozialer Benachteiligung ihrer Schülerinnen- und Schülerklientel vorbereitet werden. Zentraler Befund ist, dass die Bereiche Diagnose, Unterstützung und Beratung sowie Individualisierung, Umgang mit Heterogenität und Differenzierung (zunehmend) thematisiert werden, Aspekte wie Theorien sozialer Ungleichheit oder Schullaufbahnberatung hingegen eher marginalisiert werden. Vor dem Hintergrund der Reproduktion oder Verstärkung sozialer Ungleichheit im deutschen Schulsystem fällt auf, dass die Lehrerbildung, ihrem intendierten Curriculum folgend, Fragen nach sozialen Disparitäten offenbar nur partiell thematisiert.

12.1 Einleitung

Eingeschränkte Bildungschancen und Bildungsbeteiligung in Abhängigkeit von der sozialen Herkunft der Schülerinnen und Schüler in Deutschland wurden weitreichend diskutiert (vgl. Baumert & Schümer, 2001; Baumert et al., 2001; Maaz, 2006; Schümer, 2004). Die im Anschluss an die internationalen Schulleistungsvergleichsstudien kritisierte hohe Selektivität des deutschen Schulwesens scheint ein relevantes, aber nicht das einzige erklärende Moment der großen sozialen Disparitäten unter Kindern und Jugendlichen zu sein. So ist z.B. wenig darüber bekannt, in welchem Umfang und in welcher Weise die Lehrerbildung angehende Lehrpersonen darauf vorbereitet, mit der Bildungsbenachteiligung einer bestimmten Schülerklientel umzugehen. Es besteht außerdem ein Empiriedefizit mit Blick auf die soziale Herkunft Lehramtsstudierender und in der Lehrerbildung Dozierender (vgl. Blömeke, 2004). Damit ist offen, ob und ggf. in welchem Ausmaß die an der Lehrerbildung Beteiligten aufgrund eigener biografischer Erfahrungen für Fragen sozialer Benachteiligung sensibilisiert sind.

Der Lehrerberuf gilt zwar traditionell als „Aufsteigerberuf" (vgl. Herrmann, 2000), der insbesondere in den Lehrämtern der Primarstufe und Sekundarstufe I von Studierenden aus bildungsferneren sozialen Schichten ergriffen wird (vgl. Terhart, 2005), neuere empirische Daten verweisen aber auf eine recht homogene soziale Klientel Lehramtsstudierender und legen einen sozialen Aufstieg durch das Lehramt nicht zwingend nahe. Es gibt allenfalls partielle Differenzen mit Blick auf ihr sozioökonomisches, kulturelles und soziales Kapital (vgl. Cramer, 2010; Cramer, 2012; Kampa et al., 2011; Kühne, 2006). Die Anzahl Lehramtsstudierender mit Migrationshintergrund wächst nur langsam (vgl. OECD, 2007).

Theorien sozialer Ungleichheit gelten als Erklärungsmodelle für soziale Disparitäten: Menschen sind im gesellschaftlichen Zusammenleben begünstigt oder benachteiligt (vgl. Barlösius, 2004; Burzan, 2007; Hradil, 2005; Maaz, 2006). Die Beobachtung sozialer Selektivität im Bildungswesen setzt die Annahme von sozialer Ungleichheit voraus: Individuen unterscheiden sich bezüglich ihrer Versorgung mit Gütern, Informationsgewinnung und Beeinflussung durch gesellschaftspolitische Instanzen. Trotz der Tendenz einer Pluralisierung, Individualisierung, Differenzierung und Diversifizierung bestehen schichttypische Soziallagen, Subkulturen und Lebenschancen weiterhin fort (vgl. Blossfeld & Shavit, 1993; Geißler, 2011). Zwar ist der Mensch nicht lebenslang auf die Zugehörigkeit zu einer Schicht festgelegt (vgl. Maaz & Watermann, 2007; Schüren, 1989), gleichwohl lässt sich in Deutschland eine starke Reproduktion des sozialen Gefüges beobachten, indem ökonomische, kulturelle und soziale Ressourcen „vererbt" werden (vgl. Bourdieu & Passeron, 1964; Geißler, 2011; Hanf, 1975).

Bourdieu (2001) folgend ist das Denken der Lehrkräfte von ihrer sozialen Herkunft geprägt und manifestiert sich im beruflichen Habitus. Direkte Effekte sozialer Herkunft auf das Lehrerhandeln können daher nicht erwartet werden, wohl aber solche, die vermittelt über die berufsspezifischen Überzeugungen das Handeln beeinflussen (vgl. Kampa et al., 2011). Es wird angenommen, dass die Schule als Mittelschichtsinstitution (vgl. Lortie, 1975) zu einer Statuserhaltungstendenz von Lehrkräften mit höheren Herkunftsressourcen und zu einer Suche nach Anerkennung von Lehrkräften niederer Herkunftsmilieus führt (vgl. Terhart, 2004). Inwiefern Lehrkräfte bestimmter Herkunftsmilieus aber benachteiligte oder privilegierte Schülerklientelen faktisch unterstützen oder benachteiligen, ist empirisch ungeklärt (vgl. Cramer, 2010). Möglicherweise unterstützen oder erzeugen sie sogar soziale

Ungleichheit (vgl. Budde, 2012). Die Datenlage zu diesem „kaum behandelten Forschungskomplex" gilt als defizitär (vgl. Kampa et al., 2011).

Der Beitrag stellt die Frage, ob aufgrund der markanten Bildungsbenachteiligung im deutschen Schulwesen die Lehrerbildung Fragen sozialer Benachteiligung aufgreift, zumal dem Forschungsstand folgend davon auszugehen ist, dass Lehramtsstudierende aus einer recht homogenen und selbst nicht benachteiligten Schicht der Gesellschaft stammen und daher für den Themenkomplex aufgrund der eigenen Biografie wenig sensibilisiert sein dürften. Es stellt sich die Frage, in welchem Maße die Lehrerbildung potenziell nicht nur mittelbar auf Überzeugungen und Werthaltungen Lehramtsstudierender mit Blick auf eine benachteiligte Schülerklientel Einfluss nehmen kann, sondern explizit den Themenkomplex „Umgang mit sozialer Benachteiligung" behandelt. Dazu wird erstens auf Basis einer Dokumentenanalyse von Lehrerbildungsgesetzen und Prüfungsordnungen das *intendierte* Curriculum analysiert, zweitens wird über Experteninterviews mit Vertreterinnen und Vertretern aus Bildungsadministration, Hochschulen und Seminaren aus drei Bundesländern (Baden-Württemberg, Nordrhein-Westfalen und Sachsen) versucht, partiell eine Vorstellung vom *realisierten* Curriculum zu gewinnen. Die Zusammenschau der Befunde soll eine explorative, aber realistische Einschätzung erlauben, in welchem Maße in der Lehrerbildung von einer (gezielten) Vorbereitung auf den Umgang mit sozialer Benachteiligung ausgegangen werden kann. Damit kann die Exploration ggf. Ausgangspunkt für weitere Studien zu einschlägigen realisierten Lernangeboten in der Lehrerbildung sein, die Bedeutung für das Lehrerhandeln gewinnen könnten.

12.2   Sample, Methode und Operationalisierung

Die Daten wurden im Kontext des EU-Forschungsnetzwerkes GOETE erhoben (www.goete.eu). Zentrale Fragestellung des internationalen Projekts in acht europäischen Ländern (Deutschland, Finnland, Frankreich, Italien, Niederlande, Polen, Slowenien, Großbritannien) ist, wie Bildungssysteme mit der sich verändernden Beziehung zwischen Bildung und sozialer Integration in Wissensgesellschaften umgehen. Dazu wurden Bildungsverläufe Jugendlicher in Europa und deren Rahmenbedingungen analysiert. Die Analyse zielt auf die Fragen, wie Zugänge zu Bildung erfolgen, Bewältigung stattfindet, Bildungsverläufe reguliert werden und welche Relevanz Bildung für Jugendliche hat. Die hier ausgewerteten Daten stammen aus dem *Teilarbeitsbereich zur Lehrerbildung* (vgl. Cramer, Bohl & du Bois-Reymond, 2012).

Die hier analysierten Daten beruhen auf drei Bundesländern, die unterschiedliche Lehrerbildungsmodelle repräsentieren. In Baden-Württemberg (BW) haben sich die Pädagogischen Hochschulen und die Staatsexamina erhalten

und das dreigliedrige Schulsystem existiert trotz Einführung der Gemein-
schaftsschule fort. In Nordrhein-Westfalen (NRW) als bevölkerungsreichs-
tem Bundesland wurde die Lehrerbildung auf das Bachelor-Master-System
umgestellt, einhergehend mit umfassenden Reformen. Sachsen (SN) repräsentiert, ausgehend von einem erfolgreichen zweigliedrigen Schulsystem,
eine Lehrerbildung, die nicht nur nach der Wiedervereinigung neu konzipiert
werden musste, sondern bis heute ständigen Reformen (z.B. Einführung und
Wiederabschaffung konsekutiver Studiengänge) unterworfen ist.

Für die *Dokumentenanalyse* wurden alle Dokumente herangezogen, die zum
Zeitpunkt der Vorbereitung der Analyse (Spätsommer 2011) für die damals
existierenden Lehramtsstudiengänge in den drei Bundesländern (auch national) maßgeblich waren (alle öffentlich zugänglichen Dokumente auf den
Internetseiten der zuständigen Ministerien oder Institutionen sowie Gesetze
und Verordnungen). Da sich die Prüfungsordnungen in Sachsen auf die Organisation der Prüfung beschränken und keine inhaltlichen Angaben machen,
wurde hier auf Modulbeschreibungen zurückgegriffen, die für BW und NRW
nicht vorlagen. Zum Stichtag befanden sich die Lehramtsstudiengänge in
Sachsen in der Überarbeitung, weshalb keine Modulbeschreibungen für den
Standort Dresden verfügbar waren (auf Nachfrage bestätigt durch die interviewten Experten). Gegenstand der Analyse waren insgesamt 23 Dokumente
(Tab. 1): nationale Richtlinien (Nummer 1-3) und, auf die drei Bundesländer
bezogen, regionale administrative Vorgaben sowie Prüfungsordnungen und
Lehrerfortbildungsprogramme aus Baden-Württemberg (4-12), Nordrhein-
Westfalen (13-18) und Sachsen (19-23). Die Fortbildungsprogramme konn-
ten nicht in die Analyse mit einbezogen werden: Während die anderen Dokumente nach Inhalten und Standards analysiert werden können, werden die
Fortbildungsprogramme nach Kurstiteln ohne detaillierte Darstellung geführt.

Typ	Nr.	Name des Dokuments
Nationale Ebene		
GV	1	Bremer Erklärung (2000)
	2	Standards für die Lehrerbildung: Bildungswissenschaften (2004)
	3	Ländergemeinsame inhaltliche Anforderungen für die Fachwissenschaften und Fachdidaktiken in der Lehrerbildung (2008)
Baden-Württemberg (BW)		
PO	4	Verordnung des Kultusministeriums über die Erste Staatsprüfung für das Lehramt an Grundschulen (GPO I) vom 20.05.2011
	5	Verordnung des Kultusministeriums über die Erste Staatsprüfung für das Lehramt an Werkrealschulen, Hauptschulen sowie Realschulen (WHRPO I) vom 20.05.2011
	6	Verordnung des Kultusministeriums über die Erste Staatsprüfung für das Lehramt an Gymnasien (GymPO I) vom 31.07.2009

	7	Verordnung des Kultusministeriums über die Erste Staatsprüfung für das Lehramt Sonderpädagogik (SPO I)
	8	Verordnung des Kultusministeriums über den Vorbereitungsdienst und die Zweite Staatsprüfung für das Lehramt an Grund-, Haupt- und Werkrealschulen (GHPO II) vom 09.03.2007
	9	Verordnung des Kultusministeriums über den Vorbereitungsdienst und die Zweite Staatsprüfung für das Lehramt an Realschulen (RPO II) vom 21.12.2007
	10	Verordnung des Kultusministeriums über den Vorbereitungsdienst und die Zweite Staatsprüfung für die Laufbahn des höheren Schuldienstes an Gymnasien (APrO-Gymn) vom 10.03.2004
	11	Verordnung des Kultusministeriums über den Vorbereitungsdienst und die Zweite Staatsprüfung für das Lehramt an Sonderschulen (SPO II) vom 28.06.2003
FP	12	Programm: URL: http://lehrerfortbildung-bw.de
Nordrhein-Westfalen (NRW)		
GV	13	Gesetz über die Ausbildung für Lehrämter an öffentlichen Schulen (LABG) vom 12.05.2009
	14	Entwicklung von Kerncurricula. Rahmenvorgaben. Stand 28.05.2004
	15	Rahmenvorgabe für den Vorbereitungsdienst in Studienseminar und Schule vom 01.07.2004
PO	16	Ordnung der Ersten Staatsprüfungen für Lehrämter an Schulen (LPO) vom 27. März 2003; Stand: 27.06.2006
	17	Ordnung des Vorbereitungsdienstes und der Staatsprüfung für Lehrämter an Schulen (OVP) vom 10.04.2011
FP	18	Programm: URL: http://www.suche.lehrerfortbildung.schulministerium.nrw.de/search/start
Sachsen (SN)		
PO	19	Verordnung des Sächsischen Staatsministeriums für Kultus über die Erste Staatsprüfung für Lehrämter an Schulen im Freistaat Sachsen (LAPO I); Stand: 13.03.2007.
	20	Polyvalenter Bachelor Lehramt Bildungswissenschaften (Modulbeschreibung Universität Leipzig); Stand: 29.05.2008
	21	Schulformspezifischer Master Lehramt Mittelschule Bildungswissenschaften (Modulbeschreibung Universität Leipzig); Stand: 02.02.2009; Modulbeschreibungen für Grundschule und Gymnasium sind identisch.
	22	Verordnung des Sächsischen Staatsministeriums für Kultus über den Vorbereitungsdienst und die Zweite Staatsprüfung für Lehrämter an Schulen im Freistaat Sachsen (LAPO II); Stand: 03.05.2009
FP	23	Programm: URL: http://www.sachsen-macht-schule.de/schule/1716.htm

Abkürzungen: GV = Gesetze/Verordnung; PO = Prüfungsordnung;
            FP = Fortbildungsprogramm.

Tab. 1: Sample der Dokumentenanalyse

Das Verfahren der Dokumentenanalyse versteht Dokumente als Texte, die einen Vorgang oder Sachverhalt belegen (vgl. Wolff, 2000). In diesem Sinne dokumentieren die ausgewählten Papiere und Ordnungen die bildungspolitisch-administrative und institutionell intendierte Gestalt und Organisation der Lehrerbildung sowie deren Inhalte und Outcomes. Dokumente verweisen auf Absichten, die hinter ihnen liegen und die mittelbar repräsentiert werden, weshalb sie als Quellen gelesen werden können (vgl. Hodder, 2000). Die vorliegenden Dokumente repräsentieren in diesem Sinne die intendierte Lehrerbildung und verweisen auf deren größere „Idee". Sie dürfen nicht als Belege realer Sachverhalte oder realer Praxis fehlinterpretiert werden (vgl. Wolff, 2000), weshalb sie nicht gegen die Expertenäußerungen ausgespielt, sondern als eine von zwei nicht konkurrierenden Datenquellen genutzt werden. Die Dokumente werden einer Inhaltsanalyse unterzogen (vgl. Mayring, 2010), die eine Quantifizierung der darin enthaltenen Informationen zulässt. Quantifiziert wird, in welchem Maße Rahmenbedingungen dafür geschaffen sind, dass angehende Lehrpersonen auf den Umgang mit potenzieller sozialer Benachteiligung ihrer Schülerinnen und Schüler und deren Bewältigung vorbereitet werden können. Zur *Operationalisierung* der Fragestellung wurden auf Basis einer explorativen Sichtung der Dokumente aus BW vier Bereiche identifiziert, entlang derer sich dort die intendierte Vorbereitung auf den Themenkomplex vollziehen soll. Diese vier heuristischen Bereiche wurden für die Hauptanalyse als Untersuchungskategorien definiert (Tab. 2).

A	Kenntnisse von Theorien *sozialer Ungleichheit* und der gegenwärtigen Situation sozialer Benachteiligung
B	*Diagnose, Unterstützung* und *Beratung* bezüglich *individueller Lernprozesse*
C	*Individualisierung*, Umgang mit *Heterogenität* und *Differenzierung* im Unterricht
D	*Schullaufbahnberatung* und Entscheidungshilfen hinsichtlich der *Bildungsübergänge* und *Bildungsverläufe* sowie *Berufsorientierung* und *Berufsberatung*

Tab. 2: Vier Bereiche der Vorbereitung auf den Umgang mit Benachteiligung

Die vier Bereiche wurden in den Dokumenten explizit mittels automatischer Textsuche identifiziert, indem nach den kursiv hervorgehobenen Begriffen einschließlich Flexionen gesucht wurde. Bei Treffern wurde anhand des Kontextes geprüft, ob der jeweilige Begriff im hier gemeinten Sinne verwendet wurde. Zusätzlich wurden die Dokumente gelesen und so semantisch mit den vier Bereichen zusammenhängende Textstellen identifiziert. Jeder explizite und implizite Fund wurde einfach gezählt.

Die Methode *Experteninterview* beruht auf dem spezifischen Wissen von Personen, das einen besonderen Informationsgehalt für die Beantwortung einer Forschungsfrage hat. Dieses Wissen macht die Personen zu Expertinnen und Experten (vgl. Walter, 1994). Es wurden solche Personen in den drei Bundesländern ausgewählt, die Schlüsselfiguren in der Lehrerbildung sind, weil sie aufgrund ihrer zentralen administrativen oder ausbildungsorganisatorischen bzw. inhaltlichen Stellung die Lehrerbildung im Sinne der analysierten Dokumente steuern, verwalten und verantworten (vgl. Meuser & Nagel, 2009). Darunter fallen je Bundesland eine Repräsentantin bzw. ein Repräsentant der Bildungsadministration (Schlüsselperson in den Ministerien), der ersten Ausbildungsphase (Professorin/Professor für Schulpädagogik) und der zweiten Ausbildungsphase (Direktorin/Direktor der Staatlichen Seminare). Aus Datenschutzgründen werden Dienststellen und Namen der einzelnen Personen nicht genannt, es wird lediglich auf deren institutionelle Verankerung (Administration, Hochschule, Seminar) und das jeweilige Bundesland verwiesen. Aufgrund der föderalen Organisation und Steuerung der Lehrerbildung in Deutschland wurden keine nationalen Experten ausgewählt.

Um aufeinander beziehbare Informationen zu erhalten, müssen die Experteninterviews notwendigerweise einer vorgegebenen Struktur (Leitfaden) folgen. Dieser muss allerdings so viel Offenheit im Gesprächsverlauf einräumen, dass die individuellen Sichtweisen der Experten zur Sprache kommen können (vgl. Meuser & Nagel, 2009). Die Interviews wurden daher halbstandardisiert entlang eines Leitfadens geführt, der die Fokussierung auf bestimmte Themen erlaubt (dokumentiert in: Cramer, Bohl & du Bois-Reymond, 2012). Auf Grundlage von Audioaufzeichnungen wurden die Interviews vollständig transkribiert, unter Verzicht auf paralinguistische Hinweise und vereinfachend paraphrasiert, sodass Meinungen deutlich hervortreten (vgl. Meuser & Nagel, 2009). Anschließend wurden die Interviews mit der Software MAXQDA thematisch codiert und entlang der in allen Interviews angesprochenen thematischen Einheiten, die einen Vergleich ermöglichen, analysiert. In der Interpretation werden die Charakteristika des gemeinsamen Expertenwissens kondensiert und an Beispielen verdeutlicht.

Dieser Zugang zielt anders als die Dokumentenanalyse nicht auf eine möglichst objektive Erfassung der intendierten Lehrerbildung im Bereich „Vorbereitung auf den Umgang mit sozialer Benachteiligung", sondern fragt, wie zentrale Akteure über die Heterogenität Lehramtsstudierender, über benachteiligte Jugendliche oder über das Potenzial der Lehrerbildung zur Sensibilisierung für solche Fragen denken. In diesen Einschätzungen und Haltungen geht es eher um Fragen der Bildungssteuerung (Governance) und um Möglichkeiten einer einschlägigen Lehrerbildung – nicht um eine repräsentative Deskription des intendierten Curriculums. Die Auswertung unterscheidet daher nicht nach den drei Expertengruppen. Es geht vielmehr darum, unterschiedliche Aufgabenbereiche und daraus resultierend unterschiedliche Perspektiven zusammenzuführen, um ein facettenreiches Bild zu erhalten.

12.3 Ergebnisse

Die Ergebnisse aus Dokumentenanalysen und Experteninterviews werden thematisch gruppiert berichtet. Ausgangspunkt sind Anmerkungen zur Heterogenität Lehramtsstudierender, die zeigen, dass es sich aus Sicht der Expertinnen und Experten hier um eine verhältnismäßig homogene Studierendengruppe mit Blick auf die soziale Herkunft handelt (12.3.1). Die Experten wurden anschließend gefragt, an was sie soziale Benachteiligung Jugendlicher festmachen – es zeigt sich ein sehr diffuses Bild (12.3.2). Anschließend wurde in den Interviews thematisiert, wie sich die eher homogene Gruppe der Lehramtsstudierenden zu der vielfältig heterogenen Schülerschaft im Unterricht verhält (12.3.3), um im Anschluss an dieses Spannungsverhältnis anhand der Dokumentenanalyse und Experteninterviews zu prüfen, welches Curriculum zur Vorbereitung Lehramtsstudierender in der Lehrerbildung intendiert ist und in welchem Maße es exemplarisch auch realisiert wird (12.3.4).

12.3.1 Heterogenität der Lehramtsstudierenden

Die Expertinnen und Experten wurden gefragt, wie sie die Zusammensetzung Lehramtsstudierender und -anwärter mit Blick auf deren soziale Herkunft einschätzen, insbesondere vor dem Hintergrund ihrer späteren Aufgabe, mit einer heterogenen Schülerklientel umzugehen. Dabei wünschen sich die befragten Experten überwiegend eine zunehmende Heterogenität der Studierenden, weil z.B. Lehrkräfte mit eigenem Migrationshintergrund nicht nur Schüler mit ähnlichen Erfahrungen besser verstünden, sondern diesen auch als Vorbilder dienen könnten. Es existieren Initiativen, um gezielt Lehramtsstudierende mit Migrationshintergrund zu akquirieren (z.B. Stipendien in NRW), die vergleichbare Erfahrungen sozialer Benachteiligung haben wie deren prospektive Schülerklientel (1). Die gezielte Akquise Studierender mit Zuwanderungsgeschichte sei ein Aspekt von Gleichberechtigung (2), sofern ein vergleichbares Qualifikationsniveau vorausgesetzt werde. Ein Problem dieser bildungspolitischen Bemühung um größere Heterogenität im Lehramt könne sein, dass die betreffenden Studierenden auf dem vordefinierten Ausbildungsweg so sozialisiert werden, dass sie das Potenzial ihrer Migrationserfahrung nicht nutzen können oder dieses sogar negiert wird, weil sich diese Studierenden an jenen höher sozialer Herkunft orientieren wollen (3).

(1) „Wir haben eine Initiative, die Lehrkräfte mit Migrationshintergrund einlädt darüber nachzudenken, wie sie Schülern helfen können, die ebenfalls Migranten sind [...] und haben überlegt, wie wir Anreize für Abiturienten mit Migrationshintergrund schaffen können, Lehramt zu studieren. [...]. Lehr-

kräfte fragen Kollegen mit Migrationserfahrung, wie sie mit kulturell be-
dingten Verhaltensmustern ihrer Schüler umgehen sollen." [Administration
BW]

(2) „Migranten haben größere Bildungsaspirationen und wir müssen über den
demografischen Wandel nachdenken. Es ist absolut falsch, dieses Potenzial
nicht zu nutzen. [...]. Schule ist Spiegel unserer Gesellschaft. [...]. Schüler mit
Migrationshintergrund brauchen eine Repräsentanz auf Lehrerseite. Wir er-
mutigen, den Migrationshintergrund bei Stellenausschreibungen zu berücksichtigen." [Administration NRW]

(3) „Unsere Lehrkräfte sind in den meisten Fällen Teil einer gesellschaftlichen Schicht, die die Probleme, aber auch die Interaktions- und Wertesys-
teme der Jugendlichen, die sie unterrichtet, nicht kennt. [...]. Wenn wir Studierende mit Migrationshintergrund bekommen, sozialisiert sie das System
u.U. in einer Weise zu ‚typisch deutschen Lehrkräften', was dazu führt, dass
sie ihr kulturelles und interkulturelles Kapital, ihren Habitus, tendenziell
verlieren bzw. verbergen." [Hochschule BW]

Diese Interviews zeigen, dass für eine soziale Durchmischung der Lehrerschaft über alle Lehrämter hinweg plädiert wird. Andererseits wird argumentiert, größere Heterogenität des Lehrpersonals müsse nicht unbedingt der
Heterogenität der Schülerschaft gerecht werden (4). Es gehe nicht darum,
homogene Lerngruppen zu erzeugen, sondern in heterogenen Gruppen sinnvoll voneinander zu lernen.

(4) „Die Biografieforschung zeigt, dass Lebensläufe bruchhaft sind [...]. Wir
können nicht einfach sagen, dass wir eine größere Heterogenität von Lehrern
brauchen, nur weil wir eine heterogene Klientel an Schülern haben. Dies
würde implizieren, dass es das vorderste Ziel ist, homogene Lerngruppen zu
bilden." [Hochschule NRW]

12.3.2 Definition benachteiligter Jugendlicher

Die Expertinnen und Experten haben unterschiedliche Auffassungen davon,
was einen sozial benachteiligten Jugendlichen ausmacht. Die Meisten sehen
einen Mangel an kulturellen Ressourcen als Kern der Benachteiligung an,
z.B. fehlende schulische Unterstützung im Elternhaus (5). Diese Form der
Benachteiligung wird in Verbindung mit einem Versagen der Familien gesehen, nicht der Lehrerschaft, des Arbeitsmarktes oder der Bildungspolitik.

(5) „Schüler sind benachteiligt, wenn sie aus einer Familie stammen, in der
Lernangebote und Entwicklungsmöglichkeiten fehlen." [Administration BW]

Andere Experten erklären, erst die Verbindung verschiedener Einschränkun-
gen (würde einen benachteiligten Jugendlichen ausmachen (6). Wieder an-

dere sehen die Kriterien der Benachteiligung im selektiven deutschen Schulsystem verankert (7). Auf diesem Weg wird die Verantwortung auf die Bildungspolitik verschoben und nicht am Individuum festgemacht. Das Problem dieser Spannung zwischen individuellen und kontextbasierten Erklärungsmustern sozialer Benachteiligung kann zur generellen Kritik am Versuch der Definition sozialer Disparitäten führen (8).

(6) „Wir sind konfrontiert mit Jugendlichen, die verschiedenste Probleme haben. Sie kommen aus Patchwork-Familien, haben weniger Unterstützung als andere, haben weniger Motivation, sind sozial auffällig oder körperlich behindert." [Seminar BW]
(7) „Schüler sind aufgrund des Schulsystems benachteiligt. [...]. Es geht [...] darum, was mit einem Schulabschluss erreicht werden kann." [Seminar BW]
(8) „Wenn jemand sagt: ‚Benachteiligte haben keine kulturellen Ressourcen', würde ich fragen: ‚Was bedeutet das, kein kulturelles Kapital zu haben?'. [...]. Es gibt eine Gruppe von Personen, die lediglich abgestempelt werden." [Hochschule NRW]

12.3.3 Unterrichten benachteiligter Schülerinnen und Schüler

Es ist offen, ob es Unterschiede zwischen Lehrkräften gibt, die überwiegend mit privilegierten Schülerinnen und Schülern arbeiten (Gymnasium) und solchen, die eher eine benachteiligte Schülerklientel unterrichten (Hauptschule bzw. Äquivalent). Vor diesem Hintergrund wurden die Experten gefragt, welche Charakteristika Lehrpersonen aufweisen, die vornehmlich Benachteiligte unterrichten. Die grundlegende Annahme ist, dass solche Lehrkräfte eine stärkere pädagogische Orientierung zeigen, während sich Lehrpersonen, die in der Sekundarstufe II tätig sind, eher am Fach orientieren (9). Lehrkräften an der Grundschule wird eine größere pädagogische Motivation zugeschrieben (10); sie arbeiten mit einer besonders heterogenen Schülerklientel.

(9) „Es gibt Studierende mit starken pädagogischen Ambitionen: solche, die die Lehrämter Grundschule oder die Sekundarstufe I wählen. Diejenigen, die ein größeres fachliches Interesse haben, wählen die gymnasiale Oberstufe." [Hochschule SN]
(10) „Referendare im Grundschullehramt erzählen häufig über die Kinder und sagen: ‚Ich will mit Kindern arbeiten'." [Seminar SN]

Diejenigen Studierenden, die sich explizit für eine Arbeit mit den am stärksten benachteiligten Schülern entscheiden, benötigen aus Expertensicht eine besondere Motivation, um sich dieser Herausforderung zu stellen. Es handle sich z.B. um Personen, die stark am Individuum orientiert sind (11), die ein hohes Maß an Altruismus aufweisen oder die über die eigene Erfahrung eines sozialen Aufstiegs verfügen (12). Diese Klientel habe häufig zugleich eine starke Leistungsorientierung (13).

(11) „Wer sich für die Hauptschule entscheidet, hat ein großes Interesse an Menschen und daran, ihnen zu helfen und sie als Individuum wahrzunehmen." [Seminar NRW]

(12) „Wer aus einer unterprivilegierten sozialen Klientel stammt, einen sozialen Aufstieg gemacht hat, zeigt oft größere Motivation, diesen Erfolg weiter zu geben, weil er weiß, wie er selbst auf Unterstützung angewiesen war." [Administration NRW]

(13) „Im Lehramt Hauptschule findet man oft die engagiertesten Personen, die unterstützen wollen und bewusst mit einer Schülerklientel arbeiten, die gemeinhin als schwierig gilt." [Hochschule BW]

12.3.4 Vorbereitung auf den Umgang mit sozialer Benachteiligung

Die Analyse, in welcher Weise die vier definierten Bereiche einer möglichen Vorbereitung angehender Lehrkräfte auf den Themenkomplex soziale Benachteiligung (Tab. 1) vorgesehen sind, erfolgt in zwei Schritten. Erstens werden die Dokumente dahingehend untersucht, inwiefern sie die vier Bereiche explizit und implizit thematisieren. Zweitens wurden die Experten gefragt, wie sie die vier Bereiche in ihrer Intention einschätzen und wie sie ggf. in der Lehrerbildung realisiert werden. Tabelle 3 zeigt die absolute Häufigkeit der Textstellen in den Dokumenten (prozentuale Relationen erscheinen angesichts von weniger als 100 Nennungen je Bereich wenig aussagekräftig). Die Übersicht gibt eine Vorstellung davon, wie prominent die Bereiche in der intendierten Lehrerbildung sind, welches Gewicht dem Themenkomplex also in der Steuerung der Lehrerbildung zukommt.

Insgesamt sind zumindest die Bereiche A, B und C durch die Dokumente abgedeckt, die Intensität variiert nach Bundesländern. Schullaufbahnberatung und Berufsorientierung (D) z.B. werden in Nordrhein-Westfalen und Sachsen nicht abgedeckt. Offensichtlich sind Diagnose, Unterstützung und Beratung mit Blick auf individuelle Lernprozesse (B) gut in den Dokumenten verankert. Dieser Bereich ist mehr als doppelt so häufig genannt als Individualisierung, Umgang mit Heterogenität und Differenzierung im Unterricht (C). Der Kenntnis sozialer Ungleichheitstheorien und der Benachteiligungssituation (A) kommt ebenso wie der Schullaufbahn- und Berufsberatung (D) scheinbar ein intendiert geringerer Stellenwert in der Lehrerbildung zu. Auch international zeigen sich in allen Ländern Lücken bei der Abdeckung der vier Bereiche (vgl. Cramer, Bohl & du Bois-Reymond, 2012).

Um die Realisierung der vier Bereiche in der Lehrerbildungspraxis zu erfassen, wäre eine repräsentative Befragung von Studierenden und deren Nutzung der einschlägigen Angebote notwendig, zumindest aber die Erhebung der in den einzelnen Lehrveranstaltungen realisierten einschlägigen Angebote, die anhand von Seminarplänen oder durch Dozierendenbefragung operationalisiert werden könnten. Beide Zugänge konnten aus forschungsökonomischen Gründen nicht realisiert werden. Gleichwohl erlauben die Einschätzungen der Experten, die über die Innensicht an den Lehrerbildungsinstitutionen verfügen, ein über das intendierte Curriculum hinausgehendes Urteil über exemplarisch in der Lehrerbildung realisierte Facetten der vier Bereiche.

Dokument	Bereich			
Nummer	(A) Theorien und Situation	(B) Diagnose, Unterstützung, Beratung	(C) Individualisierung, Umgang mit Heterogenität, Differenzierung	(D) Schullaufbahnberatung, Berufsorientierung
1	1	1	1	1
2	2	3	1	1
3	1	18	7	7
national	**4**	**22**	**9**	**9**
4	4	5	3	5
5	5	5	3	5
6	–	1	1	–
7	7	10	5	5
8	–	–	–	–
9	–	–	–	–
10	–	–	–	–
11	–	–	–	–
BW	**16**	**21**	**12**	**15**
13	–	1	1	–
14	–	2	1	–
15	–	7	1	–
16	2	4	2	–
17	–	9	2	–
NRW	**2**	**23**	**7**	**–**
19	1	3	3	–
20	4	3	2	–
21	2	8	3	–
22	–	–	–	–
SN	**7**	**14**	**8**	**–**
Total	**29**	**80**	**36**	**24**

Abkürzungen: BW = Baden-Württemberg; NRW = Nordrhein-Westfalen; SN = Sachsen.
Anmerkung: Die Dokumente 12, 18 und 22 wurden nicht analysiert (vgl. Kapitel 2).

Tab. 3: Absolute Häufigkeit der Bezugnahme auf die vier Bereiche in den Dokumenten

Die Befragten artikulieren in den Interviews (14 und 15), wie dies auch aufgrund der Dokumentenanalyse deutlich wird, dass die Bereiche Diagnose, Unterstützung und Beratung (B) sowie Individualisierung, Umgang mit Heterogenität und Differenzierung (C) eine bedeutendere Rolle in der Lehrerbildung spielen als die Beschäftigung mit Theorien und der Situation sozialer Ungleichheit (A) sowie Schullaufbahn- und Berufsberatung (D).

(14) „Die Bereiche A und D werden nur gestreift, [...] B und C sind viel besser abgedeckt [...]." [Administration SN]
(15) „Wir haben Diagnose und Umgang mit Heterogenität als Schwerpunkt. Diese Bereiche sind konzeptionell verankert." [Hochschule NRW]

Während die Expertinnen und Experten die Bereiche B und C als grundsätzlich durch die Lehrerbildung abgedeckt erachten, lokalisieren sie Bereich A vornehmlich in der ersten Ausbildungsphase und Bereich D in der zweiten Phase oder in der Lehrerfortbildung (16). Obwohl Diagnose in den letzten Jahren zunehmend an Bedeutung gewonnen habe, würden Studierende hier noch mehr Kenntnisse benötigen. Die Beschäftigung mit dem Thema Diagnose erfolge nicht nur theoriebasiert, sondern auch mittels videobasierter Fälle und bei der Arbeit im pädagogischen Feld. Differenzierung sei überwiegend Gegenstand der Fachdidaktiken, nicht der erziehungswissenschaftlichen Lehre. Schullaufbahnberatung verbände sich mit Elterngesprächen (17). Es zeigt sich Skepsis, inwieweit z.B. der Bereich Diagnose tatsächlich gut etabliert ist (18). Partiell scheint sich in den Interviews ein Befund aus der Dokumentenanalyse zu bestätigen: Es existieren offenbar bundesländerspezifische Verschiebungen in den Prioritäten zwischen den vier Bereichen.

(16) „Die Bereiche B bis D sind alle Teil der zweiten Phase. Theorien von Bildungsbenachteiligung (A) sehe ich hier nicht, sondern in der ersten Phase. [...]. Diagnose ist ein Bereich, der intensiviert werden muss. [...]. Unterrichtsvideos und Fallstudien werden verwendet. Wir führen auch Diagnosen in Schulen durch – die Anwärter müssen Beispiele mitbringen und analysieren. [...]. Differenzierung wird in der Ausbildung zunehmend wichtiger und ist ein großes Thema in den Fachdidaktiken. [...]. Bei uns werden die Schularten eingeführt und die Durchlässigkeit wird an Beispielen diskutiert. Dieser Bereich ist Teil der Leistungskontrolle." [Seminar SN]
(17) „Was wir vernachlässigen, ist die Komplexität von individueller Unterstützung und pädagogischer Diagnostik. Da ist Entwicklungsbedarf. Das Gleiche gilt für den Umgang mit Heterogenität. [...]. Bereich D ist etwas für die Fortbildung. [...]. Theorien sind zentraler als Wissen über Pädagogische Diagnostik." [Administration NRW]
(18) „Theorien sozialer Ungleichheit sind theoretisch und auf der Ebene von Beispielen abgedeckt, aber nicht mit Blick auf die Praxis. Im Fall von Diag-

nose und Unterstützung [...] passiert viel in Pädagogischer Psychologie. [...]. Bezüglich Individualisierung, Umgang mit Heterogenität und Differenzierung würde ich sagen, dass Vieles in den Vorlesungen angesprochen wird. [...]. Ein Tutorium, das mit diesem Bereich zu tun hat, basiert auf Unterrichtsvideos, die mit Blick auf individuelle Lernbedingungen analysiert werden. [...]. Laufbahnberatung steht in Verbindung mit Diagnose. Das wird in einem speziellen Modul behandelt." [Hochschule SN]

Um einen Eindruck davon zu bekommen, welcher Stellenwert den vier Bereichen eingeräumt wird, wurde auch danach gefragt, ob das dort verortete Wissen und die korrespondierenden Fertigkeiten Gegenstand der Leistungsüberprüfung sind. Die Experten äußern, dass eine Leistungskontrolle erfolgt. Gleichzeitig wird argumentiert, es hänge überwiegend von der Intensität ab, mit der die einzelnen Dozierenden die vier Bereiche bearbeiten und von deren Repräsentanz bei der Leistungsüberprüfung, ob Studierende viel oder wenig über den Umgang mit sozialer Benachteiligung lernen (19). Die Herausforderung sei es, Situationen zu schaffen, in denen spezifische Kompetenzen überhaupt gezeigt werden und somit überprüfbar sind (20). Theorien sozialer Ungleichheit scheinen in Baden-Württemberg umfassender berücksichtigt, worauf auch die Dokumentenanalyse hingewiesen hat (19/21).

(19) „Diagnose, Beratung, Differenzierung – das sind prominente Begriffe, relevant in unserer Institution. Es stellt sich aber individuell immer die Frage, welchen Bereich Dozierende auch mit Praxisbezügen vertiefen oder wo sie auf einer abstrakten Ebene stehen bleiben. In den Fachdidaktiken Mathematik und Deutsch dürften Diagnose und Umgang mit Heterogenität teilweise auch abgedeckt sein, doch Themen wie Theorien sozialer Ungleichheit oder Laufbahnberatung muss die Erziehungswissenschaft im Studium erarbeiten und überprüfen." [Hochschule BW]
(20) „Der Betreuer muss Handlungssituationen für die Bewertung der Kompetenzen schaffen. Er muss diese sichtbar machen. [...]. Am Ende müssen wir zertifizieren, ob jemand diagnostizieren kann oder nicht." [Seminar NRW]
(21) „Kenntnisse von Theorien sozialer Benachteiligung sind definitiv wichtig, natürlich in Verbindung mit der täglichen Realität der Schüler. Diagnose und Beratung: Wir haben Wahlangebote. [...]. Individualisierung [...] und schulische Laufbahnberatung sind in einem zusätzlichen Programm abgedeckt. Berufsberatung wird hauptsächlich bei Hauptschul-Anwärtern thematisiert." [Seminar BW]

Ein Experte erklärt, die vier Bereiche seien explizit mit Fragestellungen der Lehrerbildung verbunden, sie stünden untereinander in Beziehung (22). Andererseits werden die vier Bereiche in sehr unterschiedlicher Weise konkretisiert, z.B. durch eine theoretische Einführung, Konkretisierung an Beispielen und schließlich Transfer in die Praxis und deren Reflexion (23). Die Bedeutung einer Konkretisierung der Inhalte wird hervorgehoben (24).

(22) „Individualisierung, Umgang mit Heterogenität und Differenzierung sind große Themen. [...]. Dazu gehört die Thematisierung von Lerntypen, ergänzt um Kooperatives Lernen als eine Möglichkeit, mit Heterogenität umzugehen, oder verschiedene Formen der Differenzierung." [Seminar NRW]

(23) „Bezüglich Individualisierung, Umgang mit Heterogenität und Differenzierung ist es möglich, verschiedene Durchdringungstiefen zu kombinieren. Beginnend mit einer Vorlesung über Differenzierung [...], gefolgt von einem Tutorium, das aus pädagogischer Sicht auf dieser Theoriegrundlage anhand von Videos individuelle Lernbedingungen analysiert." [Hochschule SN]

(24) „Wir müssen Hilfestellungen geben, wie mit dem wissenschaftlich hergestellten Repertoire umgegangen werden kann [...]. Wir wollen im Lehrbereich Diagnose und Förderung nicht auf einem rein theoretischen Niveau verharren, sondern konkretisierende Fallbeispiele, besonders aus der Perspektive Jugendlicher mit Benachteiligung, heranziehen [...] und aufgrund der Handlungsanforderungen in der Schulpraxis die fachlich-theoretischen Inhalte reflektieren." [Hochschule BW]

12.4 Zusammenfassung und Diskussion

Nachfolgend werden die Ergebnisse der Teilkapitel 12.3.1 bis 12.3.4 zusammenfassend diskutiert. Die Expertinnen und Experten begrüßen eine größere Zahl an Lehramtsstudierenden mit Migrationshintergrund, weil sie die Probleme von Schülern mit Einwanderungserfahrung besser verstünden und ihnen ein realistisches Vorbild sein könnten (12.3.1). Bildungspolitische Initiativen versuchen Studierende mit Einwanderungserfahrung für eine Lehramtsbiografie zu werben – sie müssen allerdings dieselbe Qualifikation aufweisen wie Abiturienten bzw. Lehramtsabsolventen ohne Migrationshintergrund. Die Heterogenität der Lehrerausbildenden wird von den Experten in den Gesprächen nicht benannt. Vermutlich wäre hier eine Steuerung mit Blick auf Migrationserfahrung schwierig, da z.B. bei der Berufung auf Professuren (lediglich) die Qualifikation ausschlaggebend ist.

Soziale Benachteiligung Jugendlicher definieren die Experten vornehmlich auf Basis eines Defizits an kulturellen und sozioökonomischen Ressourcen (12.3.2). Mangelndes soziales Kapital wird meist nur implizit als Aspekt von Benachteiligung angesprochen. Auch wo die Experten über die Bedeutung der Familie sprechen, gehen sie kaum auf deren Relevanz für ein Gefühl von Sicherheit und für die Identitätsfindung der Jugendlichen oder auf die Notwendigkeit geteilter Verantwortung zwischen Schule und Elternhaus ein.

Offenbar sind sich die Experten der sozialen Benachteiligung als Problem und Herausforderung für die Lehrerbildung bewusst, aber sie erweisen sich als insgesamt wenig sensibel für die Verbindung zwischen verschiedenen Benachteiligungsmechanismen oder dafür, dass Benachteiligung in Verbindung mit Lehrer-Schüler-Beziehungen steht (z.B. die unbedingte Wertschätzung der Schüler durch ihre Lehrerinnen und Lehrer als Voraussetzung für Lernmotivation und Schulerfolg); zumindest werden solche Zusammenhänge auch auf Nachfrage kaum angesprochen.

Die Experten nennen Charakteristika Studierender, die in besonderem Maße mit benachteiligten Schülerinnen und Schülern arbeiten, z.B. altruistische Orientierung oder Erfahrung eigener sozialer Benachteiligung (12.3.3). Wenn diese Zuschreibungen nicht nur hypothetischen Charakter haben, spräche das für eine Selbstselektion Lehramtsstudierender, der zufolge sich eine bestimmte Personengruppe explizit für die Arbeit mit einer Schülerklientel interessiert, die als besonders benachteiligt gilt. Dies könnte so gedeutet werden, dass mögliche Defizite des Lehrerbildungssystems bezüglich der Vorbereitung angehender Lehrkräfte auf den Umgang mit sozialer Benachteiligung abgefedert werden, weil die entsprechenden Studierenden einschlägige Vorerfahrung und Kompetenzen in diesem Bereich mitbringen.

Insgesamt berücksichtigt die Lehrerbildung, dem Expertenurteil folgend, die Vorbereitung angehender Lehrpersonen auf den Umgang mit sozialer Benachteiligung ihrer prospektiven Schülerinnen und Schüler (12.3.4). Außerdem zeichnet sich zunehmende Aufmerksamkeit für diesen Themenkomplex ab. Zugleich erweist sich die Vorbereitung als nicht so umfangreich und dicht abgedeckt, wie es die Dokumente für den Bereich Diagnose und Lernbegleitung sowie Individualisierung, Umgang mit Heterogenität und Differenzierung nahe legen. Die Ausführungen zur Umsetzung bleiben vage und deuten darauf hin, dass in der Regel keine klare Konzeption dafür existiert, wie der Themenkomplex bearbeitet wird. Eine Abstimmung der Phasen untereinander ist bei der Frage nach sozialer Benachteiligung nicht ersichtlich.

Die Expertinnen und Experten sehen in der Lehrerbildung den Bereich Diagnose und Unterstützung im Blick auf individuelle Lernprozesse (Bereich B) mit Abstand am stärksten bearbeitet, dann folgt aus ihrer Sicht die Thematisierung von Individualisierung, Umgang mit Heterogenität und Differenzierung (C). Kenntnisse von Theorien und der gegenwärtigen Situation sozialer Benachteiligung (A) erachten sie zwar als abgedeckt, aber vergleichsweise marginalisiert. Schullaufbahn- und Berufsberatung (D) wird in der Erstausbildung im Regelfall lediglich im Bereich freiwilliger Angebote oder als überhaupt nicht berücksichtigt wahrgenommen. Insbesondere für die Bereiche A und D muss daher angenommen werden, dass die Lehrerbildung allenfalls rudimentäres Wissen ohne Anwendungsbezug bereitstellt.

Es besteht daher offenbar die Gefahr, dass angehende Lehrkräfte nicht über ausreichendes Basiswissen verfügen, um soziale Disparitäten zu erkennen, adäquat zu bewerten und deren Folgen für ihren Unterricht zu beurteilen. So kann etwa angenommen werden, dass die häufig in der Unterrichtsplanung zu leistende Analyse des sozio-kulturellen Umfeldes zwar erfolgt, mangels Sensibilität für den Gegenstandsbereich aber nicht unmittelbar zur Begründung didaktischer Entscheidungen (wie z.b. mit Blick auf innere Differenzierung) herangezogen oder gar zum Unterrichtsgegenstand wird. Außerdem ist fraglich, ob Lehramtsabsolventen die Notwendigkeit sehen und über das nötige Wissen verfügen, um Jugendliche mit Blick auf deren Berufswahl zu beraten und sie bei dieser proaktiv zu unterstützen. Der Verweis auf externe Beratungssysteme (z.b. Bundesagentur für Arbeit) greift zu kurz, weil bei der Berufswahl eine Orientierung an Vorbildern nicht zu unterschätzende Bedeutung hat. Hier könnte z.b. in den sogenannten Mangelfächern (naturwissenschaftlicher Bereich) Potenzial verschenkt werden, weil Lehrkräfte in ihrer Ausbildung nicht (ausreichend) dafür sensibilisiert werden, fachlich interessierte Schüler über naturwissenschaftliche Berufe zu informieren.

Insgesamt erscheint die lückenhafte Vorbereitung angehender Lehrpersonen auf den Umgang mit sozialer Benachteiligung ihrer künftigen Schülerinnen und Schüler nicht nur in einem potenziellen Ausweichen vor Problemen zu resultieren, die sich mit sozialen Disparitäten verbinden; die Lehrerbildung selbst könnte soziale Disparitäten reproduzieren, indem sie nicht nur bezüglich der Inhalte, sondern auch der Selektion Studierender bestimmte Fachkulturen und soziale Hintergründe nur bedingt anspricht. Sollten sich solche Mechanismen bestätigen, müsste mit Blick auf eine stärkere Öffnung von Lehrerbildung und Schule gegenüber der Aufgabe einer Verringerung sozialer Disparitäten eine größere Sensibilität für den Gegenstandsbereich geschaffen werden. Die gezielte Akquise Studierender mit Migrationshintergrund scheint in diesem Zusammenhang naheliegend, aber nicht hinreichend.

Literatur

Barlösius, E. (2004). *Kämpfe um soziale Ungleichheit*. Wiesbaden: VS.

Baumert, J., Klieme, E., Neubrand, M., Prenzel, M., Schiefele, U., Schneider, W., Stanat, P., Tillmann, K.-J. & Weiß, M. (Hrsg.) (2001). *PISA 2000*. Opladen: Leske+Budrich.

Baumert, J. & Schümer, G. (2001). Familiäre Lebensverhältnisse, Bildungsbeteiligung und Kompetenzerwerb. In J. Baumert, E. Klieme, M. Neubrand, M. Prenzel, U. Schiefele, W. Schneider, P. Stanat, K-J. Tillmann & M. Weiß (Hrsg.), *PISA 2000* (S. 323-407). Opladen: Leske+Budrich.

Blömeke, S. (2004). Empirische Befunde zur Wirksamkeit der Lehrerbildung. In S. Blömeke, P. Reinhold, G. Tulodziecki & J. Wildt (Hrsg.), *Handbuch Lehrerbildung* (S. 59-91). Bad Heilbrunn: Klinkhardt.

Blossfeld, H.-P. & Shavit, Y. (1993). Dauerhafte Ungleichheiten. *Zeitschrift für Pädagogik, 30*(1), S. 25-52.

Bourdieu, P. (2001). *Wie die Kultur zum Bauern kommt.* Hamburg: VSA.

Bourdieu, P. & Passeron, J.-C. (1964). *Die Illusion der Chancengleichheit.* Stuttgart: Klett.

Burzan, N. (2007). *Soziale Ungleichheit.* Wiesbaden: VS.

Cramer, C. (2010). Sozioökonomische Stellung Lehramtsstudierender. *Lehrerbildung auf dem Prüfstand, 3*(1), S. 4-22.

Cramer, C. (2012). *Entwicklung von Professionalität in der Lehrerbildung.* Bad Heilbrunn: Klinkhardt.

Cramer, C., Bohl, T. & du Bois-Reymond, M. (2012). *Comparative report teacher training.* http://www.goete.eu/download/working-papers [02.05.2013].

OECD (Eds.) (2007). *Education at a Glance 2007. D 6.* http://www.oecd.org/dataoecd/50/28/39591900.xls.

Geißler, R. (2011). *Die Sozialstruktur Deutschlands.* Wiesbaden: VS.

Hanf, T. (1975). Reproduktionseffekt oder Wandelsrelevanz der Bildung. In T. Hanf & M. Hättich (Hrsg.), *Sozialer Wandel. Bd. 2* (S. 120-138). Frankfurt: Fischer.

Herrmann, U. (2000). Der lange Abschied vom „geborenen Erzieher". In J. Bastian, W. Helsper, S. Reh & C. Schelle (Hrsg.), *Professionalisierung im Lehrerberuf* (S. 15-32). Opladen: Leske+Budrich.

Hodder, I. (2000). The interpretation of documents and material culture. In N. Denzin & Y. Lincoln (Eds.), *Handbook of Qualitative Research* (pp. 703-713). Thousand Oaks: Sage.

Hradil, S. (2005). *Soziale Ungleichheit in Deutschland.* Opladen: Leske+Budrich.

Kampa, N., Kunter, M., Maaz, K. & Baumert, J. (2011). Die soziale Herkunft von Mathematiklehrkräften in Deutschland. *Zeitschrift für Pädagogik, 57*(1), S. 70-92.

Kühne, S. (2006). Das soziale Rekrutierungsfeld der Lehrer. *Zeitschrift für Erziehungswissenschaft, 9*(4), S. 617-631.

Lortie, D.C. (1975). *School Teacher.* Chicago: University Press.

Maaz, K. (2006). *Soziale Herkunft und Hochschulzugang.* Wiesbaden: VS.

Maaz, K. & Watermann, R. (2007). Reproduktion oder Mobilität? *Zeitschrift für Soziologie der Erziehung, 27*(3), S. 285-303.

Mayring, P. (2010). *Qualitative Inhaltsanalyse.* Weinheim: Beltz.

Meuser, M. & Nagel, U. (2009). The Expert Interview and Changes in Knowledge Production. In A. Bogner, B. Littig & W. Menz (Eds.), *Interviewing Experts* (pp. 17-42). Basingstoke: Macmillan.

Schümer, G. (2004). Zur doppelten Benachteiligung von Schülern aus unterprivilegierten Gesellschaftsschichten im deutschen Schulwesen. In G. Schümer, K.-J. Tillmann & M. Weiß (Hrsg.), *Die Institution Schule und die Lebenswelt der Schüler* (S. 73-114). Wiesbaden: VS.

Schüren, R. (1989). *Soziale Mobilität.* St. Katharinen: Scripta Mercaturae.

Terhart, E. (2004). Lehrer. In D. Benner & J. Oelkers (Hrsg.), *Historisches Wörterbuch der Pädagogik* (S. 548-564). Weinheim: Beltz.

Terhart, E. (2005). Die Lehrerbildung. In. K. S. Cortina, J. Baumert, A. Leschinsky, K. U. Mayer & L. Trommer (Hrsg.), *Das Bildungswesen in der Bundesrepublik Deutschland* (S. 787-810). Reinbek: Rowohlt.

Walter, W. (1994). Strategien der Politikberatung. In R. Hitzler, A. Honer & C. Maeder (Hrsg.), *Expertenwissen* (S. 268-284). Opladen: Westdeutscher Verlag.

Wolff, S. (2000). Dokumenten- und Aktenanalyse. In U. Flick, E. von Kardorff & I. Steinke (Hrsg.), *Qualitative Forschung* (S. 502-513). Reinbek: Rowohlt.

Ewald Terhart, Franziska Schulze-Stocker,
Doris Holzberger, Olga Kunina-Habenicht

13 Bildungswissenschaften in der universitären Lehrerbildung – Unterscheiden sich Absolventinnen und Absolventen mit Erstem Staatsexamen von Absolventinnen und Absolventen mit einem Master of Education-Abschluss?

13.1 Bildungswissenschaften in der Lehrerbildung

Trotz aller formalen und inhaltlichen Unterschiede bestehen die verschiedenen Lehrerbildungssysteme der deutschen Bundesländer ausnahmslos aus vier grundlegenden Elementen: (1) Fachstudien, (2) fachdidaktische Studien, (3) pädagogische/psychologische bzw. bildungswissenschaftliche Studien sowie (4) Praxiselemente. Bezeichnung und Umfang dieser Elemente, ihr relativer Anteil am Studium insgesamt, ihre inhaltliche Gestaltung und zeitliche Platzierung sind in den verschiedenen Lehramtsstudiengängen der 16 Bundesländer allerdings durchaus unterschiedlich gestaltet (zum aktuellen Stand vgl. KMK, 2012). Im Folgenden geht es um den auf erziehungswissenschaftliche, pädagogisch-psychologische, bildungssoziologische etc. Themen bezogenen Studienanteil, für den sich zunehmend die Bezeichnung „Bildungswissenschaften" etabliert hat (zur Geschichte und Situation dieses Studienelements in der deutschen Lehrerbildung vgl. Terhart, 2012a; für Österreich vgl. Grimm, 2000; für die Schweiz vgl. Krattenmacher et al., 2010). Während dieser Studienanteil traditionell in der stark fachlich geprägten Gymnasiallehrerbildung einen geringen, ja geradezu peripheren Anteil innehatte („pädagogisches Begleitstudium"), war er in der Volksschul- bzw. Grund- und Hauptschullehrerbildung umgekehrt vergleichsweise hoch. Dies hat sich im Laufe der letzten Jahrzehnte jedoch deutlich angenähert. Heute kann man feststellen, dass die Bildungswissenschaften in allen Lehramtsstudiengängen durchschnittlich etwa zwölf bis fünfzehn Prozent des Studiums ausmachen, wobei der Minimalwert bei zehn Prozent, der Maximalwert – ein klarer „Ausreißer" – bei 33 Prozent liegt (vgl. Terhart, 2012a). Dies belegt den insgesamt doch sehr begrenzten relativen Umfang dieses Studienelements, welches allerdings von allen bundesweit ca. 216.000 Lehramtsstudierenden absolviert werden muss (Bezugsjahr: WS 2010/11; vgl. Züchner & Rauschenbach, 2012).

Während man mittlerweile über die qualifizierende Wirkung von fach- und fachdidaktischen Studien auf Lehrkräfte einiges weiß – eine Wirkung, die sich dann auch in deren Unterricht und schlussendlich im Lernen ihrer Schülerinnen und Schüler zeigt (für Mathematik vgl. das COACTIV-Projekt von Baumert et al., 2010) –, ist über die Wirkung, oder vorsichtiger formuliert: über den Einfluss des fachübergreifenden, bildungswissenschaftlichen Studienelements auf die spätere berufliche Kompetenz von Lehrkräften (und gar auf das Lernen und die Entwicklung der Schülerinnen und Schüler dieser Lehrkräfte) nichts bekannt. Dies ist insofern bemerkenswert, weil erstens gerade auf dieses Element der Lehrerbildung starke Hoffnungen gerichtet sind, und weil zweitens die Disziplin Erziehungswissenschaft, die den allergrößten Teil der Lehrangebote an den Universitäten abzudecken hat und dies mit geschätzt 2/3 ihres gesamten Personals auch tut, massiv an Indizien für eine positive Wirkung dieses Elements interessiert sein müsste.

13.2 Bildungswissenschaften im Urteil der Studierenden und als Gegenstand der Forschung

Wie erwähnt, sind in der Öffentlichkeit und in der Bildungsadministration hohe Erwartungen an das schmale bildungswissenschaftliche Element der universitären Lehrerbildung geknüpft. Dies wird nicht zuletzt daran deutlich, dass die KMK (2004) sehr anspruchsvolle Standards für die „Lehrerbildung: Bildungswissenschaften" verabschiedet hat, in denen für die theoretischen und praktischen Ausbildungselemente und -abschnitte Standards und Kompetenzerwartungen an Absolventinnen und Absolventen definiert sind. In der Wahrnehmung vieler Lehramtsstudierender wurde und wird diesem Studienelement allerdings eher wenig Bedeutsamkeit zugewiesen. Absolventenbefragungen ergeben regelmäßig ein kritisches bis sehr kritisches Urteil: Während dem Studium der Fächer hohe Bedeutung und Qualität zugesprochen werden und die Schulpraktika ebenso eine positive Beurteilung erfahren, gelten die bildungswissenschaftlichen Studien nicht selten als randständig, unstrukturiert, intellektuell anspruchslos und praktisch wenig hilfreich (vgl. Lersch, 2006; Merzyn, 2002; Terhart, 2000). In seiner Befragung von 60 Hauptseminarleiterinnen und -leitern in Nordrhein-Westfalen (NRW) konnte Reintjes (2006) feststellen, dass durchschnittlich über 55 Prozent der Absolventinnen und Absolventen ungenügende bzw. begrenzte erziehungswissenschaftliche Kenntnisse attestiert werden.

Den Hintergrund für dieses kritische Urteil bildet die Tatsache, dass die curriculare Gestaltung dieses Studienanteils, wie Analysen von Studienordnungen und Modulhandbüchern zeigen, häufig wenig stringent ist und sehr viele Wahlmöglichkeiten zulässt (für NRW: Lohmann, Seidel & Terhart, 2011). Möglicherweise spielt auch eine Rolle, dass ihm bei der Bildung der Abschlussnote nur ein geringes Gewicht zukommt; dies gilt gleichermaßen für das herkömmliche Erste Staatsexamen wie auch für den Master of Education. Da verschiedene Disziplinen (Erziehungswissenschaft, Psychologie, Soziologie, Politikwissenschaft, Philosophie, etc.) die notwendigen Lehrveranstaltungen und Prüfungen in den Bildungswissenschaften sicher zu stellen haben, ist traditionell die Verantwortung für diesen Teil der universitären Lehrerbildung vergleichsweise breit verteilt. Erst durch zunehmende Modularisierung, durch entsprechende Koordinierungskommissionen, durch Zentren für Lehrerbildung etc. werden die Gestaltung des Curriculums und – wichtiger noch – das tatsächliche Lehrangebot jedoch allmählich durchsichtiger, verlässlicher und kumulativer.

Obwohl Wachstum und Ausbaustand der Disziplin Erziehungswissenschaft zu einem großen Teil durch ihren Beitrag zur universitären Lehrerbildung begründet sind, hat sie sich eigenartigerweise nie sehr ausführlich systematisch und konzeptionell mit den bildungswissenschaftlichen Studienelementen befasst (vgl. die Diskussionsbeiträge von Bayer, 1980; Horstkemper, 2004; Keuffer, 2003; Oelkers, 1996; Plöger & Anhalt, 1999; v. Prondczynsky, 2001; Reusser & Messner, 2002; Schadt-Krämer, 1992). Mit Blick auf die empirische Forschung ist in Deutschland seit Kurzem eine positive Entwicklung zu verzeichnen, da es mehrere Forschungsprojekte gibt, in denen – in unterschiedlicher thematischer Breite und methodischer Tiefenschärfe – unter anderem auch das bildungswissenschaftliche Studienelement näher untersucht wird (vgl. Bauer et al., 2010, 2012; König & Blömeke, 2010; König, Peek & Blömeke, 2008, 2010; König & Seifert, 2012; Seifert, Hilligus & Schaper, 2009; Seifert & Schaper, 2010; Voss & Kunter, 2011; Voss, Kunter & Baumert, 2011; für die internationale empirische Forschung vgl. Floden & Meniketti, 2005).

Unklar ist bisher, ob es Unterschiede im bildungswissenschaftlichen Wissen und in der Beurteilung des bildungswissenschaftlichen Studiums von Studierenden mit traditionellen im Vergleich zu jenen mit reformierten Studienstrukturen gibt. Zu erwarten ist, dass sich die Reformen in der Studienstruktur auf die Studierbarkeit positiv auswirken.

13.3 Das BilWiss-Projekt

Das Projekt *Bildungswissenschaftliches Wissen und der Erwerb professioneller Kompetenz in der Lehramtsausbildung* (BilWiss) setzt an diesem Punkt an.[1] Es zielt darauf ab, das bildungswissenschaftliche Wissen von Absolventinnen und Absolventen der universitären Lehrerbildung zu Beginn ihres Referendariats in NRW standardisiert zu erfassen und die Bedeutung dieses Wissens für die berufliche Kompetenzentwicklung im Referendariat und in der Berufseingangsphase empirisch zu untersuchen. Grundlage für die standardisierte Erfassung war eine Delphi-Studie zu den Kernthemen eines bildungswissenschaftlichen Studiums. Für BilWiss (und das anschließende Projekt BilWiss-Beruf (*Die Bedeutung des bildungswissenschaftlichen Hochschulwissens für den Berufseinstieg von Lehrkräften*) steht insbesondere die Frage im Fokus, ob berufliches Handeln und seine Reflexion durch das bildungswissenschaftliche Wissen beeinflusst werden. Bei Untersuchungsbeginn war für das BilWiss-Projekt in NRW eine günstige, quasi-experimentelle Situation gegeben: Die Hälfte der zehn lehrerausbildenden Universitäten nahm am Modellversuch zur „gestuften Lehrerbildung" teil, hatte also die Bachelor-Master-Struktur eingeführt; während die andere Hälfte die Lehrerbildung nach der herkömmlichen, „grundständigen" Form weiterführte.[2] Zum Zeitpunkt der Ausgangserhebung verfügte der allergrößte Teil der in das Referendariat eintretenden Lehramtsanwärterinnen und -anwärter noch über ein Erstes Staatsexamen, ein kleinerer Teil allerdings bereits über den Master of Education.

Im Folgenden kann nur kurz auf die Delphi-Studie sowie die Testentwicklung und -durchführung verwiesen werden. Ausführlicher gehen wir auf Ergebnisse zur den institutionellen Lerngelegenheiten und deren Einfluss auf

---

[1] Das Projekt BilWiss ist ein Verbundprojekt der Goethe-Universität Frankfurt (M. Kunter), der Universität Duisburg-Essen (D. Leutner), der Westfälischen Wilhelms-Universität Münster (E. Terhart) und des Max-Planck-Instituts für Bildungsforschung (J. Baumert). Die Studie wurde von 2009 bis 2012 vom BMBF im Rahmen des Förderschwerpunktes „Entwicklung der Professionalität des pädagogischen Personals in Bildungseinrichtungen" (ProPäda) gefördert. Der Bezug zur Berufseinstiegsphase kann hergestellt werden, weil das BilWiss-Projekt mittlerweile im Rahmen des BMBF-Förderschwerpunkts „Kompetenzmodellierung und Kompetenzerfassung im Hochschulsektor" (KoKoHs) eine Verlängerung um drei Jahre erfahren hat und bis 2015 weiter geführt wird (BilWiss-Beruf: M. Kunter, D. Leutner, T. Seidel, E. Terhart).

[2] Erst mit dem neuen LABG von 2009 hatten spätesten ab WS 2011/11 alle Universitäten des Landes die nunmehr vereinheitlichte Bachelor-Master-Struktur in der Lehrerbildung umzusetzen. Dadurch wird die „natürliche" Experimentalsituation allmählich aufgehoben.

das gemessene bildungswissenschaftliche Wissen sowie auf mögliche Unterschiede zwischen traditionellen, grundständigen und reformierten (modularisierten) Studienstrukturen nach dem Bachelor-Master-System ein.[3]

13.3.1 Delphi-Studie

Um für den angestrebten Test die bedeutsamen bildungswissenschaftlichen Studieninhalte identifizieren zu können, wurde eine Delphi-Studie mit Expertinnen und Experten aus den am bildungswissenschaftlichen Studienelement beteiligten Disziplinen und den beiden Phasen der Lehrerbildung durchgeführt (vgl. dazu ausführlich Kunina-Habenicht et al., 2012). Zur Vorbereitung dieser Studie wurden (1) eine theoriebasierte Auswertung von bildungswissenschaftlichen Themen und Konzepten in einschlägigen Lehrbüchern und (2) Analysen der Studienprogramme und Modulhandbücher aus der ersten und zweiten Lehrerbildungsphase in NRW durchgeführt (vgl. Lohmann, Seidel & Terhart, 2011; Neu-Clausen, Demski & van Ackeren, 2010). Auf dieser Basis wurden von der Projektgruppe für die Delphi-Studie neun Inhaltsbereiche (Unterricht, Entwicklung, Sozialisation, Lernprozesse, Lehrerberuf, Evaluation & Diagnostik, Heterogenität, Bildungstheorie, Bildungssystem & Schulorganisation) mit insgesamt 213 Themen definiert.

Die Delphi-Studie erfolgte in mehreren schriftlichen Befragungsrunden, bei denen es um die Relevanz von bildungswissenschaftlichen Themen für das universitäre Lehramtsstudium bzw. die Bewältigung des Lehrerberufs ging. Die Expertengruppe (49 Personen) setzte sich aus Vertreterinnen und Vertretern der universitären Fachdisziplinen Erziehungswissenschaft, Psychologie und Soziologie sowie Personen der zweiten Phase der Lehrerbildung zusammen. Im Ergebnis bildete sich ein Konsens hinsichtlich 104 finaler Themen, die hinsichtlich ihrer Wichtigkeit in eine Rangreihe gebracht werden konnten.

Die Ergebnisse der Delphi-Studie sprechen dafür, dass entgegen anders lautender Auffassungen und Befürchtungen sehr wohl ein Konsens der Vertreterinnen und Vertreter aus den verschiedenen Fachdisziplinen und Phasen der Lehrerbildung hinsichtlich des als wichtig erachteten bildungswissenschaftlichen Wissens existiert. Institutioneller Beliebigkeit oder gar individueller Willkür kann eine durch Expertenurteile fundierte Argumentation zur Be-

---

[3] Ausführlichere Darstellungen finden sich in folgenden Publikationen: Terhart et al., 2012; Kunina-Habenicht et al., 2012; Kunina-Habenicht et al., 2013. In der vorliegenden Darstellung stützen wir uns auf diese Publikationen.

gründung zentraler curricularer Elemente entgegengestellt werden. Ebenso zeichnen sich die Konturen eines aussagekräftigen Kerncurriculums für die Bildungswissenschaften in der universitären Lehrerbildung ab.

13.3.2 Testentwicklung und -durchführung

Mithilfe von einschlägiger Forschungsliteratur und Lehrbüchern sowie weiteren Experten und Expertinnen wurden für die 104 finalen Themen insgesamt 280 Aufgaben erarbeitet. Für den Test zur Erfassung des bildungswissenschaftlichen Wissens stand in der Universität erworbenes, konzeptuell-analytisches Wissen im Fokus, welches über Reproduktions-, Verknüpfungs- oder Anwendungsaufgaben mit offenen und geschlossenen Antwortformaten erhoben wurde. Die hohe Aufgabenanzahl führte zu einem Rotationsdesign mit zwölf Testheften, bei dem jede Person nur eine Teilmenge der Aufgaben bearbeitete. Über den Test hinaus enthielten die Testhefte einen Kontextfragebogen zu demografischen Daten, zur Beurteilung der universitären Lerngelegenheiten sowie weitere Instrumente (Engagement, Unterrichtsenthusiasmus, Überzeugungen etc.).

An der Haupterhebung ([1] in Abb. 1) nahmen insgesamt 3.298 Personen teil, die ihr 24-monatiges Referendariat für ein Lehramt an allgemeinbildenden Schulen (nicht: Förderschulen bzw. Berufskollegs) im Frühjahr 2011 an allen Seminarstandorten in NRW begonnen haben (weitere Informationen zur Stichprobe vgl. Kunina-Habenicht et al., 2013; Terhart et al., 2012). Diese Untersuchung stellt eine Vollerhebung dar, bei der durch die Teilnahme während der regulären Seminarveranstaltungen eine Teilnahmequote von 87 Prozent erreicht wurde. Mittlerweile wurde die Zwischenerhebung mit ausgewählten Personen durchgeführt ([3] in Abb. 1). Eine Besonderheit von *Bil-Wiss* ist, dass zwei Kohorten von Referendarinnen und Referendaren untersucht werden. Die zweite betrachtete Kohorte sind diejenigen Absolventinnen und Absolventen des Lehramtsstudiums, die im Frühjahr 2012 ihr nunmehr entsprechend dem neuen Lehrerausbildungsgesetz von 2009 auf 18 Monate verkürztes Referendariat begonnen haben. Für diese Kohorte wurde eine Stichprobe für die Untersuchung gezogen ([2] in Abb. 1). In der Studie *Bilwiss-Beruf* werden beide Kohorten noch zwei weitere Male untersucht: Die Erhebung zum Ende des Referendariats findet im Dezember 2012 (Kohorte 1) bzw. im April 2013 (Kohorte 2) ([4] und [5] in Abb. 1) und die Erhebung zum Berufseinstieg im Herbst 2014 statt ([6] und [7] in Abb. 1).

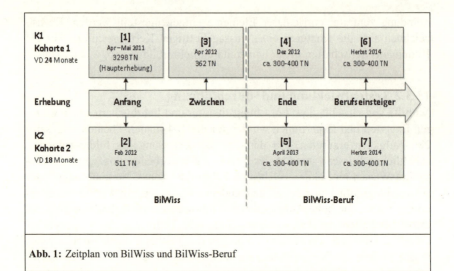

Abb. 1: Zeitplan von BilWiss und BilWiss-Beruf

13.3.3 Erste Ergebnisse des BilWiss-Projekts

Das bildungswissenschaftliche Wissen wurde mit dem im Rahmen des Bil-Wiss-Projekts entwickelten Tests erhoben. Da für die Skalierung des Ge-samttests noch keine abschließenden Ergebnisse vorliegen, wurde für die fol-genden Ergebnisse ein Kurztest benutzt, welcher fünf Inhaltsbereiche er-fasste:

1. Unterrichtsdidaktik,
2. Schulpädagogik (Bildungssystem, Schulorganisation, Umgang mit Hetero-genität),
3. Bildungstheorie,
4. Lernen/Entwicklung sowie
5. Diagnostik/Evaluation.

Die Korrelationen zwischen diesen fünf Dimensionen bewegen sich zwischen .21 und .32. Der Kurztest besteht aus 70 Markieritems, die als für den jewei-ligen Bereich prototypische Items besonders relevante Delphi-Themen in den genannten fünf Bereichen abdecken. Weitere Informationen zur Skalierung des Kurztests finden sich in Kunina-Habenicht et al. (2013).

Da der Kompetenzaufbau angehender Lehrkräfte nicht nur von institutionali-sierten Lerngelegenheiten und deren Nutzung abhängt, gilt es, individuelle Eingangsvoraussetzungen (z.B. Muttersprache und Abiturnote) zu beachten. Explorative Analysen zeigten, dass die sprachliche und kognitive Kompetenz eine Voraussetzung für die erfolgreiche Testbearbeitung ist. Eine bessere

Abiturnote führte zu besseren BilWiss-Testwerten; eine nicht-deutsche Muttersprache führte zu niedrigeren BilWiss-Testwerten. Demnach erfolgt im Folgenden die Abschätzung der Effekte von universitären Lerngelegenheiten immer unter Kontrolle der Abiturnote und der Muttersprache. Einige Ergebnisse, die an anderer Stelle ausführlich dargelegt und diskutiert werden (vgl. Kunina-Habenicht et al., 2013), seien kurz benannt:

- *Hochschulstandort:* Die Universität, an der man die Lehramtsberechtigung erworben hat, erzeugt keine signifikanten Unterschiede hinsichtlich der gemessenen BilWiss-Testwerte. Der Faktor Hochschulstandort erklärt lediglich bis zu zwei Prozent der Varianz der BilWiss-Testwerte. Anders formuliert: Bezogen auf die von BilWiss erfassten bildungswissenschaftlichen Kenntnisse scheint es keine besonders „produktiven" oder „unproduktiven" Standorte zu geben.
- *Bundesland:* Referendarinnen und Referendare, die ihren Lehramtsabschluss in anderen Bundesländern als NRW erworben haben, unterscheiden sich hinsichtlich des gemessenen bildungswissenschaftlichen Wissens nicht signifikant von denjenigen aus nordrhein-westfälischen Universitäten.
- *Art des Lehramtes:* Absolventinnen und Absolventen des Lehramtsstudiengangs für Gymnasium und Gesamtschule weisen in einigen Teilbereichen moderat höhere BilWiss-Testwerte auf als diejenigen anderer Lehramtsstudiengänge (Grundschule, Hauptschule/Realschule und Gesamtschule bzw. Sek I).
- *Seiteneinsteiger:* Referendarinnen und Referendare ohne reguläre universitäre Lehramtsqualifikation, also so genannte „Seiteneinsteiger", weisen in vier der fünf oben genannten Bereiche signifikant schlechtere BilWiss-Testwerte auf. Lediglich im Bereich „Diagnostik/Evaluation" gibt es keinen signifikanten Unterschied.
- *Standort mit Modellversuch Bachelor-Master – oder nicht?* Referendarinnen und Referendare aus Modellversuchs-Standorten (Einführung des Bachelor-Master-Systems in er Lehrerbildung) unterscheiden sich nicht signifikant von solchen Personen, die ihren Abschluss an einer Universität erworben haben, die nicht am Modellversuch teilgenommen hat (Beibehaltung der herkömmliche grundständige Lehrerbildung mit dem Staatsexamen als Abschluss).

13.4   Fragestellungen und Hypothesen der folgenden Analysen

Vor dem Hintergrund und in Ergänzung der bisher durchgeführten Analysen wurde für den vorliegenden Beitrag speziell untersucht, ob sich bei Absolventinnen und Absolventen mit herkömmlicher Studienorganisation und Absolventinnen und Absolventen mit modularisierter Studienorganisation nach dem Bachelor-Master-System (1) das qua Test gemessene bildungswissenschaftliche Wissen sowie (2) die Beurteilung der bildungswissenschaftlichen Studienorganisation unterscheiden.[4] Die Hypothesen lauten:

1. Die Absolventinnen und Absolventen von modularisierten Studiengängen (Abschluss: Master of Education) erreichen signifikant höhere Testwerte hinsichtlich des bildungswissenschaftlichen Wissens als die Absolventinnen und Absolventen herkömmlicher (nicht-modularisierter) Studiengänge (Abschluss: Erstes Staatsexamen).
2. Die Absolventinnen und Absolventen von modularisierten Lehramtsstudiengängen (Abschluss: Master of Education) *beurteilen* die Studienorganisation der bildungswissenschaftlichen Studien signifikant positiver als die Absolventinnen und Absolventen herkömmlicher (nicht-modularisierter) Studiengänge (Abschluss: Erstes Staatsexamen).

13.5   Ergebnisse

13.5.1 Unterschiedliche Studienstrukturen und das gemessene bildungswissenschaftliche Wissen der Absolventinnen und Absolventen

Wenn der Hochschulstandort, an dem man studiert hat, wie erwähnt, keinen bedeutsamen Unterschied in den gemessenen BilWiss-Testwerten erzeugt, so müssten sich der Erwartung nach die sehr deutlichen Unterschiede zwischen

---

[4]   Unterscheidung Master Abschluss versus Staatsexamen ist nicht identisch mit der Unterscheidung Modellversuch-Standort oder nicht: An den Modellversuch-Standorten wurden bzw. mussten die Studierenden in der herkömmliche Lehrerbildung zu Ende studieren und ihr erstes Staatsexamen ablegen. D.h. die Modellversuch-Standort ‚produzierte‘ noch weiterhin vor allem Staatsexamensabsolventen. Parallel dazu wuchs allmählich die Gruppe Derjenigen, die (je nach Modellversuch-Standort seit etwa 2002 – 2006) im Modellversuch studierte, nur langsam auf. Wenn man die Wirkung von Modularisierung ermitteln will, muss man Abschlüsse (Staatsexamen vs. Masterabschluss) und nicht Standorte (Modellversuch/kein Modellversuch) vergleichen.

der herkömmlichen Studienstruktur (nicht-modularisiert, Staatsexamen als Abschluss) und der modularisierten Studienstruktur mit dem Master of Education als Abschluss auswirken. In der Ausgangsstichprobe (n = 3.298) verfügten n = 2.305 Personen über ein Erstes Staatsexamen und n = 444 Personen über einen Master of Education. Alle anderen (n = 549) hatten keine Angaben hierzu gemacht oder andere Abschlüsse erworben. Tabelle 1 enthält die Testleistungen der Personen mit einem Staatsexamen im Vergleich zu denen mit einem Master of Education für die fünf Inhaltsbereiche des bildungswissenschaftlichen Wissens. Die Unterschiede zwischen den beiden Studienformen bzw. -abschlüssen hinsichtlich der bildungswissenschaftlichen Testwerte sind gering, und zwar zugunsten der von Personen mit einem Master of Education, aber nicht signifikant.

BilWiss-Testwerte	Staatsexamen (Mittelwert)	Master of Education (Mittelwert)	*p*-Wert	Effektstärke *d*
Diagnostik/ Evaluation	0,04	0,12	0,29	,15
Unterrichtsdidaktik	0,07	0,17	0,24	,18
Bildungstheorie	0,03	0,10	0,50	,13
Schulpädagogik	0,02	0,10	0,12	,15
Lernen/Entwicklung	0,04	0,09	0,45	,09
Anmerkung: Mittelwerte zentriert auf 0; unter Kontrolle von Abiturnote und Muttersprache				

Tab. 1: Testleistungen für die BilWiss-Testwerte

Als Erklärung kann sowohl auf die Angebotsseite (Lehrangebote) als auch auf das Nutzerverhalten (Studierendenseite) verwiesen werden: An den Standorten mit Modellversuch sind trotz Modularisierung nur erste Schritte in Richtung höherer curricularer Verbindlichkeit für Lehrende und Lernende vollzogen worden (vgl. Lohmann et al., 2011). Das curriculare Angebot innerhalb und zwischen den verschiedenen Standorten hielt weiterhin beträchtliche Wahlmöglichkeiten beim Durchlaufen dieses Studienelements bereit, so dass das bei den Absolventinnen und Absolventen zustande kommende Wissen von individuellen Interessen, Stundenplanzwängen und Zufällen bestimmt ist und sich am Ende institutionell eventuell vorhandene Stärken und Schwächen, Besonderheiten und Profilbildungen nicht systematisch auswirken.

13.5.2 Beurteilung der bildungswissenschaftlichen Studienangebote und -organisation

Der auf demografische Daten bezogene allgemeine Teil jedes Testhefts umfasste auch eine Skala zur Einschätzung der bildungswissenschaftlichen Studienorganisation, deren Items mit einer vierstufigen Likert-Skala (1 = fast
nie, 2 = eher selten, 3 = meistens, 4 = immer) gemessen wurden. Die Referendarinnen und Referendare wurden gebeten, das bildungswissenschaftliche
Lehrangebot des Studiums hinsichtlich Inhalt und Struktur auf acht Items zu
beurteilen (z.B. „Das erziehungswissenschaftliche Lehrangebot war insgesamt so gestaltet, dass ich entsprechend der Studienordnung studieren konnte.", „Die an den Erziehungswissenschaften beteiligten Disziplinen sprachen
sich gut untereinander ab."). Die interne Konsistenz der Skala beträgt α = .77.
Die einzelnen Items weisen mittlere bis hohe Trennschärfen auf (r_{it} > .26).
Zur Analyse der Unterschiede wurde der Skalenmittelwert gebildet.

Es gibt signifikante Unterschiede in der Beurteilung des bildungswissen-
schaftlichen Studienangebots je nach Hochschulstandort. Bei der Gruppe der
Absolventinnen und Absolventen von Universitäten in NRW (nur Staatsexa-
men oder Master of Education unter Kontrolle von Abiturdurchschnitt und
Muttersprache) erklärt der Faktor Hochschulstandort 15 Prozent der Varianz
der Beurteilung des bildungswissenschaftlichen Studienanteils (ICC = .15).
Die durchschnittliche Beurteilung dieser Gruppe lag bei 2,4 (Min. = 2,17;
Max. = 2,66).

Betrachtet man nicht die Unterschiede zwischen den einzelnen Hochschul-
standorten in NRW, sondern wendet sich dem Unterschied in der Beurteilung
zwischen Absolventinnen und Absolventen mit Staatsexamen bzw. Master of
Education zu, und zwar unabhängig von der Frage, ob man sein Lehramtsstudium an einer Universität in NRW oder außerhalb abgeschlossen hat, so
ergibt sich folgendes Bild: In Bezug auf die Beurteilung der Lerngelegenheiten in den Bildungswissenschaften zeigte sich (nach Kontrolle der Muttersprache und der Abiturnote) wie erwartet, dass Personen mit einem Master of
Education-Abschluss (MW 2,56) die Organisation des bildungswissenschaftlichen Studiums signifikant positiver beurteilen als jene mit einem Ersten
Staatsexamen (MW 2,40). Die Effektstärke d beträgt .50. Trotz der vielfältigen Kritik an der Bachelor-Master-Reform generell und mit Blick auf die
Lehrerbildung speziell wird – zumindest im Urteil der jeweiligen Absolventinnen und Absolventen – ein modularisiertes bildungswissenschaftliche Studium signifikant besser beurteilt als dessen herkömmliche, nicht-modulari-
sierte Form.

13.6 Zusammenfassung und Ausblick

Die Projekte BilWiss und BilWiss-Beruf gehen der Frage nach, ob und wie sich bildungswissenschaftliches Wissen, über welches Lehramtsabsolventinnen und -absolventen zu Beginn ihres Referendariats in NRW verfügen, im Laufe des Referendariats und der Berufseinstiegsphase auf die Entwicklung ihrer beruflichen Fähigkeiten auswirkt. Es zeigt sich auf der Basis der – inhaltlich durch eine Delphi-Studie vorbereiteten – Ausgangserhebung zu Beginn des Referendariats, dass es *das* bildungswissenschaftliche Wissen nicht gibt; die im BilWiss-Test erfassten Inhalte lassen sich nicht auf einer Dimension abtragen. Identifizierbar (bislang nur auf der Basis der Auswertung einer Kurzfassung des gesamten BilWiss-Tests) sind fünf separate Dimensionen bildungswissenschaftlichen Wissens: *Unterrichtsdidaktik, Schulpädagogik, Bildungstheorie, Lernen und Entwicklung, Diagnostik und Evaluation.*
Die sich in diesem Ergebnis ausdrückende Vielgestaltigkeit des erfassten bildungswissenschaftlichen Wissens ist vermutlich auf die relativ offene curriculare Struktur des bildungswissenschaftlichen Studiums sowie auf die dadurch bedingte hohe Vielfalt an individuellen Studienverläufen zurückzuführen. Lehramtsstudierende können auf sehr individuelle und sehr unterschiedliche Weise dieses Studienelement durchlaufen und verfügen demzufolge dann auch über ein sehr breit streuendes Wissen.
Fragt man nach dem Einfluss der Lerngelegenheiten, so wirkt sich – bei Kontrolle anderer Faktoren – der Hochschulstandort auf das gemessene bildungswissenschaftliche Wissen praktisch nicht aus. Weniger als zwei Prozent der Varianz der gemessenen BilWiss-Leistungen kann auf Unterschiede zwischen den Standorten zurückgeführt werden. Die Standorte (nur NRW) spielen jedoch bei der Beurteilung des bildungswissenschaftlichen Studiums eine Rolle.
Im Mittelpunkt des vorliegenden Beitrags stand jedoch die Frage nach möglichen Differenzen zwischen herkömmlichen (Staatsexamen, nicht-modularisiert) und reformierten Studienstrukturen (Master of Education, modularisiert). Lehramtsabsolventinnen und -absolventen, die über einen Master of Education-Abschluss verfügen und insofern in modularisierten Studiengängen studiert haben, weisen keine signifikant besseren BilWiss-Testwerte auf als diejenigen, die in herkömmlichen, nicht-modularisierten Studiengängen ein Erstes Staatsexamen absolviert haben. Allerdings beurteilen Absolventinnen und Absolventen mit einem Master of Education das bildungswissenschaftliche Studium signifikant besser als Staatsexamensabsolventinnen und -absolventen.
Die Ergebnisse machen deutlich, dass sich keine klaren Einfluss- oder Wirkungskonstellationen der universitären Lerngelegenheiten (Bildungswissen-

schaften im Lehramtsstudium) zu Struktur, Inhalt und Ausmaß der durch den Bilwiss-Test erfassten unterschiedlichen Dimensionen des bildungswissenschaftlichen Wissens zeigen. Wohl aber zeigen sich bedeutsame Differenzen hinsichtlich der nachträglichen individuellen Beurteilung dieses Studienelements durch die Absolventengruppen. Somit kann der Bologna-Reform diesbezüglich eine Wirkung hinsichtlich der wahrgenommenen Strukturqualität (Beurteilung der Referendarinnen und Referendare), jedoch nicht bezüglich der Ergebnisqualität (Testleistung) attestiert werden. Für die zukünftige Erforschung solcher Zusammenhänge zwischen dem Studium und seinen Ergebnissen wird man eine sehr viel genauere, thematisch differenzierte Erfassung der tatsächlich studierten Inhalte bzw. Schwerpunkte betreiben müssen, um von hier aus dann auf Niveau, Ausmaß und Struktur des – anscheinend sehr individuellen – bildungswissenschaftlichen Wissens von Lehramtsabsolventinnen und -absolventen schließen zu können.

Für das BilWiss-Projekt insgesamt gilt es, neben der Erforschung der zurückliegenden inneruniversitären Hintergründe für die durch unseren Ausgangstest bei den Referendarinnen und Referendaren erhaltene Struktur des bildungswissenschaftlichen Wissens besonders dessen Bedeutung für die zukünftige berufliche Fähigkeitsentwicklung im Referendariat und darüber hinaus in der Phase des Berufseinstiegs zu untersuchen. Denn hier muss sich zeigen, welchen Einfluss das von der Universität mitgebrachte und während des Referendariats erneut aus- und umgestaltete bildungswissenschaftliche Wissen auf die weitere Entwicklung beruflicher Fähigkeiten im Lehrerberuf ausübt.

Literatur

Bauer, J., Drechsel, B., Retelsdorf, J., Sporer, T., Rösler, L., Prenzel, M. & Möller, J. (2010). Panel zum Lehramtsstudium – PaLea: Entwicklungsverläufe zukünftiger Lehrkräfte im Kontext der Reform der Lehrerbildung. *Beiträge zur Hochschulforschung, 32*(2), S. 34-54.
Bauer, J., Diercks, U., Rösler, L. Möller, J. & Prenzel, M. (2012). Lehramtsstudium in Deutschland: Wie groß ist die strukturelle Vielfalt? *Unterrichtswissenschaft, 40*(2), S. 101-119.
Baumert, J., Kunter, M., Blum, W., Brunner, M., Voss, T., Jordan, A., Klusmann, U., Krauss, S. & Tsai, Y.-M. (2010). Teachers' mathematical knowledge, cognitive activation in the classroom, and student progress. *American Educational Research Journal, 47*(1), pp. 133-180.
Bayer, M. (1980). Das pädagogische Begleitstudium für Lehramtsstudenten. Mit einer Übersicht über rechtliche Neuregelungen zur Ersten Staatsprüfung für Gymnasial- und Sekundarstufe I – Lehrer in den verschiedenen Bundesländern. *Zeitschrift für Pädagogik, 26*(5), S. 511-533.
Floden, R. & Meniketti, M. (2005). Research on the effects of coursework in the arts and sciences and in the foundations of education. In M. Cochran-Smith & K. M. Zeichner (Eds.), *Studying teacher education: The report of the AERA panel on research and teacher education* (pp. 261-308). Mahwah/London: Erlbaum.

Grimm, G. (2000). Universitäre Lehrerbildung in Österreich – Zur Genese des pädagogischen Begleitstudiums für Lehrer an höheren Schulen von 1848 bis zur Gegenwart. *Tertium Comparationis, 6*(2), S. 151-171.

Horstkemper, M. (2004). Erziehungswissenschaftliche Ausbildung. In S. Blömeke, P. Reinhold, G. Tulodziecki & J. Wildt (Hrsg.), *Handbuch Lehrerbildung* (S. 461-476). Bad Heilbrunn: Klinkhardt.

Keuffer, J. (2003). Zwischen Dogmatik und Reflexion – Erziehungswissenschaft als Berufswissenschaft für die Lehrerbildung. *Zeitschrift für pädagogische Historiographie, 9*(2), S. 114-118.

König, J. & Blömeke, S. (2010). *Pädagogisches Unterrichtswissen (PUW). Dokumentation der Kurzfassung des TEDS-M-Testinstruments zur Kompetenzmessung in der ersten Phase der Lehrerausbildung.* Berlin: Humboldt-Universität.

König, J., Peek, R. & Blömeke, S. (2008). Zum Erwerb von pädagogischem Wissen in der universitären Ausbildung: Unterscheiden sich Studierende verschiedener Lehrämter und Kohorten? *Lehrerbildung auf dem Prüfstand, 1*(2), S. 664-682.

König, J., Peek, R. & Blömeke, S. (2010). Ausbildungseffekte im Lehramtsstudium am Beispiel des pädagogischen Wissens. In B. Schwarz, P. Nenniger & R. S. Jäger (Hrsg.), *Erziehungswissenschaftliche Forschung – nachhaltige Bildung. Beiträge zur 5. DGfE-Sektionstagung "Empirische Bildungsforschug"/AEPF-KBBB im Frühjahr 2009* (S. 163-169). Landau: Empirische Pädagogik.

König, J. & Seifert, A. (Hrsg.) (2012). *Lehramtsstudierende erwerben pädagogisches Professionswissen.* Münster: Waxmann.

KMK (2004). *Standards für die Lehrerbildung: Bildungswissenschaften. Beschluss der Kultusministerkonferenz.* Bonn.

KMK (2012). *Sachstand in der* Lehrerbildung (Stand: 10.12..2012). http://www.kmk.org/fileadmin/veroeffentlichungen_beschluesse/2012/2012-12-10-Sachstand_in_der_Lehrerbildung_Endfsg.pdf.

Krattenmacher, S., Brühwiler, C., Oser, F. & Biedermann, H. (2010). Was angehende Lehrpersonen in den Erziehungswissenschaften lernen sollen. Curriculumanalyse der erziehungswissenschaftlichen Ausbildung an den Deutschschweizer Lehrerbildungsinstitutionen. *Schweizerische Zeitschrift für Bildungswissenschaften, 32*(1), S. 59-84.

Kunina-Habenicht, O., Lohse-Bossenz, H., Kunter, M., Dicke, T., Förster, D., Gößling, J., Schulze-Stocker, F., Schmeck, A., Baumert, J., Leutner, D. & Terhart, E. (2012). Welche bildungswissenschaftlichen Inhalte sind wichtig in der Lehrerbildung? Ergebnisse einer Delphi-Studie. *Zeitschrift für Erziehungswissenschaft, 15*(4), S. 649-682.

Kunina-Habenicht, O., Schulze-Stocker, F., Kunter, M., Baumert, J., Leutner, E., Förster, D., Lohse-Bossenz, H. & Terhart, E. (2013). Die Bedeutung der Lerngelegenheiten im Lehramtsstudium und deren individuelle Nutzung für den Aufbau des bildungswissenschaftlichen Wissens. *Zeitschrift für Pädagogik* (im Druck).

Kunter, M., Baumert, J., Blum, W., Klusmann, U., Krauss, S. & Neubrand, M. (Hrsg.) (2011). *Professionelle Kompetenz von Lehrkräften – Ergebnisse des Forschungsprogramms COACTIV.* Münster: Waxmann.

Lersch, R. (2006). Lehrerbildung im Urteil der Auszubildenden. Eine empirische Studie zu beiden Phasen der Lehrerausbildung. In C. Allemann-Ghionda & E. Terhart (Hrsg.), *Kompetenzen und Kompetenzentwicklung von Lehrerinnen und Lehrern.* Zeitschrift für Pädagogik, 51. Beiheft (S. 164-181). Weinheim: Beltz.

Lohmann, V., Seidel, V. & Terhart, E. (2011). Bildungswissenschaften in der universitären Lehrerbildung: Curriculare Strukturen und Verbindlichkeiten. Eine Analyse aktueller Studienordnungen an nordrhein-westfälischen Universitäten. *Lehrerbildung auf dem Prüfstand, 4*(2), S. 271-302.

238   Ewald Terhart et al.

Merzyn, G. (2002). Stimmen zur Lehrerausbildung. Hohengehren: Schneider.

Neu-Clausen, M., Demski, D. & van Ackeren, I. (2010). *Die bildungswissenschaftlichen Anteile der Studienseminarprogramme in Nordrhein-Westfalen. Eine vergleichende Bestandsaufnahme und Analyse. Abschlussbericht.* Essen, April 2010.

Oelkers, J. (1996). Die Rolle der Erziehungswissenschaft in der Lehrerbildung. In D. Hänsel & L. Huber (Hrsg.), *Lehrerbildung neu denken und gestalten* (S. 39-53). Weinheim: Beltz.

Plöger, W. & Anhalt, E. (1999). *Was kann und sollte Lehrerbildung leisten? Anspruch und Realität des erziehungswissenschaftlichen Studiums in der Lehrerbildung.* Weinheim: Deutscher Studien Verlag.

Prondczynsky, A. v. (2001). Erziehungswissenschaft als Berufswissenschaft für Lehrerinnen und Lehrer? Überlegungen zu einem wissenschaftstheoretischen Paradox. *Die deutsche Schule, 93*(4), S. 395-410.

Reintjes, C. (2006). Wie beurteilen die Ausbilder der zweiten Phase die pädagogischen Kenntnisse der Absolventen der ersten Phase. Eine empirische Studie mit Hauptseminarleitern in Nordrhein-Westfalen. In C. Allemann-Ghionda & E.Terhart (Hrsg.), *Kompetenzen und Kompetenzentwicklung von Lehrerinnen und Lehrern.* Zeitschrift für Pädagogik, 51. Beiheft (S. 182-198). Weinheim: Beltz.

Reusser, K. & Messner, H. (2002). Das Curriculum der Lehrerinnen- und Lehrerbildung – ein vernachlässigtes Thema. *Beiträge zur Lehrerbildung, 20*(3), S. 282-299.

Schadt-Krämer, C. (1992). *Pädagogik im Studium von Lehramtsstudenten. (Forschungsberichte des Landes Nordrhein-Westfalen).* Opladen: Westdeutscher Verlag.

Seifert, A., Hilligus, A. H. & Schaper, N. (2009). Entwicklung und psychometrische Überprüfung eines Messinstruments zur Erfassung pädagogischer Kompetenzen in der universitären Lehrerbildung. *Lehrerbildung auf dem Prüfstand, 2*(1), S. 82-103.

Seifert, A. & Schaper, N. (2010). Überprüfung eines Kompetenzmodells und Messinstruments zur Strukturierung allgemeiner pädagogischer Kompetenz in der universitären Lehrerbildung. *Lehrerbildung auf dem Prüfstand, 3*(2), S. 179-198.

Terhart. E. (Hrsg.) (2000). *Perspektiven der Lehrerbildung in Deutschland. Abschlussbericht der von der Kultusministerkonferenz eingesetzten Kommission.* Weinheim: Beltz 2000.

Terhart, E. (2012a). „Bildungswissenschaften": Verlegenheitslösung, Sammelkategorie, Kampfbegriff? *Zeitschrift für Pädagogik, 58*(1), S. 22-39.

Terhart, E. (2012b). Vom ‚pädagogischen Begleitstudium' zu den ‚Bildungswissenschaften in der Lehrerbildung': Themen und Trends. *Beiträge zur Lehrerbildung, 30*(1), S. 49-61.

Terhart, E. (2012c). Wie wirkt Lehrerbildung: Forschungsprobleme und Gestaltungsfragen. *Zeitschrift für Bildungsforschung, 2*(1), S. 3-21.

Terhart, E., Schulze-Stocker, F., Kunina-Habenicht, O., Dicke, T., Förster, D., Lohse-Bossenz, H., Gößling, J., Kunter, M., Baumert, J. & Leutner, D. (2012). Bildungswissenschaftliches Wissen und der Erwerb professioneller Kompetenz in der Lehramtsausbildung. Eine Kurzdarstellung des BilWiss-Projekts. *Lehrerbildung auf dem Prüfstand, 5*(1), S. 96-106.

Voss, T. & Kunter, M. (2011). Pädagogisch-psychologisches Wissen von Lehrkräften. In M. Kunter, J. Baumert, W. Blum, U. Klusmann, S. Krauss & M. Neubrand (Hrsg.), *Professionelle Kompetenz von Lehrkräften – Ergebnisse des Forschungsprogramms COACTIV.* Münster: Waxmann.

Voss, T., Kunter, M. & Baumert, J. (2011). Assessing teacher candidates' general pedagogical and psychological knowledge: Test construction and validation. *Journal of Educational Psychology, 103*(4), S. 952-969.

Züchner, I. & Rauschenbach, T. (2012). Studierende. In W. Thole, H. Faulstich-Wieland, K.-P. Horn, H. Weishaupt & I. Züchner (Hrsg.), *Datenreport Erziehungswissenschaft 2012* (S. 71-97). Opladen: Budrich.

Autorenverzeichnis

- *Artmann, Michaela, Dr.*, Wissenschaftliche Mitarbeiterin am Institut für Allgemeine Didaktik und Schulforschung der Universität zu Köln

- *Blömeke, Sigrid, Dr.*, Professorin am Institut für Erziehungswissenschaften der Humboldt-Universität zu Berlin

- *Bohl, Thorsten, Dr.*, Professor am Institut für Erziehungswissenschaft an der Eberhard Karls Universität Tübingen

- *Bois-Reymond, Manuela du, Dr.*, Professorin am Institut für Pädagogische Wissenschaften der Universität Leiden (Niederlande)

- *Bönsch, Christin,* Wissenschaftliche Mitarbeiterin am Centrum für Hochschulentwicklung Gütersloh

- *Cramer, Colin, Dr.*, Akademischer Rat am Institut für Erziehungswissenschaft an der Eberhard Karls Universität Tübingen

- *Drewek, Peter, Dr.*, Professor am Institut für Erziehungswissenschaft der Ruhr-Universität Bochum

- *Gottschlich, Stefanie,* Wissenschaftliche Mitarbeiterin am Institut für Erziehungswissenschaft an der Technischen Universität Dresden

- *Gröschner, Alexander, Dr.*, Wissenschaftlicher Mitarbeiter am Friedl Schöller-Stiftungslehrstuhl für Unterrichts- und Hochschulforschung an der School of Education der Technischen Universität München

- *Herzmann, Petra, Dr.*, Professorin am Institut für Allgemeine Didaktik und Schulforschung der Universität zu Köln

- *Hoffmann, Markus,* Wissenschaftlicher Mitarbeiter am Institut für Allgemeine Didaktik und Schulforschung der Universität zu Köln

- *Holzberger, Doris,* Wissenschaftliche Mitarbeiterin am Institut für Psychologie der Goethe-Universität Frankfurt am Main

- *Keller-Schneider, Manuela, Dr.*, Professorin im Fachbereich Pädagogische Psychologie der Pädagogischen Hochschule Zürich

- *Kiel, Ewald, Dr.*, Professor am Institut für Schul- und Unterrichtsforschung der Ludwig-Maximilians-Universität München

- *König, Johannes, Dr.,* Professor am Institut für Allgemeine Didaktik und Schulforschung der Universität zu Köln

- *Kunina-Habenicht, Olga, Dr.,* Wissenschaftliche Mitarbeiterin am Institut für Psychologie der Goethe-Universität Frankfurt am Main

- *Laschke, Christin,* Wissenschaftliche Mitarbeiterin am Institut für Erziehungswissenschaften der Humboldt-Universität zu Berlin

- *Lerche, Thomas, Dr.,* Wissenschaftlicher Mitarbeiter am Institut für Schul- und Unterrichtsforschung der Ludwig-Maximilians-Universität München

- *Müller, Katharina, Dr.,* Wissenschaftliche Mitarbeiterin am Susanne-Klatten Stiftungslehrstuhl für Empirische Bildungsforschung der School of Education der Technischen Universität München

- *Müller, Ulrich,* Wissenschaftlicher Mitarbeiter und Projektleiter am Centrum für Hochschulentwicklung Gütersloh

- *Proske, Mathias, Dr.,* Professor am Institut für Allgemeine Didaktik und Schulforschung der Universität zu Köln

- *Puderbach, Rolf,* Wissenschaftlicher Mitarbeiter am Institut für Erziehungswissenschaft der Technischen Universität Dresden

- *Rischke, Melanie,* Wissenschaftliche Mitarbeiterin und Projektleiterin am Centrum für Hochschulentwicklung Gütersloh

- *Reinartz, Andrea, Dr.,* Abgeordnete Lehrerin am Zentrum für Lehrerbildung, Schul- und Berufsbildungsforschung der Technischen Universität Dresden

- *Rothland, Martin, Dr.,* Wissenschaftlicher Mitarbeiter am Institut für Erziehungswissenschaft der Westfälischen Wilhelms-Universität Münster

- *Schulze-Stocker, Franziska,* Wissenschaftliche Mitarbeiterin am Institut für Erziehungswissenschaft der Westfälischen Wilhelms-Universität Münster

- *Terhart, Ewald, Dr.,* Professor am Institut für Erziehungswissenschaft der Westfälischen Wilhelms-Universität Münster

- *Weber, Jean-Marie,* Dozent an der Fakultät für Sprachwissenschaften und Literatur, Geisteswissenschaften, Kunst und Erziehungswissenschaften der Université du Luxembourg

- *Weiß, Sabine, Dr.,* Wissenschaftliche Mitarbeiterin am Institut für Schul- und Unterrichtsforschung der Ludwig-Maximilians-Universität München